KB237597

목회 마스터 시리즈 · 9

교회 관리, 어떻게 할 것인가?

던 커즌스
라이스 앤더슨 공저
아더 드크라이터

이인식 옮김

신교횃불

MASTERING CHURCH MANAGEMENT

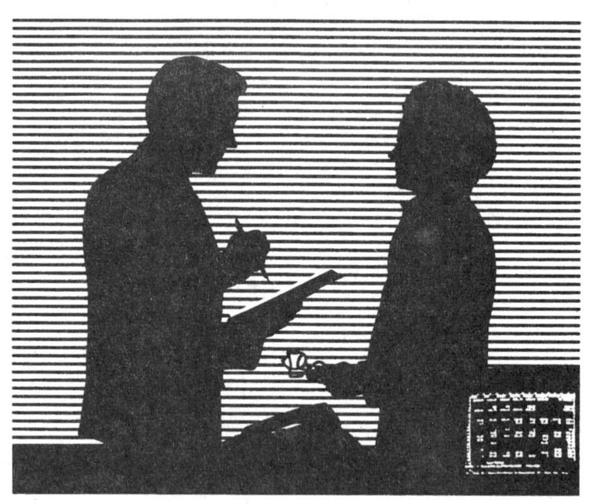

Don Cousins
Leith Anderson
Arthur DeKruyter

MULTNOMAH
Portland, Oregon 97266

Christianity Today, Inc.

“

효과적인
교회 관리를 통해
주님의 몸된 교회를 부흥시키고
사람들을 성숙시키는 목회를 위해
수고하시는__________님께
이 책을 드립니다.

”

목 차

제 3 부 / 사람들

머리말

만일 우리가 경제학을 '음울한 과학'(The Dismal Science)이라고 부를 수 있다면, 경영학은 '평가절하된 과학'(The Disparaged Science)이라고 부를 수 있을 것이다. 일반인들이 흔히 '행정'하면 떠올리는 이미지들—예를 들면 관리들이란 종이물리개 숫자나 세고 있는 머리가 벗겨진 사람들이라던가, 아니면 지시사항을 연발하고 있는 독선적인 사람들이다라는 등의—은 관리에 대한 진정한 의미를 말해주는 데 아무런 도움이 되지 못한다. 심지어는 자신들의 아성(牙性)인 첨단 빌딩 속에서 지휘, 명령을 내리고 있는 최고경영자(CEO)의 유능하고 멋진 모습조차도 목회사역에 관심을 가지고 있는 사람들의 관리개념에 손상을 주고 있다.

그러나 한 달 이상 목회를 해본 목회자들은 목회의 효율성에 있어 관리(management)가 차지하는 비중을 이해하게 된다 :

● 과거에 성취했던 일들보다 훨씬 많은 과제에 직면한 목회자들은 우선 순위를 책정하는 법을 배워야 한다.

● 중요한 사안을 위해 공동의회에 참여해야 하는 목회자들은 판단력을 배양해야만 한다.

● 평신도들의 사역을 위해 이들에 대한 강화 훈련(equipping)을 해야 할 책임이 있는 목회자들은 훈련과 권한 위임에 대한 전문 기술을 개발해야만 한다.

● 수많은 집단과 다양한 개성을 지닌 사람들, 그리고 간혹 이들간에

서로 미묘한 관계에 빠지기도 하는 이러한 환경 속에 둘러싸여 있는 목회자들은 이들이 함께·협력하여 일할 수 있는 길들을 능숙하게 열어 줄 수 있어야 한다.

●사회적, 종교적인 조류에 영향을 받게 되는 목회자들은 현명한 계획 수립을 위해 문화를 해석하는 법을 배워야 한다.

이 사실을 직시하자. 목회 사역을 효율적으로 관리할 줄 모르는 목회자는 좌절과 실의에 빠지게 될 것이다.

교회 관리에 정통하기 위하여

「리더십」(Leadership)이란 잡지의 편집자들이 각 판의 발행을 위해 목회자들에 대한 조사 연구를 할 때, 우리는 다음과 같은 질문을 자주 던졌다 : 당신의 목회 사역에 있어 가장 어려웠던 부분은 무엇이었는가? 대답은 다양했지만 우리는 항상 다음과 같은 몇 가지의 대답을 들을 수 있었다.

- 목회에 있어서 나의 역할을 조정하는 일
- 시간 관리 : 진정으로 중요한 사업을 선택하고 수행하는 일
- 자원 봉사자들을 모집하는 일.
- 변화를 통해서 교회를 인도하는 일
- 중요한 직분에 합당한 평신도들을 선택하는 일
- 잃은 양 찾는 사업을 위해 평신도들의 동기를 유발시키고 훈련시키는 일

확실히 신앙과 신학의 문제가 이러한 관심사들 속에 들어있기는 하지만, 지도력과 관리의 문제가 언제나 전면에 나서게 된다. 어떠한 목회자도 자신이 꼭 그 일을 하기를 원치 않는다ー그, 혹은 그녀가 그 일을 보다 능력 있게, 책임성 있게, 효과적으로 하고 싶어 한다ー바로 이 점에서

교회 관리에 대한 관심이 시작되는 것이다.

목회 마스터 시리즈(Mastering Ministry series)의 제9권인 이 책이 관리에 대해 관심을 쏟는 이유가 바로 여기에 있다. 이 시리즈 제1권은 설교(preaching)를 다루었고 이 후에 나온 책들은 전도(evangel-ism), 예배(worship), 목양(pastorial care), 그 외의 여러 주제들에 관해 다루었다. 그러나 교회 지도자들이 이러한 분야에 관해 아무리 많은 지식을 가지고 있을지라도 목회의 효율성(effectiveness)이라는 측면은 대부분 관리에 의해 좌우되는 것이다.

그러나 우리는 여기서 잠시 멈추어서 다음과 같은 사실을 말해야만 한다. 즉, 이 책에 나와 있는 어떠한 기술이나 참신한 생각들도 성령께서 주시는 권능을 대체하려는 것은 아니라는 것이다. 아무리 훌륭한 관리일지라도 성령이 함께 하시지 않는다면 결과는 무(無)인 것이다. 아무리 최고의 실력을 갖춘 관리자라 할지라도 그가 영적인 능력을 결여했다면, 그는 훌륭한 조직을 이끌 수 있을지는 몰라도 그것은 이미 효율적인 교회라고는 할 수 없는 것이다. 그러나 이와 마찬가지로 모든 진리가 하나님의 진리라면 성령께서는 건전한 관리 기법들을 통해 교회의 사역을 도우실 수 있다. 관리에 대해 하나님께서 주신 최고의 진리를 유용하게 사용할 수 있는 지도자는 현명한 사람이다.

우리는 이 후에 전개될 여러 장들 속에 거룩한 영감이 배어 있다고 주장할 수는 없지만 통찰력과 조언을 제공하기 위해 열심을 다했다. 우리가 자신감을 가질 수 있는 이유는 이 책의 집필진인 세 분의 필자들이 갖고 있는 탁월한 능력 때문인데, 이 분들은 모두 이 책 속에 확실히 검증된 체험들을 수록해 주었다. 두 분은 무(無)에서 출발한 여러 교회들을 성장하도록 도와준 경험이 있고 또 한 분은 쇠퇴일로에 있던 한 기관이 부흥할 수 있도록 도와준 경험을 가지고 있다. 이 분들을 한 분씩 소개하도록 한다.

라이스 앤더슨(Leith Anderson)

라이스 앤더슨은 목사로서 현재 교회 지도력연구소(the art and science of church leadership)의 연구원으로 있다. 그는 무디 성경 연구원(Moody Bible Institute), 브래들리 대학(Bradley University), 덴버 신학대학원(Denver Seminary)을 거쳐 풀러 신학대학원(Fuller Theological Seminary)에서 목회학 박사 학위를 취득하였다. 처음에는 콜로라도 주 롱몬트(Longmont)시의 갈보리 침례교회(Calvary Baptist Church)에서 10년간의 목회 경험을 쌓은 후 현재는 미네소타 주의 세인트 폴(St. Paul)시 소재 베델 신학교(Bethel Seminary)에서 특수 과정으로 교회 관리론을 맡아 가르치고 있다.

1977년부터는 미네아폴리스의 교외 에덴 프래이리(Eden Prairie)에 있는 우드데일 교회(Wooddale Church)의 수석 목사로서 이 교회를 섬기고 있다. 그의 재임 기간 동안 이 교회에는 많은 변화가 있었는데, 새로운 장소로 교회를 이전하였고 교회 이름이 바뀌었으며 그가 부임할 때보다 회중의 숫자는 약 두 배로 성장하였다. 이러한 엄청난 변화들은 라이스의 섬세하고도 전문적인 관리 능력이 없었다면 순조롭게 진행될 수는 없었을 것이다.

확실히 라이스는 전문지식을 현장 실습에 적용하는 일에 대해 열정을 가지고 있다. 그는 왜 어떤 것은 기능을 하고 어떤 것은 하지 않는지 알고 싶어 한다. 그래서 그는 이러한 과제를 자신의 숙제로 삼고 있다. 그가 목회 기술에 대해 정통한 것처럼, 사람들에게 있어서 얼굴 표정을 식별할 수 있는 최대 거리는 얼마인가 하는 것과 같은 문제에 대해서도 풍부한 지식을 지니고 있다(제8장을 보라). 그는 음향학(acoustics)이나 속죄론(贖罪論), 성소(聖所)에 대한 미학(美學), 혹은 초대 교회 시대의 금욕주의자들에 대해 동일한 관심을 가지고 이야기할 수 있다.

그와 대화하다 보면 당신은 그가 교회의 모든 부문의 효율을 높이는 데 많은 흥미를 갖고 있다는 느낌을 받게 된다. 마지막으로 나는 당신에게 이런 질문을 던지고 싶다. 당신은 어느 여타 다른 교회의 목사들 가운데, 벼락이나 교회에 화재가 났다거나 오지의 선교사에게 메데바 헬리콥터(medevac helicopter)가 필요하다거나 하는 것과 같은 돌발적인 사건들이 발생했을 때, 과연 누가 이를 수습하기 위해 영향력과 판단력을 갖춘 교회 지도자들와 언론에 대비해서 대변인까지 갖춘 대책반(a crisis-response team)을 조직할 수 있다고 생각하는가?

그의 교회는 다음과 같은 선언에 찬의를 표하고 있다. "우드데일 교회의 목적은 그 기준을 성경에 둔 교제와 제자도, 그리고 복음전도를 통해 서로 협조하고 조화되는 삶을 삶으로써 하나님을 영화롭게 하는 것이다." 우드데일 교회 성도의 대부분은 위의 세 가지 활동에 대해 적어도 나름대로의 설명을 할 수 있는 능력을 가지고 있다.

하지만 라이스는 여기에 여기에 다음과 같은 것을 추가하기를 원한다. "우리는 그들이 이 세 가지를 설명할 수 있다는 데 그치지 않고 이 교제와 제자도와 전도를 체험토록 하는 데 훨씬 더 많은 관심을 가지고 있다." 최종적으로 말한다면 이러한 그의 관심은 그를 단순한 이론가와는 구분되도록 해준다. 즉, 그는 훌륭한 관리를 하는 것만이 교회 성도들로 하여금 복음과 그리스도께서 하신 일을 체험할 수 있도록 해 준다는 것을 확신하고 있다. 물론 라이스는 회중 가운데 이에 전적인 동조를 보내지 않는 사람들도 있다(어느 회중에서나 있는 현상이지만)는 것을 누구보다도 먼저 알고 있지만 그는 이들도 동참시킬 수 있는 복안을 가지고 있다. 당신은 이것을 기대해도 좋다.

던 커즌스(Don Cousins)

그는 윌로우 크릭 공동체 교회(Willow Creek Community Church)교회가 설립된 곳에서 태어나 이 곳에서 첫 목회 경험을 쌓은 이 곳 토박이다. 이 교회의 목사였던 빌 하이벨스(Bill Hybels)가 일리노이 주, 파크 리지(Park Ridge)에서 선 시티 청년 사역(the Son City youth ministry)을 이끌기 시작했을 때 그의 가장 촉망받던 학생 중의 하나는 던 커즌스라는 고등학생이었다. 1975년 그는 빌 목사와 함께 한 극장 건물을 임대하여 이 곳으로 이사해 왔는데, 이 곳은 바로 현재의 윌로우 크릭 교회가 설립된 곳이다. 그 이후로 그는 이 교회를 일리노이 주 사우스 배링톤(South Barrington)에 있는 예술회관 규모의 시설에서 한 주일에 예배를 위해 13, 000명이 모여드는, 그야말로 국가적으로 알려진 교회로 발전시키는 데 있어 그 교회 모든 부문에서 적극적으로 활동해 왔다.

던은 현재 이 교회의 부목사로 시무하고 있는데 이 직책은 225명이 넘는 직원 중 80명을 지휘하며, 이 교회에서 움직이고 있는 약 90개의 하위 분과들을 감독하는 사람들을 관장하는 자리이다. 그는 여러 개의 분과를 조직하여 그 조직을 이끌어갈 사람들을 선발, 훈련시키는 일을 하고 있다. 그는 새로운 생각과 아이디어들을 찾기 위해 그의 정식 교육 과정 이외에도—그는 일리노이 주 디어필드(Deerfield) 소재 트리니티 대학(Trinity College)에서 성경 연구로 학사 학위를 받았다—관리에 대한 수준 높은 일반 서적들을 광범위하게 섭렵하였다—그는 사도 베드로에 대해 인용하듯 피터 드러커(Peter Drucker : 세계적인 경영학자—역자주)의 글을 인용하는 데도 아무 어려움이 없다. 던은 또한 자신의 주위에 측근 참모과 장로들로부터 적절한 조언을 들을 수 있도록 준비를 해 두고 있다. 이처럼 그는 목회적 책임감 속에서 버섯이 자라듯 급속히 그리고 꾸준히 성장하고 있다.

던은 너그러운 성품의 소유자다. 그러나 한 가지 일, 곧 복음전도 혹은 "무교회 지역의 불쌍한 사람들에게 나아가는 일"—이는 윌로우 크릭 교회 주변의 사람들을 말하는데—에는 늘 집요한 관심을 가지고 있다. 그리고 이러한 점이 그의 가치를 월등하게 높여 주고 있다. "훌륭한 관리가 탁월함을 만든다"고 그는 믿고 있다. 또한 "나는 이외의 일에는 만족할 수 없다. 왜냐? 바로 복음 때문이다"라고 그는 말한다.

"불신자들은 이미 만족스럽게 이루어진 일들—그 일이 교회의 프로그램에 들어있는 일인지 아닌지는 관계없이—이나 각종 시설물들의 배치 혹은 건물의 청결함 등에 마음이 끌리고 있다. 그리고 그들은 그 교회가 지닌 이러한 장점에 매료되기만 하면 이러한 장점을 만들어낸 사람에게 마음이 끌릴 수 있게 되는 것이다."

던은 언제나 최고를 추구한다. 그리고 그 이유에 대해서 그는 말하기를, "사람들이 교회를 일등급의 조직체로 보는 일은 드물다. 그들은 스포츠 총판권(franchises), 언론 매체나 오락 산업 등에 관해서는 큰 일들을 요구하면서도 교회는 그저 교회 그 자체로 보는 것이다. 사람들은 슬라이드 영사기가 고장나거나 피아노의 조율이 잘못되는 것 정도만을 기대하는 것이다. 이러한 고정 관념 때문에 나는 윌로우 크릭 교회에서 탁월한 업적을 내기 위해 노력을 배가하는 것이다"라고 말하고 있다.

그의 자취 윌로우 크릭교회 어디에서나 찾아볼 수 있다. 그가 남긴 발자취는 조직 구성이나 훌륭하게 설계된 시설물 속에 새겨져 있기도 하지만, 중요한 부분은 그가 사역했던 사람들의 마음과 삶 속에 남아 있다. 사람들은 윌로우 크릭 교회에서 다음과 같은 격언의 의미를 새롭게 깨닫게 된다. 그것은 불가능한 일이다라고 말하는 사람은 그 일을 하고 있는 사람에 대해 참견하지 말아야 한다(The man who says it can not be done should not interrupt the man doing it).

아더 드크라이터(Arthur DeKruyter)

'탁월한 관리능력을 지닌 목회자' 이것이 그에 대한 표현이다. 그는 말 그대로 '확신에 차 있는 프로근성을 지닌 행동가, 책임감에 투철한 목회자, 목회적인 기업가'이다.

그의 이러한 특징들은 그의 가족이 철물 소매상점을 경영하던 유년 시절부터 시작된 것이다. 거기서 그는 점포 운영상 볼트와 너트 같은 조그만 부품들까지 다루어야 했다. "나는 그 때 아주 조그마한 것들에도 주의를 기울여야 하며 그렇지 않을 때는 문제들이 생긴다는 사실을 배웠다"라고 그는 회상한다.

그는 미시간 주 그랜드 래피드(Grand Rapids, Michigan)에 있는 칼빈대학(Calvin College)을 졸업한 후, 칼빈 신학대학원(Calvin Theological Seminary)을 수료하여 거기서 신학 학사 학위(Th. B degree)를 취득하였다. 이 후 프린스톤 신학대학원(Princeton Theological Seminary)에서는 그에게 신학 석사학위(Th. M)를, 펜실베니아 주 뉴윌밍턴(New Wilmington, Pennsylvania) 소재 웨스트민스터 신학교(Westminster College)에서는 목회학 박사 학위(D. D. degree)를 각각 수여하였다.

그는 프린스톤 신학원을 졸업한 후 곧 시카고 교외에 있는 웨스턴 스프링스 기독교 개혁 교회(Western Springs Christian Reformed Church)의 청빙을 받아들여 이 곳에서 13년 넘게 사역하였다. 이 후 1965년 그가 시카고 근교 오크 브룩(Oak Brook)에서 새로운 교회를 개척해 달라는 요청을 받았을 때 그의 기업가적 정신은 불타오르기 시작했다. 그 곳에서 한 학교의 몇 안되는 가족들로 이루어진 작은 모임으로부터 오크 브룩의 그리스도 교회(Christ Church)는 성장하였다. 그 교회는 1970년에 최초의 교회 건물을 신축했는데 이 건물은 그 다음 주에 가득 메워졌다. 이러한 괄목할 만한 성장은 계속되어 오늘날에는 4, 500이 넘는 가정이 이 그리스도 교회에 등록되어 있다.

이러한 성장은 손을 놓고 있는 목회자로 부터 온 것은 아니었다. 사실 아더는 전력을 기울였다. 그는 "많은 사람들을 위해 나의 사생활은 교회와 연결되어 있었다"라고 고백한다. "나는 읽고 생각하고 기도하며 먹고 자는 이 모든 일들을 내 마음 속에 있는 교회와 연결시켰다. 쇼핑 센터에서 한가롭게 걷는 일 속에서 목회를 위한 착상이 일어났고 영화나 소설, 심지어는 쓰라린 삶의 경험조차도 마찬가지였다." 그리고 그는 여기에 대해 후회하지 않는다. "그것은 마땅히 그래야만 하는 일이다. 그

것이 지도자의 책임이다"라고 말하면서.

목회에 대한 그의 헌신은 성악(vocal music)에 대한 그의 관심을 이야기하고 있는 부분에서 잘 드러난다. "나는 음악에 대한 깊은 애착을 가지고 있다. 열아홉 살이었을 때 나는 헨델의 메시아라는 대작의 독창자(soloist)였다. 그런데 공연을 위해 배역을 결정할 즈음, 나는 비록 그때까지 교회 성가대를 맡고 있었지만 그 공연을 포기했다. 후에 그리스도 교회에서 나는 목회자로서, 또 행정가로서의 나에게 주어진 가장 기본적인 일에 나의 모든 힘을 쏟아야만 한다는 것을 깨달았다. 그래서 나는 성가대 지휘를 포기했던 것이다.

그러나 당신은 그와 대화하면서 그가 이 모든 일들을 기쁨으로 여기고 있다는 느낌을 받게 될 것이다. 그에게 있어서는 자신이 현재 하고 있는 일, 곧 성장하고 있는 성도들에 대한 목양 활동과 또 이 일들이 올바로 유지되도록 돌보는 일이 최상이며 그 외의 것에는 어떤 것에도 그는 관심을 두지 않는다.

그는 그리스도의 교회가 현재의 상태에 이르기까지 협력을 아끼지 않았으며 그 과정 속에서 귀중한 교훈들을 배웠다. 마치 옛 어린 시절 그가 철물점에서 그러했던 것처럼. 그가 기꺼이 우리의 유익을 위해 제공하려는 것은 바로 그러한 교훈들이다.

세 가지 관점들

우리는 이 세 분들이 제각기 다른 관점에서 관리(management)에 대해 접근하고 있음을 알게 될 것이다. 나는 편집장으로서 이 점을 기쁘게 생각한다. 왜냐하면 이러한 사실은 우리가 서로 다른 세 가지의 관점, 즉 출발점이 다르고 출생 년도가 30년에 걸쳐 서로 다르며, 서로 다른 독특한 개성과 은사와 체험이 다른 이 세 분의 관점을 통해 많은 유익을 얻게 된다는 것을 의미하기 때문이다. 우리는 이 분들이 제각기 지닌 최선의 것들을 여러분에게 제공하기 위해 노력하였다.

우리는 여러분들이 각기 좋아하는 내용들은 깊이 음미하며 여타의 부분들은 단숨에 들이키리라는 것을 알고 있다. 그래서 우리는 보다 효과적인 목회사역에 갈급해 있는 교회 지도자들을 위해 다양하고도 정성이 담긴 메뉴와 풍부한 영양식을 제공하기 위해 노력하였다.

즐거운 식사가 되시기를!(Bon appetit!)

−제임스 버클리(James D. Berkley)
일리노이주 캐롤스트림
「리더십」책임 편집인

제 1 부

거대한 그림

나는 교회가 하나님의 영광이 되도록 관리하기를 원한다. 창조 사역을 마치신 후에 이를 둘러보시고 "심히 좋다"라고 말씀하셨던 그 창조주의 뜻에 어긋나지 않도록. 그 분은 "그 정도면 괜찮군"이라고 말씀하지 않으셨던 것이다.

—던 커즌스

제 1장
조직을 훈련하는 일에 대하여

신학교를 졸업한 후에 행정가가 되기를 원하는 목회자는 거의 없을 것이다. **행정**(administration)이라는 용어 자체가 탭 댄스와 같은 일과는 거의 관계가 없다. 대부분의 사람들의 머리 속에서 행정이란 **관료제도**(bureaucracy)와 거의 비슷한 것으로 자리잡고 있다. 이 단어는 끝없이 쌓이는 지엽 말단의 일들, 엄격함, 번문 욕례(繁文 縟禮)와 같은 형식주의(red tape), 항상 반복되는 작업 등의 냄새를 풍긴다.

하지만 행정—교회의 일을 관리하는 일—은 종종 목회가 효율적으로 되느냐 비효율적으로 되느냐의 차이를 판가름한다. 내가 부목사로 재직하던 윌로우 크릭 교회의 목회 철학은 다른 많은 교회에서도 채용되어 왔다. 몇년 전 우리와 같이 목회를 시작했던 한 목사가 최근에 윌로우 크릭 교회로 복귀하였다.

"우리는 윌로우 크릭 교회의 철학과 전략을 아주 훌륭히 적용했었습니다"라고 그는 말했다. "그리고 우리는 이러한 방법으로 약 400명의 성도를 목회할 수 있었습니다. 그러나 우리는 현재 벽에 부딪혀 있습니다"라고 덧붙였다.

그는 무엇이 잘못되었는지를 생각해 보기 위해 돌아온 것이다. 그리고 마침내 그는 그 이유를 찾아냈다. "나는 지도자의 역할을 과소평가했던 것입니다. 나는 지금에야 강력하고도 효율적인 관리가 가르치는 은사나 예배의 형식 못지않게 중요하다는 것을 알았습니다"라고 고백했다.

나는 이 말에 전적으로 동의한다. 비록 '행정'이란 단어가 별로 인기 없는 단어이기는 하지만 교회를 효율적으로 지도하고 관리하는 일은 목회의 핵심부를 차지하는 것이다.

관리와 지도력

관리란 그 자체가 교회에서는 일방적인 지도력으로 나타나는 것이다. 즉, 교회의 지도력은 복잡한 조직을 매일 매일 이끌어 나가는 가운데서 수행되는 것이다.

성경 가운데 가장 위대한 지도자 중의 한 사람은 느헤미야(Nehemiah)였다. 그는 모든 지도자가 계발해야 하고 발휘해야 하는 세 가지의 능력을 보여 주었다.

첫째, 지도자는 조직의 현재 상태를 정확하게 평가할 수 있는 분별력, 다시 말하면 "이곳이 현재 우리가 있는 지점이다"라고 말할 수 있는 기민한 판단력을 필요로 한다. 느헤미야가 고향 사람들에게 돌아왔을 때 그는 그들이 자신들의 정체성(identity)을 거의 상실하고 있는 것을 보았다. 왜냐하면 예루살렘은 무방비 상태였고 적의 공격에 극히 취약하여

예루살렘 사람들은 그 도시 밖에 있는 작은 마을들 속에서 안전을 찾고 있었기 때문이다. 점차 그들은 그들의 고유한 언어와 문화, 그리고 종교를 상실한 채 이방문화에 흡수되고 있었다.

느헤미야는 이러한 상황을 정확하게 평가할 수 있는 판단력을 지니고 있었다. 그는 유대인들이 지리적으로 방황하고 있다는, 눈에 보이는 명백한 사실을 뛰어 넘어 그들이 영적으로 표류하고 있다는, 보다 미묘한 사실을 간파하였다.

둘째, 지도자는 "그리고 이 곳이 우리가 가야 할 지점이다"라고 말할 수 있는 비전과 예지를 지녀야 한다. 느헤미야는 에루살렘이 하나님께서 뜻하셨던 진정한 유대인의 도성이 되기 위해서는 성벽이 필요하다는 것을 깨달았다. 성벽이 없었다면 상황은 점점 더 악화되었을 것이고 그 민족이 아무리 경건을 유지한다고 할지라도 마침내는 이를 상실하고 말았을 것이다.

비전을 지닌 지도자는 현상유지(status quo)가 영원히 지속될 수 없다는 것을 안다. 극도로 정체해 있는 조직들은 사실 쇠퇴 일로를 걷고 있는 것이다. 그러므로 지도자는 앞을 내다보아야 한다. 그들은 변화를 계획하는 것이다. 느헤미야는 자기 민족이 마땅히 지녀야 할 모습—스스로의 정체성에 대해 강하고 확신에 찬 —을 마음 속에 그리고 있었다. 그는 그의 마음 속에서 유대인들을 보호할 성벽을 '보았던' 것이다.

셋째, 훌륭한 지도자는 조직을 움직이기 위해 필요한 사람들과 자원을 현재 있는 자리에서 반드시 있어야 할 자리로 옮겨 놓는 법을 알고 있다. 느헤미야는 이 점에서 전문가였다. 그는 수백 명의 사람들을 모아 그들이 "한 데 마음을 합하여"(느 4 : 6) 일할 수 있도록 용기를 불어넣었다. 성벽이 완성됨으로써 이스라엘이 재기하게 될 것을 두려워 한 사람들이 위협을 가해왔을 때, 그는 작업하는 사람들의 절반은 전쟁을 수행할 수 있도록 조직을 새롭게 하였다. 그들은 심지어 반대에 봉착했을 때조차도 자신들의 목표를 포기하지 않았던 것이다.

　지도함(Lead)이라는 단어는 능동 동사(active verb)이다. 지도자는 "우리가 원하는 목적 지점으로 갈 수 있는 방법은 이것이다"라고 말할 수 있어야 하며 사람들은 이에 따를 수 있어야 한다. 지도력은 대부분 어떤 운동(movement)을 일으키고 이를 지도할 수 있는 능력으로 평가되는 것이다.

　대부분의 능력 있는 지도자들은 이미 알고 있는 바와 같이, 관리란 다른 사람을 통하여 어떤 일들을 이루어내는 과정이다. 보이스카우트의 분대 지도자들조차도 지도하는 일이란 손수 장작더미를 쌓고 냄비를 닦는 것이 아니라는 것을 알고 있다. 훌륭한 지도자들은 집단의 목표를 달성하기 위해 필요한 사람들과 자원을 동원하는 능력을 가지고 있다. 그들은 기꺼이 그리고 탁월한 수완으로 그 과업을 수행할 수 있는 사람들에게 책임을 위임함으로써 자신이 직접 할 때보다 더 나은 성과를 얻는 것이다.

관리자가 감수해야 할 불리한 점들

　대부분의 사람들은 관리자가 된다는 축복에 대해 환상을 가지고 있다. 권위, 정보에 접근할 수 있다는 것, 업무를 위임할 수 있는 자유, 기타 으쓱거리게 만들 수 있는 요소들이 그 자리를 매력적으로 보이게 한다. 그러나 관리는 결코 쉬운 것이 아니다. 관리에 따르는 불리한 점들을 생각해 보라.

　●**시간.** 관리하는 일은 막대한 시간을 삼켜 버린다. 세부적인 일들을 조정하는 데는 시간이 소요된다. 다른 작업자를 찾아내어 위임하고 훈련을 시키는데도 시간은 필요하며 맡겨놓은 일을 뒤에서 감독하고 문제를 해결하는 데도 시간이 걸린다.

　우리는 차라리 영원토록 스스로 돌아갈 수 있도록 프로그램을 고정시켜 버릴려고 할지도 모르겠다. 하지만 그것은 마치 자동차를 구입하고 운전을 하면서도 이를 유지하기 위해 아무것도 하지 않는 것과 같다. 목회사역이란 마치 자동차와 같아서 정규적인 점검이 필요하며 때때로는 대체해 주는 일까지 해야 한다. 사람들은 지친다. 지도자들은 떠나기도 한다. 시설들은 비좁고 낡아져 버린다. 방법들은 문제 해결 능력을 잃어 버리게 되고 교육 과정들은 구식이 되기도 한다.

누가 이런 일들이나 기타 수많은 문제들을 처리해야만 하는가? 관리자이다. 그리고 이러한 일들이 시간과 정력을 삼켜버리는 것이다.

•**모호함.** 수많은 일들을 한 사람의 관리자가 처리하게 되지만 표는 거의 나지 않는다. 훌륭한 설교를 해보라. 그러면 후에 어떤 일이 벌어지는가? 사람들은 당신의 등을 두드려 준다. 슬픔에 잠겨 있는 과부를 심방해 보라. 그러면 그녀의 가족들과 친구들로부터 사랑을 받게 된다.

그러나 기독교 교육을 맡은 사람이 주일학교 프로그램의 수준을 높이기 위해 많은 연구 끝에 교육 자료들을 약간 바꾸었을 때는 어떤 일이 벌어지는가? 또는 주일을 준비하기 위해 당신이 토요일 늦은 밤에 교회의 옆길을 말끔히 정돈하고 복도를 진공 청소기로 청소했다고 할 때 반응은 무엇일까? 아마 거의 없을 것이다. 관리하는 일이란 이런 일들처럼 갈채를 받는 일은 드문 것이다.

우리가 2부 삼일 예배를 드리기 전 그해 여름에, 나는 교회의 한 성도로부터 한 통의 편지를 받았다. 그는 "가을에도 주 중에 두번의 예배를 드린다면 빌 하이벨스(Bill Hybels) 목사님을 능가하는 효과를 거두게 될 것 같은데 예배 회수를 늘려 보는 게 어떻겠습니까?"라고 썼다.

한편으로 생각하면 그것은 칭찬이었다. 그는 분명 나의 가르치는 은사를 높이 평가하고 있었다. 그러나 다른 편에서 보면 그는 이렇게 말하는 셈이었다. "빌 목사님은 해야 할 일이 너무 많습니다. 당신은 분명히 그분의 짐을 덜어 줄 수 있는 시간이 있습니다." 그는 나의 하루를 꼬박 채우고 있는 관리라는 책임에 대해서는 대수롭지 않게 평가하고 있었다. 그는 내가 하는 일을 정확하게 보는 능력이 없었기 때문에 나는 일을 별로 하지 않는다고 생각했던 것이다.

표가나지 않는 일을 하는 것에 대해 불안하게 생각하는 사람은 관리를 불만족스럽고 달갑지 않은 일로 생각한다. 나에게 있어서 만족스러운 관리자가 되기 위한 핵심은 영적인 시야를 개발하여, 내가 현재 하고 있는 일을 은밀한 가운데 보고 계시는, 하늘에 계신 아버지를 끊임없이 스스로에게 상기시키는 것이다. 나는 사람이 아니라 하나님을 기쁘시게 하는 사람이 되는 법을 배우게 되었을 때, 무대 뒤에서 교회 전체의 사역을 향상시킬 수 있는 일을 하는 가운데 존재하는 큰 기쁨을 발견하게 되었다.

● **지루함.** 관리에는 조그마한 일들이 수반되기 마련이다. 그리고 이러한 일을 하는 것은 지루한 작업이기 때문에 관리자는 마음속에 보다 큰 그림을 그리고 있을 필요가 있다. 그는 도로를 내려다 보면서 이렇게 말해 볼 필요가 있다. " 이 일은 시간이 많이 걸릴지 몰라. 하지만 결국에는 성과가 있을 거야."

예산의 수지를 맞추기 위해서는 각종 명세표를 들여다 보거나 수입을 예측해야 하며, 지출 항목을 따져 보는 등의 지루한 작업을 해야 한다. 하지만 우리는 이러한 세심한 계산작업을 통해 합리적인 의사결정을 할 수 있으며, 또한 교회의 신용도도 제고할 수 있다. 물론 나는 이러한 작업이 즐거운 일이라고 말할 수는 없다. 그러나 관리부문의 효율을 높이고 판단 착오로 인한 시간의 낭비를 제거하기 위해서는 이러한 작업이 절대 필요하다. 그러므로 나는 이렇게 지루한 일들을 참고 견뎌낼 것이다. 왜냐하면 나는 이러한 작업들이, 사실 사후에 발생할 수많은 일들을 사전에 방지해 준다는 것을 알고 있기 때문이다.

● **상충하는 요구들.** 내가 하는 일 속에는 창조적인 아이디어를 제안하고, 비전에 찬 목표를 수립하며, 하나의 사업을 주도해 나가는 일 등이 포함되어 있다. 하지만 나는 너무나도 자주, 주도자의 역할로부터 뒷받침해 주는 역할―어떤 요구 사항을 들어 주고 문제를 해결해 주어야 하며 삐걱거리는 바퀴에 기름칠을 해 주는 일―로 밀려날 때가 많다. 이러한 일들이 발생하면 나는 서로 상충하는 요구들의 늪속에 빠져들어 능동

적으로 펼쳐 나가야 할 능력들을 상실하고 만다.

나의 달력이 이 점을 명백하게 보여 주고 있다. 나는 지금 내 하루의 대부분을 미리 예정된 목표를 달성하기 사용하고 있는가? 아니면 부차적인 일들이 내 시간의 대부분을 삼켜 버리고 있는가?

물론 요체는 나의 목표들을 분명히 하는 데 있다. 내가 나의 목표를 분명하게 바라보지 못하거나, 이들 목표를 달성하기 위해 필요한 수순들을 밟고 있지 못할 때는 언제나 경쟁하듯 몰려오는 요구들 속에서 휘청거리게 된다. 나는 지금 제일 강하게 잡아당기는 사람의 변덕에 움직이면서, 줄타기를 하고 있는 것이다.

이러한 상황에 대해 도움이 되는 두번째의 방법은 ‘제일 우선순위 항목들’(A Priorities)과 ‘제이 우선순위 항목들’ (B Priorities)을 정하는 것이다. 제일 우선순위 항목에 속하는 것들은 내 사역의 성취에 필요한 창조적인 일들이다. 그것들은 하나의 프로그램, 사업, 사역을 진전시켜 주는 일들이다. 제이 우선순위에 속하는 항목들은 내가 하고 있는 중요한 사업들을 지원하거나 보조해 주는 일에 불과한 것들이다. 물론 이들도 중요하긴 하다. 그러나 그것들은 나의 시간 속에서 최고의 위치를 점하지는 않는 것들이다.

예를 들어, 최근에 나는 우리의 지도자들을 훈련시킬 강의를 위해 비디오를 제작하는 작업을 한 바·있다. 테이프의 제작을 위해, 어떤 사람들은 제작진을 모집한다거나 실제 작업을 담당할 사람을 찾거나 휴식 시간을 위해 다과를 준비하는 것과 같은 행정적으로 세세한 일들을 거들어야만 한다. 이 모든 일들은 필요한 일들이다. 하지만 내가 해야 할 일은 아니다. 만일 내가 테이프 제작에 필요한 모든 일을 관리해야 한다면 메시지를 준비할 시간은 거의 얻지 못하고 말 것이다. 나에게 있어 제일 우선순위에 속하는 일은 메시지이다. 제이 우선순위에 속하는 일들은 다른 사람에게 맡겨져야 하는 것이다.

사역에 있어 관리가 필요한 또 다른 부분은 만일 이를 관리해 놓지 않으면 나를 짓눌러 버릴 일들, 곧 인사 문제(people isseu)이다. 여기에는 지도자들이 생활 속에서 개인적으로 겪고 있는 심각한 문제들, 팀 구성원 간의 마찰, 책임 한계를 벗어나거나 변화를 요구하는 사람들과 같은 문제들이 있다. 이러한 수많은 문제들을 관리하기 위해서는 신중한 판단을 요구한다.

우리들 중 대부분은 이러한 상황을 무시해 버리려고 하며 또 그들 스스로가 해결해 주기를 바란다. 하지만 그렇게 해서는 안된다. 우리는 인사문제를 제일 우선순위에 놓고 심사숙고하여 가능하면 능숙하게 처리해 주어야 할 필요가 있다. 만일 우리가 이런 일에 신경을 써 주지 않으면, 그들은 결국 문제 해결을 요구하며 파괴적인 방법으로 치달을 수도 있다. 그러한 문제들이 아직 시작 단계일 때 우리가 이를 처리한다면, 그 문제들은 사람들에게 상처를 주는 상태로까지는 발전되지 않을 것이다. 만일 그렇게 하지 않으면 그 문제들은 우리를 불시에 사로잡아 우리로 하여금 불필요한 시간과 정력을 소모하게 만들어 버릴 것이다.

● **거리를 두는 일.** 당신은 사람들을 사랑하기 때문에 목회 사역에 뛰어들었다. 그리하여 당신은 예산들을 검토하고 프로그램들을 평가하며 교재들을 구입하는 데 당신의 나날들을 보내고 있다. 비록 재능 있는 관리자가 이러한 일중 대부분을 다른 사람에게 위임하는 법을 배우게 된다 할지라도, 우리로 하여금 사람들과 직접 접촉하는 것으로부터 한 걸음 떼어 놓게 만드는, 관리상의 책임은 항상 존재할 것이다. 만일 우리가 한 걸음 물러나 사역에서 발생하는 문제들을 해결해 주는 것이 얼마나 중요한지를 인식하지 못한다면, 관리라고 하는 과업이 지니는 이 거리를 두는 일의 실패로 인해 당신은 좌절에 부딪히게 될 것이다.

반면에, 사람들 사이에 진공 상태가 생겨서는 훌륭한 관리는 거의 이루어지지 않는다. 그러므로 우수한 관리자는 다른 사람들을 관리 과정 속에 참여시킨다. 만일 내가 서류와 문서에 지나치게 의존하여 동떨어진 영역에서 집행에 관한 의사결정을 내리고 감독하는 식으로 불필요하게 거리를 둔 관리자가 된다면, 나는 스스로 나에게 자극이 될 만한 것들과 타인의 은사들을 박탈하는 것이 될 뿐만 아니라, 그들로 하여금 기여하는 만족감도 **빼앗는** 것이 되고 만다.

내가 관리하는 과정 속에 다른 사람들을 참여시킬 때, 우리는 함께 문제를 해결하는 셈이 된다. 우리는 '일인용 참호 속에'(in the foxhole) 같이 있게 되는 것이며, 이러한 일은 우리에게 동지 의식(a sense of camaraderie)를 일으켜 줄 것이다. 의미 있는 인간관계는 함께 사역을 해 나가는 가운데 개발되는 것이다.

● **다른 사람을 이용함.** 교회 사역을 위해 다른 사람들로 하여금 이에 협조토록 해야 할 책임이 있는 관리자들은, 때때로 자신들이 다른 사람들을 이용하고 있는 것이 아닌가 의구심을 갖게 된다. 불과 몇 개월 전, 우리는 마치 외로운 특공대(a Lone Ranger)처럼 수많은 일들을 혼자 관리해 오던 사람을 직원으로 채용하였다. 그는 모든 과목을 강의했고, 모든 학급을 담당했으며, 이에 필요한 교육과정을 편성하였다. 나는 그에게 현재 그가 맡고 있는 영역은 그가 감당할 능력보다는 넓다는 것을 인식시키려고 노력해 왔다. 그는 그 모든 일을 감당할 수가 없다. 그는 다른 사람의 도움을 구할 필요가 있는 것이다.

우리가 그 문제를 이야기하고 있을 때, 그는 생각에 잠기더니 이렇게 물었다. "당신은 때때로 다른 사람들을 이용하고 있다고 느끼지 않습니까?"

"목회 사역에서는 그렇지 않습니다"라고 나는 대답했다. "이 사역을 하는 가운데 다른 사람들에게 자신의 은사를 발견하고 개발할 뿐만 아니라 또 이를 사용할 수 있는 기회를 주는 것은 그들에게 호의를 베푸는 것입니다. 그들은 하나님의 도구가 되는 기회를 얻게 되는 것이지요."

만일 내가 집을 수리하는 일과 같은 개인적인 일로 내 친구들에게 도움을 구해야만 한다면, 나는 매우 거북함을 느끼게 된다. 나는 그런 상황에서 도와달라고 하는 일은 대단히 난감한 일이라는 것을 알고 있다. 그래서 항상 그런 일은 최후까지 미룬다. 하지만 주님을 섬기기 위해 사람들에게 도움을 구할 때는, 주저하거나 변명하지 않는다. 사실, 나는 그 일이야 말로 내가 그들에게 줄 수 있는 최고의 선물이라고 믿는다.

관리가 지니는 가치

관리자가 되는 일에는 불리한 점도 따른다. 그러나 그 일은 매일 매일 넘쳐 흐르는 창조적인 활력을 얻게 해 주는 일종의 도전이기도 하다. 왜 그런가? 관리자는 다음과 같이 중요한 공헌을 할 수 있기 때문이다.

• **목적과 방향.** 관리자는 사역을 위해 목적과 방향을 재정립할 수 있는 위치에 있다. 만일 어떤 사역이 발전적인 방향으로 나아가지 않는다면, 이는 아마 퇴보하고 있을 것이다. 그렇게 되면 결국 사역은 무질서의 희생물이 되고, 바람 부는 대로 흘러가게 되며, 무원칙과 혼란으로 나아가게 된다. 관리자들은 이럴 때 목표를 재정립함으로써 무질서도(entropy)가 증가하는 것을 제거할 수 있다.

몇년 전 우리는 '약속의 땅'(Promisedland)이라는 어린이 프로그램을 계획한 바 있는데, 이는 우리 교회에 적절한 것이었다. 그러나 몇 년이 지난 후, 그 프로그램을 효율을 잃고 말았다. 왜 그랬을까? 우리는 그것을 적절하게 관리하지 않았었고, 때문에 점점 질서를 잃어 버렸기 때문이다.

그래서 우리가 제일 먼저 해야 할 일은 우리의 목적에 초점을 맞추는 일이었다. 윌로우 크릭 교회에는 정규적으로 주일 예배에 참석하지 않는, 헌신이 안된 불신자들이 많이 들어왔었기 때문에, '약속의 땅' 프로그램에는 이따금씩 나오는 사람들이 많았다. 그러므로 그 프로그램에서 우리의 일차적인 목표는 어린이들이 흥분해서 다시 돌아올 수 있는 재미있고 즐거운 환경을 만드는 일이었다. 뿐만 아니라 우리는 그 어린이들의 부모들이 이 프로그램 속에서 자신의 자녀들이 환영받고 돌봄을 받고 있다는 자신감을 갖게 해 주고 싶다.

그렇게 목표를 재정립하는 일은 우리들로 하여금 왜 우리가 그 목표에 도달하지 못했던가를 알게 해 주었다. 우리는 일손이 부족했고, 시설들은 너무 냉랭해서 어린이들을 흥분시키지 못했으며, 교육과정 역시 교회가 없던 지역의 어린이들에게 효과적으로 전달되지 못했고, 일했던 모든 사람들이 대체로 방향감각을 결여하고 있었다는 점을 인정했다.

그래서 우리는 내부적으로 담당을 재조정하고, 다용도로 쓰이던 교실을 주말에는 어린이 중심으로 만들었으며, 교과과정을 개편하고, 모든 교사들에게 우리의 목표를 확실하게 주지시켰다. 결과는 그 후의 일들이 증명해 주었다. 현재 어린이들은 '약속의 땅'을 훨씬 재미있어 하며, 부모들은 이 프로그램이 그들의 자녀들에게 엄청나게 유익하다는 사실을 알게 되었고, 그들 부모와 자녀들은 예전보다 더욱 정규적으로 참석하게 되었다. 훌륭한 리더십을 통해서 우리는 휘청거리던 프로그램에 목표를 제시하여 주었다.

●**중간 점검.** 때때로 목회 사역은 단순한 목표 확인 이상의 일을 필요로 한다. 즉, 전체적으로 새로운 방향 제시를 필요로 하는 것이다. 목회 사역에는 방향키를 잡고, 배가 원치 않는 항구로 들어가기 전에 방향을 돌려 줄 지도력이 필요한 것이다.

얼마 전 우리는 젊은 독신자들을 위해 '청춘시대'(Prime Time)라는 사역을 담당한 적이 있었는데, 이 프로그램은 우리가 이들 대규모의 인원을 수용할 만한 적당한 시설을 확보하지 못한 관계로 더이상 성장할 수 없는 지점에 도달해 버린 적이 있다. 설령 우리가 더 많은 사람들을 한지붕 아래 모아 놓는다 할지라도 그러한 큰 모임은 비인격적인 모임이 되었을 것이고, 더 나아가서는 이 모임을 찾아온 사람들을 더 흡수하는 일도, 이들을 구분하는 일도, 지도자들을 훈련시키는 일도 거의 불가능했을 것이다.

그때가 바로 독신자들의 필요를 더 만족스럽게 채워 주기 위한 중간 점검을 해야 할 시점이었다. 우리는 교역자들을 나누고, 관리 가능한 규모로 사람들을 분할하며, 새로운 지도자들을 배치하여 훈련시키고, 시설들을 이동시켜야만 했다. 성장이란 엄청난 문제임을 의미하며 재조정을 반드시 필요로 한다. 사실, 이것이 우리가 '청춘시대'의 새로운 진로를 위한 네번째의 방향 수정이었다. 우리는 급속히 성장하는 사역에는 일 년에 한 번은 재조정 작업이 필요하다는 사실을 배웠다.

● **효율성의 제고.** 관리 부재의 상태에서는 채워 줄 수 없던 욕구들도 교회는 훌륭한 관리만으로도 이들을 채워 줄 수 있다.

우리가 나이 든 독신자들을 위해 마련한 '초점'(Focus)라는 프로그램이 그 좋은 예다. 우리의 세심한 중간 점검은 이 프로그램을 지속적으로 성장할 수 있도록 해 주었다. 흔히 그렇듯이, 재정적인 지원을 늘리고, 섬기는 사람들이 많아지고, 장래성 있는 지도자들이 광범위하게 참여하게 될 때 성장은 찾아온다. 이러한 일들이 새로운 사역의 출발을 위한 문을 열어 주었다.

그래서 이 프로그램 담당자들은 여기서 하나의 가지를 쳐서 편부, 편모(single parents)를 위한 특별한 사역을 시작하기로 결정하였다. 이 사역은 점차 성장하면서, 편부모 슬하에 있는 자녀들을 위한 사역이라는 또 하나의 알을 낳게 되었다. 세심한 관리는 성장으로, 새로운 사역을 위한 더 많은 자원으로, 그리고 궁극적으로는 보다 많은 사람들의 필요를 채워줄 수 있도록 우리를 인도해 주었다.

교회에 출석하지 않고 있던 한 여자는—그녀는 남편을 잃고 혼자 자녀를 돌보고 있었다—재정적인 문제로 씨름하고 있었고 사춘기의 두 아들을 돌보느라 다른 여유가 없었다. 그녀의 한 친구가 그녀에게 "윌로우 크릭 교회에 가봐. 그들은 너를 도와줄 수 있을거야"라고 말해 주었다. 그래서 그녀는 우리 교회를 찾아왔다. 그녀는 편부모를 위한 프로그램에 등록하고 두 아들은 자녀들을 위한 프로그램에 등록하였다. 그리고 우리의 식품 창고(pantry)에서는 그녀에게 식료품을 제공했고, 구제부에서는 재정적인 도움을 주었으며, 그녀의 차가 고장났을 때 교회의 성도들은 그녀를 교회까지 태워 주었다. 몇 개월이 지나자 그녀는 그녀가 받았던 사랑에 감동하여 그리스도인이 되기로 결정을 하였다.

만일 우리가 조직화되어 있지 않았더라면, 어떻게 그녀의 필요를 채워 줄 수 있었겠는가? 우리에게는 불가능했을 것이다. 그리고 만일 그렇게 하려고 노력했다 하더라도, 엄청난 시간과 노력 그리고 돈이 필요했을 것이고 아마 다시는 이런 일에 개입하지 않겠다고 맹세했을 지도 모른다. 그러나 관리와 성장을 통한 자연스러운 귀결이겠지만 그 프로그램이 발전된 결과 우리는 그녀를 도울 수 있었던 것이다.

● **넓어진 시야.** 훌륭한 관리는 교회로 하여금 보다 광범위한 영역의 사람들을 대상으로 사역하는 것을 가능하게 해 준다. 개인적으로 나는 하루에 여덟 내지는 열 명까지는 제자 훈련을 시킬 수 있다. 그리고 이러한 경우에도 그들을 마치 조립 라인의 부품처럼 다룰 수 있을 때만이, 지쳐서 집에 돌아가는 염려를 하지 않을 수 있다. 내 사역이 줄곧 그런 방식으로 진행되는 것이 가능하기는 할까? 어쩌면 그럴 수 있을 것이다. 그러나 그렇게 하는 것이 현명한 것일까? 물론 그렇지 않다. 나는 곧 고갈되어 버릴 것이고 소수의 사람들만을 감당할 수밖에 없을 것이다.

그러나 나의 사역을 주의깊게 관리하면 이는 내가 사역의 범위를 엄청나게 확장시키는 일을 가능하게 해 준다. 나는 평소에는 세 명 내지는 네 명의 핵심 참모들을 만나 그들이 자신의 사역을 평가하고 조직화하는 일을 거들어 준다. 차례를 바꾸어 그들은 매 주에 수십 명의 사람들과 사역하는 다른 여러 지도자들에게 내가 그들에게 했던 동일한 방법으로 그들을 도와준다. 이러한 조직적인 사역 활동의 폭과 깊이는 이를 얼마나 훌륭하게 관리하는냐에 달려 있다.

맥도날드(McDonald)사가 여기에 대한 가장 좋은 예이다. 최초의 설립자였던 맥도날드 형제는 어떻게 하면 양질의 햄버거와 프라이를 생산하여 신속히 공급할 수 있는가를 연구해 보았다. 이것이 그들의 천재적인 면이었다. 그 방법은 하나의 점포에서 훌륭한 성과를 거두었고 그들은 이 사업 분야에서 독점 판매권을 얻어 내기로 결심했다. 하지만 그들은 처참하게 실패했다. 왜 그랬을까? 그들은 자신들의 소규모 점포를 운영하고 햄버거를 신속하게 구워내는 데는 대단한 수완을 발휘했지만, 그들의 방법을 확산시키는 데는 서툴렀던 것이다.

레이 크록(Ray Kroc)이라는 사람을 보자. 그는 패스트 푸드에 대해서는 알고 있는 것이 거의 없었지만 프랜 차이징(fran chising ; 특허를 얻는 일 : 역자 주)에는 전문가였다. 그는 맥도날드 형제의 사업을 한 지역, 한 지역 늘려 나갔다. 레이가 그 조직을 관리함으로써 사업 영역은 엄청나게 확대되었던 것이다.

이처럼 관리 능력이 부족한 목회자는 목회를 따뜻함과 성실함을 수단으로 소규모로 꾸려 나갈 수 있을런지 모른다. 하지만 그가 얼마나 뜨겁게 성도들을 사랑하고 열정적으로 설교할지는 모르겠지만 그 교회의 사역 범위는 영원히 그가 개인적으로 접촉할 수 있는 소수의 사람들로 국한되어 버릴 것이다. 그러나 훌륭하게 관리되고 있는 교회는 그 조그만 교회가 가지고 있는 따뜻함과 사랑을, 잘 조직된 수많은 부교역자들을 통해 많은 사람들에게 제공할 수 있는 것이다.

훌륭하게 관리되고 있는 교회의 특징

1. 분명한 목표. 어떤 특수한 교회조직에 대해 그 존재 이유에 대한 모호함이나 추측 같은 것이 있어서는 안 된다. 그 조직의 목적이 도시의 그늘진 구석에 사랑으로 가득 찬 그리스도인을 두기 위함인가? 그렇다면 그 목적을 분명하게 선포하라. 무교회 지역에 그리스도를 선포키 위함인가? 그렇다면 교회의 모든 사역에서 그 점이 알려질 수 있도록 하라. 위엄과 능력의 살아계신 하나님을 예배하기 위한 장소를 제공하기 위함인가? 그렇다면 그 목적을 위해 행동하라.

그 목적이 무엇이던간에, 교회가 특별하게 세운 목적을 분명하게 제시하라. 한 교회의 생명은 그 교회의 이념과 전략이 질서가 있을 때만 살아

나듯이, 목적을 향해 움직일 때만이 존재하는 것이다.

2. 목적이 널리 인식되어 있음. 훌륭하게 관리되고 있는 교회에서는 직원과 회중 모두가 목적에 대해 분명하게 말할 수 있다. 종종 목적은 한 문장이나 간단하고도 기억하기 쉬운 목록으로 축약되어 있다. 윌로우 크릭 교회는 다음과 같은 사중목적(fourfold purpose)을 가지고 있다. '하나님을 존귀케 함, 교육, 전도, 사회 행동'. 이러한 목적은 교제와 단합을 위한 모임에서 명료한 설명으로 제시되고 있으며 일 년에 일 회, 주간 예배의 설교를 통해 반복 제시되고 있다.

목회자의 임무 중의 하나는 교회가 해야 할 일을 분명하게 파악하는 것이고 또 다른 하나는 그 교회의 회중들에게 이 비전을 제시하여 그들로 하여금 그러한 비전을 갖도록 인도하는 일이다. 이것이 리 아이아코카(Lee Iacocca)가 크라이슬러(Chrysler)사에서 한 일이었다. 그는 재기(再起)한 크라이슬러 사의 모습을 모든 종업원들의 마음 속에 심어 주는 데 명수였다. 모든 사람들이 그 목적을 인식하고 확신하게 되었을 때, 그들은 이를 실현하기 위해 함께 열성을 다하여 일할 수 있었다. 그 목적이 조직의 모든 직급의 사람들 가슴속에 깊이 새겨졌을 때, 당신은 관리란 무엇인가 올바른 일을 하는 것이라는 것을 알게 된다.

3. 섬기는 사람들은 자신만의 독특한 기여를 하고 있음을 인식함. 훌륭하게 운영되고 있는 교회 안에서는 각 개별 행동 주체들—목회자, 직원, 장로들과 집사들, 소그룹 인도자들, 그리고 각 회중들—은 교회의 목표를 달성하는 데 있어 자신의 역할을 알고 있다.

이는 마치 축구 팀과 같다. 분명한 목적은 공을 골라인(goal line)으로 넘기는 데 있다. 하지만 각자의 임무를 위해 정해진 영역이 있다는 것을 인식하지 않으면, 그리하여 좌측 수비수는 적의 공격을 차단하고 중앙 공격수는 득점을 노리지 않는다면, 그들은 서로의 영역을 넘게 되고 그 결과 경기에서는 패하게 될 뿐이다. 그들은 자신의 독특한 임무가 있음을 인식할 필요가 있는 것이다.

교회 안에서도 원리는 마찬가지다. 만약 예배 인도자가 예배에 얼마의 시간을 할당해야 할지를 모른다면, 혹은 젊은 교역자가 자신이 세워야 할 행동 계획이 무엇인지 모르고 또 수위가 특별 행사에 대해 모르고 있다면, 혼란이 일어날 것이다. 훌륭하게 관리되고 있는 교회에서는 방금 말한 것과 같은 사람들이 전반적인 목표에 대해 알고 있을 뿐만 아니라, 그 목표를 위해 자신이 기여해야 할 부분에 대해서도 정확하게 인식하고 있는 것이다.

4. 효과 있는 전략. 이 말은 당연하게 보인다. 하지만 이와 동일하게 어떤 교회에서는 채택하고 있는 전략이 전혀 효과가 없는 경우가 있다는 것도 분명한 사실이다. '잃은 양 찾기'라는 프로그램을 시도했던 한 미국의 교회를 예로 들어 보자. 그들은 거리 한 모퉁이에서 찬양하는 전략을 채택했는데 이 전략은 브라질에서는 엄청난 효과를 거두었었다. 그러나 그들의 노력은 미네아폴리스(Minneapolis)에서는 실패로 돌아갔다. 현명한 관리자라면 그러한 전략은 던져버리고 효과 있는 다른 전략을 강구할 것이다.

사실, 유능한 관리자는 결실을 거둘 수 있는 전략을 발견하기 위해 계속 새로운 아이디어를 제안하고, 실험, 수정, 평가하고 기각할 것은 기각하며 또 새로운 전략을 시도한다. 목적이 달성되었다는 객관적 증거가 없을 때는 능력 있는 관리자는 어떠한 전략에도 만족하지 않는다. 그는 교회의 목표가 하나님께서 기뻐하시는 방법에 의해 성취될 때까지 끊임없이 연구하고 실험한다.

5. 재정의 일관성. 재정은 대부분의 교회 활동에 있어 중요한 위치를 차지하기 때문에 , 수입과 기록, 지출과 회계가 이루어지는 방식은 교회를 관리함에 있어 많은 것을 말해 준다. 감당할 수 없는 부채와 무분별한 지출로 인해 재정적으로 교회가 상처 입는 것을 볼 때, 나는 그 교회 관리자의 전반적인 자질을 의심하게 된다. 그러나 나는 어떤 교회가 재정에 대해 철저한 의식이 있을 때, 그 교회는 강력한 여러 도전들 속에서도

훌륭하게 관리될 수 있다는 것을 알고 있다.

재정이 관리되는 방식은 불신자들에게도 교회를 증빙할 만한 근거가 된다. 교회가 회계 감사를 위해 사람들을 초청하여 정확한 회계 자료를 제출하는 일은 교회에 출석하지 않는 사람들에게도 의심을 제거하고 신뢰를 갖도록 헤 주는 효과를 시닌다.

6. 단정하게 정리된 '중심 지역'. 훌륭하게 관리되고 있는 교회의 또 다른 특징은 단정하고 청결하며 마음을 끄는 시설들에 있다. 특히 이는 주일 아침에 많은 사람들이 왕래하게 되는 '중심 지역'(Main Street) 에 있어서는 더욱 그렇다.

윌로우 크릭 교회에서 중심지역이라면 도로의 입구 표지판에서 시작되어 복도, 주차장을 지난 후의 입구와 로비, 그리고 본당에 이르기까지의 커다란 집회 장소들이 여기에 해당된다. 그 곳들은 우리 교회의 시설들 가운데서 주일에 모든 사람들, 특히 외래 방문객들이 통과하게 되는 곳들이다. 그들은 사무실이나 연습실 같은 곳은 잘 보지 않을 것이다. 이는 마치 여러분 가정을 방문하는 손님들이 여러분의 침실이나 이층 샤워실에 대해서는 잘 보지 않게 되는 것과 마찬가지다. 하지만 교회에 찾아오는 사람들은 중심지역은 걷게 될 것이다.

그러므로 우리는 집주인이 손님의 환대에 앞서 집의 입구, 계단, 거실, 식당과 욕실에 신경을 쏟는 것과 마찬가지로 중심지역에 주의를 기울인다. 물론 우리는 모든 시설이 단정하고 아름답게 유지되도록 노력한다. 그러나 만일의 경우에 대비해서 중심 지역에 더 많은 신경과 자원을 쏟는 것이다. 우리는 그 곳이 사람들의 마음을 끌고 쾌적한 곳이 되기를 바라는 것이다.

중심 지역을 소홀히 하는 것은 교회를 지도함에 있어 중요한 의미를 지닌다. 이러한 부분까지 세심한 주의를 기울일 줄 아는 관리자는 사역의 여타 부분까지도 통솔해 나갈 수 있을 것이다.

관리가 필요한 이유

모든 목회자들이 교회 지도력의 은사를 받은 것은 아니다. 어떤 목회자는 자신의 소명이 말씀과 기도에 있지, 회중을 조직화하기 위해 씨름하는 데 있는 것은 아니라는 생각을 가지고 있다. 이러한 목회자에게는 두 가지의 선택이 남아 있다. 즉, 교회를 관리할 다른 적임자를 찾아보는 일과 아니면 스스로 관리하는 법을 배우는 것이다. 이러한 선택을 떠난 제3의 선택은 허용되지 않는다. 왜냐하면 관리 부재의 교회는 비효율적인 전도, 일꾼들의 실망, 그리고 수많은 기회의 상실이라는 너무나 커다란 대가를 치루어야만 하기 때문이다. 그러므로 기호(嗜好)에 의해서건, 위임에 의해서건 아니면 재치와 요령에 의하건간에 교회를 지도해야 하는 과제는 반드시 이루어져야 하는 것이다.

그러나 혹자는 오늘날 관리가 과대평가되고 있다고 생각한다. "우리에게는 더 많은 목회자가 필요하지, 더이상의 행정가는 필요치 않습니다"라고 그들은 말한다. 그렇다면 왜 목회자가 관리에 신경을 써야만 하는가?

신학적으로 나는 두 가지의 이유를 생각해 볼 수 있다. 첫째, 우리는 우리의 가장 귀한 것을 받으시기에 합당하신 하나님을 섬기고 있다는 점이다. 그분께서는 우리가 목회를 함에 있어서 단순히 어물쩍 넘어가는 것이 아니라 훌륭하게 감당해 나갈 수 있도록 은사와 능력을 주셨다. 나는 교회를 관리하는 일이 하나님의 영광을 위한 일이 되기를 원한다. 창조를 마치신 후에 하신 모든 것을 돌아보시고 "좋았다"라고 말씀하셨지, "그 정도면 괜찮군"이라고 말씀하시지 않았던 창조주 하나님에게 조금도 어긋나지 않기를 바란다.

둘째로, 목회 관리는 하나님의 백성을 가장 훌륭하게 섬기는 것이다. 백성들은 가장 밝은 빛으로 인도하심을 받았다. 수많은 사람들을 비춰주는 백만 와트의 조명등이 된다는 일은 놀라운 일이 될 것이다. 하지만 이러한 일을 하도록 부르심을 받은 사람은 지극히 소수이다. 그럼에도 불구하고 왜 우리는 200와트의 등대가 될 수 있는 능력을 지녔으면서도 침침한 40와트의 전구가 되려 하는가?

관리란 우리가 지닌 빛을 최대한 비출 수 있도록 도와 주는 일을 한다. 조직은 우리의 능력을 향상시키는 일을 도와준다. 만일 우리가 우리의 삶들을 잘 조직하고 우리의 책임하에 있는 모든 일들을 정성껏 관리한다면, 우리의 교회는 언덕 위에 세워진 등대처럼 밝은 빛을 비출 수 있을 것이다.

교회 안에서 권한(power)을 맡은 청지기는 재정(money)을 맡은 청지기보다 훨씬 중요하다.

—아더 드크라이터

제 2 장
권한의 청지기

내가 현재의 목회를 시작한 지 일년 반이 지났을 때, 나는 갑자기 어떤 위기에 빠지게 되었는데 그것은 네 명의 당회원들이 나를 사임시키기 위한 운동을 벌였던 일이었다. 당시는 맥카시 열풍이 불던(McCarthy era : 공화당 상원의원이자 극단적 반공주의자였던 맥카시의 제창으로 민주주의와 자본주의 체제에 대한 약간의 비판도 모두 공산주의자로 낙인찍던 시기—역자주) 혼란스럽던 시기였는데, 그 네 명의 당회원들은 우리가 정치적으로는 극보수주의 진영에 가담해야 한다고 확신하던 사람들이었다. 나는 그 때 교회는 정치 조직이 아니라고 주장하였다.

그들은 나의 사상을 의심하면서 "당신은 회중의 목회자로서는 적합하지 않다"고 내게 말했다.

그래서 나는 그들에게 "만약 당신들이 나의 사임을 요구하고 또 성도들에게 그 이유를 설명할 수 있다면 나는 그렇게 하겠다"고 대답하였다. 하지만 그들은 자신들의 이유를 공개적으로 제시하려고 하지 않았다. 그리고 그들은 조사위원회를 구성하였는데, 이는 물론 궁극적으로는 나를 제거할 구실을 찾기 위한 것이었다.

그래서 나는 상황을 이해하고 있던 두 명의 위원들과 함께 그 주일에 모든 성도들의 가정을 방문하였다. 우리는 그들 모두에게 현재 진행되고 있는 상황에 대해 이야기해 주었다. 그 네 명의 당회원들은 압력을 느끼고 결국 회중 가운데 자기들과 견해를 같이하는 사분의 일의 성도들을 데리고 교회를 떠나갔다.

그러나 그렇게 해결된 하나의 문제는 다른 문제를 몰고 왔다. 그들 네 명이 떠나가자, 당회는 의결 정족수에 미달하게 되었다. 우리는 새로운 당회원을 선출하기 위한 공동의회조차도 열 수가 없었다. 왜냐하면 오직 당회만이 공동의회를 소집할 권한이 있었기 때문이다.

이렇게 분열된 상황 속에서, 자연히 나는 누가 사실상의 교회 자산의 합법적인 관리자인가—의결 정족수를 성립시켰던 그 네 명의 당회원들인가, 아니면 남아있는 소수의 사람들인가—하는 점이 염려되었다. 그래서 나는 한 변호사를 찾아가서 우리 교회의 헌법을 재검토해 보았다. 나는 우리의 헌법이 이러한 긴급 상황 하에서는 당회장(이 경우에는 목사를 말한다)에게 전권(全權)이 있음을 특기하고 있다는 사실을 발견하였다.

이 조그마한 지식이 이런 문제에 경험이 없었던 우리 교회를 원색적이고도 정략적인 힘의 난투장으로 빠져드는 일로부터 구해 주었다. 나는 그 때 처음으로 헌법이 교회에 얼마나 중요한 것인가를 깨달았다.

목회자로서 우리의 첫번째 관심은 설교와 기도에 있다. 그러나 우리는 교회의 조직에 주목하는 일로부터도 감히 눈을 뗄 수 없다. 건전한 구조 ―헌법이 제시하는 바와 같이―는 권한의 위임을 위한 기본적 토대가 된다. 그리고 교회 안에서는 권한의 청지기가 재정의 청지기보다 훨씬 더 중요하다.

교회는 유기체(organism)이며 동시에 조직(organization)이다. 교회가 성장함과 동시에 이에 합당한 구조의 중요성도 함께 커진다. 이때 권한의 적절한 행사가 확실하게 보장되기 위한 세심한 주의가 요구된다. 그것은 교회 관리에 있어 핵심적 요소 가운데 하나이다.

나는 권한을 합당하게 행사할 수 있는 사람은 누구일까 하는 점을 생각해 보면서, 그 위기 상황을 넘긴 후 우리 교회를 돌보는 데 도움을 주었던 다섯 명의 평신도를 떠 올리게 되었다. 그들은 설교자와 더불어 전쟁을 지도하고 이를 승리로 이끌 수 있는 능력 있는 사람들이었다.

나는 그들보다 젊었고 또 행정에 대한 훈련이 필요했다. 그들은 나를 기꺼이 도와주려 하였고, 보다 중요한 것은 나의 성공을 원했다. 그들은 내가 권한을 어떻게 배분해야 하는가를 가르쳐 주었다. 나는 이제 여러분과 함께 권한을 배분하는 법에 대해, 그 때 그들이 나에게 가르쳐 주었던 것과 그 밖에 다른 곳에서 배웠던 교훈을 나누고자 한다.

권한은 신임이다

먼저, 지혜로왔던 이 사람들은 나에게 권한을 행할 수 있는 직분을 갖지 말 것을 가르쳤다. 교회는 그들 소유가 아닌 것처럼 나의 소유도 아니다. 나는 어려웠지만 교회의 기구로부터 거리를 두는 것을 배웠다. 그들은 권한이란 신탁(fiduciary)이라는 점을 지적해 주었다. 즉 하나님에 의해 맡겨지고 우리가 인도하는 사람들이 우리에게 부여한 것이라는 것이다.

사역에 대한 소명, 그리고 권한을 행사할 수 있는 위치에 있게 된 것은 보다 큰 신탁의 한 부분이다. 담임 목사로 임명된 것은 예수 그리스도의 백성들에 의해 받아 들여지고 권위를 부여받은 것이다. 그들은 그리스도의 몸에 대한 지도권을 목회자에게 위임한 것이다. 우리는 지도권을 움켜쥐거나 스스로 취할 수 없다. 오히려 이와 반대로, 담임 목사로 임명함에 있어 그들 그리스도인들은 사실상 이렇게 말하고 있는 것이다. "우리는 이 사람이 자격을 구비하고 있으며 거룩하신 부름에 대한 소명감을 가지고 있다고 믿는다. 우리는 그러한 부르심이 있었음을 인정하며, 따라서 그에게 우리 가운데서 특수한 과업을 수행해 줄 것을 요청한다."

이처럼 하나님의 말씀을 회중에게 선포할 수 있는 권위와 더불어, 우리는 또한 그 권위(authority)와 함께 우리를 인도할 권능(power)을 관리해야 할 의무도 지닌다. 그렇다. 그 권한은 하나님께로부터 온 것이며 동시에 그분의 백성을 통해 행사되는 것이다. 간단히 말해서, 권한이란 일종의 신뢰에 바탕을 둔 위임이며 나 자신을 위해서가 아니라 교회를 위해 사용되어야 하는 것이다.

권한은 책임이 따르는 것이다

이 다섯 명의 지도자들은 권한에는 그것이 한 개인에 대한 것이든, 모든 회중에 대한 것이든 항상 책임이 수반된다는 사실을 내 마음 속에 심어 주었다. 나는 하나님의 백성을 떠난 위치에서 행동할 수 없다. 회중이 목회자에게 강한 충성을 보이는 경우에 있어서조차도 개인적 책임이 축소되어서는 안 되는 것이다.

나처럼 교회를 개척한 사람에게는 자연히 권한을 남용하고자 하는 유혹에 싸이게 되는데, 이러한 특수한 위험이 목회자들을 위협한다. 결국, 거의 모든 사람들이 나의 방식을 따르게 되거나 아니면 협조는 하지 않으면서 교회에 남게 되는 현상이 벌어지게 된다. 그러나 이럴 때 권한을 남용할 가능성이 잠재하게 된다. 만일 사람들이 수년 동안 나의 지도력을 존경해 왔다면, 그들은 공적으로나 사적으로 나에게 쉽게 이의를 제기하려 하지 않을 것이다.

그러므로 나와 같은 경우에는 당회에 대한 책임을 지기 위해 노력한다. 이들은 그리스도 .교회가 품고 있는 비전을 이해하는 사람들이기도 하지만, 개성이 강하고 나름대로의 생각을 가지고 있는 사람들이다. 그들은 나에게 어떠한 질문도 할 수 있고 또 그렇게 한다! 그들은 나의 의견에 찬성하지 않을 수 있고 나의 계획에 반대하는 표를 던질 수 있다. 그리고 나는 그들이 필요하다고 생각한다면 그들의 징계도 기꺼이 감수할 것이다. 나는 그들이 이렇게 독립된 사고와 행동을 해 주도록 격려하고 있다. 왜냐하면 그럴 때 나는 책임감을 잃지 않고 유지할 수 있기 때문이다.

얼마 전 우리 교회의 건축위원회(building committee)는 새로운 주방을 위한 계획을 세웠다. 그들은 전문가에게 자문을 구했지만 나는 그들이 세운 계획에는 중대한 결함이 있다고 느꼈다. 전에 있던 주방에는 많은 문제점들이 있었고 나는 그러한 문제들을 반복하고 싶지 않았다. 여러 번 나는 그들에게 나의 의견을 말했지만 소용이 없었다. 건축위원회 위원장과 건축업자는 다른 생각을 가지고 있었던 것이다. 나는 그 계획에 반대하는 운동을 벌일 수 있었지만 그 위원회의 권위를 인정하기로 했다. 만일 건축위원회에서 모든 자료를 검토하고 그 건축업자의 계획에 따르기로 동의했다면, 나는 이를 계속 문제삼지 않을 예정이었다.

책임을 지는 일(accountability)이란 또한 내가 당회에 공개적이어야만 한다는 것을 의미한다. 나는 결코 일을 숨기거나 비밀을 가지고 있어서는 안 되는 것이다.

예를 들어, 목회자는 가끔 성도들로부터 특별한 .선물을 받게 되는 경우가 있다. 이럴 때 목회자는 이 사실을 숨기고 싶은 유혹을 받는다. 언젠가 한번은 어떤 성도가 한 부교역자에게 중고차(中古車)를 주겠노라고 한 적이 있었다. 그 목사는 그 성도에게 나는 이를 당회와 상의해야 한다고 말했다. 우리는 이러한 선물들에 대해 당회에 이야기해 주었기 때문에 당회는 우리 교역자들을 보호해 주었다. 왜 그렇게 해야 하는가?

사람들이 특별한 선물을 하게 될 때, 그 사람들에 대해서는 특별 대접을 하기가 쉽다. 그러나 나는 가난한 자나 부유한 자나, 선물을 한 자나 그렇지 않은 자나 모두에게 공평해지기를 원한다. 우리는 금가락지를 낀 사람를 다른 사람보다 우대하지 말라는 야고보 기자의 명령에 순종하기를 원한다. 선물을 받을 것인지 여부에 대한 판단에 다른 사람들을 참여시킴으로써, 우리는 이러한 위험을 줄일 수 있게 된다.

이러한 원리는 내가 누구에게 주례를 서 줄 것인가 혹은 누가 건물을 사용하게 할 것인가 아니면 누구에게 개인적 용도로 교회의 비디오 시설을 대여해 줄 것인가 하는 문제를 결정하는 데 적용된다. 조직의 규칙은 예외없이 준수되어야만 한다. 내가 조금이라도 예외를 두거나 누군가를 편파적으로 대우하기 시작하면, 나는 조직의 전체성(integrity)를 희생시키는 것이다. 그것은 명백한 직권 남용이다.

만일 누군가가 특별한 대접을 요구해 온다면, 확실하고 일관된 태도를 유지하는 것이 최고의 방책이다. 만일 내가 일관된 태도를 유지한다면, 사람들은 내가 계속 그러한 태도를 유지하기를 기대하게 될 것이고 나를 신뢰하게 될 것이다.

물론 내가 합당하지 못한 요구를 거절할 때, 사람들은 내가 규칙을 완화시키기를 거부한 관계로 때로는 씨근거리기도 한다. 그러나 멀리보면 그렇게 하는 것이 보다 훌륭한 방법이다. 결국 그들은 이를 수용하게 되고 심지어는 나를 존경하기도 하며 누구도 나를 마음대로 할 수 없다는 것을 확실히 알게 된다. 교회에서는 그렇게 하는 것이 중요하다. 왜냐하면 특별대접을 추구하는 행위는 술수를 통한 파워 게임 이외에는 아무것도 아니기 때문이다.

권한은 위임되어야 한다

내가 책임을 위임할 때는, 동시에 이를 수행하기 위한 권한도 위임해야 한다. 한 걸음 더 나아가, 나는 명백한 이유가 없이는 그 권한을 결코 철회하지 않는다.

예를 들어, 만일 미취학 아동 학급에 불만을 갖고 있는 한 학부형이 나에게 교사들을 바꾸라고 요구하면서 다가온다면, 나는 그에게 그 부서 담당자는 내가 아니라는 점을 주지시킨 후 담당자를 소개한다.

만일 그가 "나는 벌써 기독교 교육을 책임지는 그 여성분과 얘기해 보았소. 그런데 그녀는 내 말을 들으려 하지 않았소"라고 말한다면, 나는 "좋습니다. 그런데 그 부서를 움직이는 분은 그녀이지 제가 아닙니다. 만약 그녀가 교사들을 바꿀 의향이 없다면 제가 생각컨데 그들은 바꾸지 않을 겁니다"라고 대답해 준다.

나는 직원들 사이에도 이와같은 상호존중의 분위기가 넘치기를 기대한다. 한 팀으로 일하기 위해서 우리는 각자에게 주어진 재량권을 존중해 주어야만 한다. 우리는 직원들이나 자원 봉사자들에게 일을 분담시킬 때는 그 직무를 수행하기 위해 필요한 권한을 부여해 주어야 한다. 우리는 직원들의 고삐를 단단히 쥐면서 동시에 그들이 성공하기를 기대할 수는 없다.

권한 배분의 실행

적절한 권한 배분 작업을 위해서는 다음과 같은 다단계의 절차를 밟는 것이 도움이 된다.

1. **교회 권한의 중추부를 발견하라.** 교회 안에 권한의 중심부가 어디인지를 모른다면 이는 불행한 일이다. 물론 이것은 항상 분명한 것은 아니다. 하지만 안심해도 되는 것은 누군가 혹은 어느 집단이 그 기관을 움직이는 권한을 쥐고 있는 것은 분명하기 때문이다. 실제로 그 권한은 누가 쥐고 있는가? 그들의 목적은 무엇인가? 권한을 쥐고 있는 그들이 이를 기꺼이 다른 사람들과 나누려고 하는가 아니면 이를 독점하려 하는가? 하는 등의 권한의 중심부(the epicenter of authority)를 파악한 후에야 우리는 교회 안에서 어떻게 권한을 배분할 것인가를 결정할 수 있다.

우리 교회에서는 매년 교회 행정에 관한 워크 샵을 열고 있다. 여러 해 동안 우리는 우리의 부주의로 인해 젊은 목회자들에게 그들이 감당할 수 없는 일들을 해보라고 권고해 왔다. 그것은 이러한 방식으로 이루어져 왔다. 그 젊은 지도자들은 새로운 생각과 신선한 꿈으로 가득차서 교회 행정 워크 샵으로 돌아온다. 그러나 교회 안의 기득권과 전통, 권력 구조라는 거친 현실이, 문 앞에서는 그들을 환영하지만, 그들의 계획을 무산시키고 비전들은 사라지게 만든다. 어떤 사람들 혹은 위원회들이 권한을 기꺼이 나누려 하지 않기 때문에 그들이 품은 어떠한 비전도 현실로 구체화되지 못하는 것이다. 자연히 낙심한 그 목사들은 말다툼 속으로 빠져들게 되고, 그들의 스트레스는 눈덩이처럼 부풀어 오르게 되는 것이다. 그 결과, 흔히 그러하듯 목회자의 열정은 완전히 식어 버리고 마는 것이다.

이런 우울한 시나리오는 실제 영화로 만들어질 필요는 없다. 권력의 중심부를 지혜와 인내를 가지고 발견해 내는 일은, 닫힌 문을 여는 데 도움이 되어 줄 것이다.

나는 내가 지금 몸 담고 있는 교회와는 다른 권한 분산 방식을 택하고 있던 교파 출신이다. 그 교파의 정치 제도는 그 교파에 의해 직접 만들어진 것이었다. 많은 사람들은 아직까지도 옛날의 권한 분산 방식을 쉽게 포기하려 들지 않고 있다. 그 결과 그들의 성장은 장애에 부딪혀 있는 상태이다.

사람들은 종종 그들의 교회를 섬겨 줄, 능력 있고 젊은 목회자가 없느냐고 전화로 물어 온다. 그러나 나는 많은 경우, 한 목회자가 그들의 교회에 부임한다 할지라도 그는 손발이 묶여 버린다는 것을 잘 안다. 아무리 최고의 관리자라 할지라도 교회가 권한을 넘겨 주지 않으면, 그들은 실패할 수밖에 없다.

많은 시간을 들여 권한의 중심부를 파악한 후에 취해야 할 다음 단계는 그들과 함께 일에 착수하는 것이다.

2. 말해서는 안 되는 것들에 관해 의견을 나누라. 강력한 권한을 쥐고 있는 당회나 이를 주도하고 있는 인사들과 권한의 문제를 이야기한다는 것이 쉬운 일은 아니다. 하지만 그 문제를 정면으로 거론하는 것이 제일 좋은 방법이다. 비록 그렇게 하는 일에 위험이 따른다 할지라도, 우리는 교회 안에서 권한을 휘두르는 '개인들'과 차근 차근 이야기해 나가기 시작해야 한다.

나는 '개인들'이라는 표현을 썼는데 그 이유는 권한이란, 교회의 공식적인 당회에 있어서조차도, 집단 속에 있는 것이 아니라 흔히 개인들 속에 존재하기 때문이다.

예를 들어, 여러 사업에 헌금을 하고 있는 사람이 비중 있고 영향력을 행사하는 사람일 경우가 많다. 돈은 그러한 권한을 살 수가 있다. 만일 그 사람이 그 사업을 좋아하지 않으면, 그 사업은 무(無)로 돌아가고 만다. 만일 '교회의 최고 실력자'(church boss)가 어떤 제안을 묵살하려고 마음만 먹는다면, 그 제안을 위해 담당 위원회가 얼마나 많은 시간과 노력을 기울였는가는 문제가 되지 않는다. 영향력 있는 한 개인은 쉽사리 하나의 집단을 지배할 수 있다.

그 상황을 개선하기 위해, 나는 권한을 쥐고 있는 사람 혹은 사람들과 의견을 나누기 시작한다. 그들은 자신들의 영향력을 인식하고 있는가? 나는 그들을 움직이는 동기가 무엇인지를 파악하기 위해 노력한다. 그들은 그 권력으로 무엇을 하려고 하는가? 그들의 목적이 무엇인가?

다음 단계로, 나는 그들이 권한을 지닌 책임에 관해 이해할 수 있도록 성경 말씀을 가지고 도움을 주면서, 권한을 합당하게 사용하도록 훈련을 시키기 위해 노력한다. 만약 목회자가 이러한 사람들로 하여금 권한을 맡은 자의 중요성을 깨닫게 할 수 있다면, 그 교회는 전반적으로 강력한 힘을 얻게 된다.

예를 들어, 나는 한사람의 '교회의 실력자'와 조찬을 함께 할 수 있는 방법을 찾는 것으로부터 시작한다. 나는 그에게, 그가 교회에서 행사하고 있는 영향력의 범위가 어느 정도인지를 말해 주면서 계속해서 그가 현재 얼마나 지대한 권한을 행사하고 있는가를 인상 깊도록 심어 준다. 그는 쉽게 이 사실을 인정한다. 나는 그에게 그것은 하나님께서 맡기신 크신 은혜이며, 그 권한은 회중에게 축복으로 혹은 해악으로 사용될 수 있음을 설명해 나간다. 나는 그와 비공식적인 자리에서의 인간 관계를 통해, 그리고 권한에 대한 허심탄회한 대화를 통해, 그 사람으로 하여금 자신의 역할을 인식하도록 도와 주면서, 아울러 우리는 함께 일해 나가는 법을 알게 된다.

3. 관리 능력을 지닌 사람들에게 도움을 구하라. 모든 목회자가 관리 능력에 대한 은사를 똑같이 받은 것은 아니다. 어떤 사람에게는 관리가 쉬운 반면, 어떤 사람은 이 문제로 씨름한다. 비전을 지닌 사람에 의해 기독교 조직은 출발하지만 조직이 성장하면서 종종 문제에 봉착하게 된다. 그 문제는 능력이 부족한 지도자들에게 있는 것이 아니라, 자신들에게 행정 능력이 부족하다는 사실을 모르고 있는 지도자들에게 있다. 비전을 가지고 있는 지도자들은 관리와 행정의 은사가 있는 사람들로부터 종종 도움을 구할 필요가 있다. 행정에 대한 은사가 거의 없는 목회자들 조차도 그들이 행정에 대한 전문 기술 개발을 위해 다른 사람에게 도움을 구한다면, 현상 유지는 물론, 성장하는 것도 가능하다.

아니면 그들은 행정이 필요한 과업을 다른 사람에게 위임할 수도 있을 것이다. 직원 가운데서 혹은 평신도 중 자원하는 사람이 목회자의 입장에서 행정 분야를 담당해 줄 수도 있다.

경영학의 대가인 피터 드러커(Peter Drucker)는 일찌기, "일급 비서를 고용하는 일은 아주 작은 일이지만, 당신은 이를 통해 하나의 조직을 얻은 것이다"라는 말을 한 적이 있다. 관리를 배우는 데는 시간이 소요될 뿐만 아니라 목회자들은 이를 위해 지도를 받아야 할지도 모른다. 그러나 그런 시간은 아주 보람 있는 시간이다. 교회나 개인적 사역의 생존이 이러한 일에 좌우될 수도 있다. 오늘 투자한 시간은 내일의 위기를 모면하는 것을 의미한다.

4. 목회적인 방법으로 권한을 사용하라. 교리 수호와 교회 정책의 일관성을 위해 목회자의 권한이 직접적이고 강압적으로 사용되어져야 할 때가 가끔 있다. 우리에게 권한이 주어진 것은 바로 그러한 일을 위해서이기 때문이다. 하지만 그러한 위기에 있어서조차도, 권한은 목회적 감각을 가지고 행사되어야 한다.

나의 첫 목회지는 35개의 가정으로 구성된 조그만 교회였는데, 그 곳에는 교회 수입의 상당 부분을 헌금하고 있던 한 성공적인 사업가가 있었다. 언젠가. 교회가 페인트 작업과 배관 공사, 시설 보수와 같은 일을 해야 할 필요가 있었을 때, 교인들은 이를 위해 모금을 하고 경비의 나머지 부분은 그가 지불하는 것으로 되어 있었다. 모두들 이 사실을 알고 있었다. 왜냐하면 그 역시 모든 이들이 이를 알고 있으리라고 확신하고 있었기 때문이었다. 자연히, 이러한 상황은 그에게 막대한 권한을 부여해 주었다.

내가 그 교회에 부임했을 때, 매 분기마다 거행되는 성찬식이 있기 6일전에 나는 회중들이 성찬식에서 개인잔을 사용하는 반면, 이 사람과 그의 가족들은 공동잔을 사용한다는 것을 알게 되었다. 한 장로가 나머지 회중과는 별도로 그 가족들을 대우하려고 했다.

이 사실을 들었을 때, 나는 "잠깐만요. 지금은 어느 순간보다도 하나가 되어야 할 때입니다. 성찬식을 하면서 왜 우리가 나누어져야 합니까?"라고 말하며 강하게 반발했다. 나는 당시 사정을 잘몰랐기 때문에 그 문제를 그 첫 주일로 가져갔다.

그러나 다음 성찬식이 거행되기 전, 나는 장로들에게 왜 이러한 방법이 교회에 덕이 안되는지를 설명했다. 나는 얼마 전에 회중들이 개인잔을 사용하기로 투표했지만, 당회에서는 이 방침을 그의 가족들에게는 결코 강행하지 않았었다는 사실을 발견했다.

나는 그 때 단도직입적으로 "나는 다시는 성찬식을 이 가족들에게 이런 식으로 베풀지는 않겠습니다. 게다가 저는 여러분 장로님들께서 이 가족들에게 이런 일이 다시는 있어서는 안 된다고 말씀해 주실 필요가 있다고 생각합니다. 나는 온 교인들이 결정한 사항이 실천되도록, 누군가를 통해 이를 위한 운동을 일으키고 싶습니다"라고 말했다. 그러자 그들은 회중의 움직임을 찬성하는 투표를 했다. 그리고 나서 나는, "자, 이제 누가 가서 이 사람들에게 말씀하시겠습니까?"라고 물었다. 당연히 아무도 가려고 하지 않았다.

"그럼" 하고 나는 계속했다. "만일 여러분 가운데 한 분이 저와 함께 가신다면 제가 가겠습니다. 그리고 제가 말씀드리지요." 그 중의 한 명이 동의했다.

그래서 우리는 갔다. 여기에 스물 다섯 살의 목사가, 웅장하고도 값나가는 장식으로 꾸민 그의 집 중앙에서 쉰 살의 한 사람을 마주보고 앉아 있다. 그의 모든 가족들, 곧 그와 그의 아내와 아직 미혼인 아들과 외동 딸이 거기 모두 모여 있었다.

나는 그에게 온 성도가 개인잔으로 성찬식을 행하기로 투표했던 것으로 알고 있으며 나는 우리가 하나되는데 그 사실은 중요하다고 생각한다, 그러므로 앞으로 우리 교회에서는 공동잔은 사용하지 않기로 했다고 말했다. 예상했던 대로 그는 "당신이 뭔데 와서 일을 어지럽게 하는 거요? 이 일은 수년 동안 계속되 온 거요. 공동잔은 우리에게 대단히 중요하오. 우리의 신앙 표현인 공동잔을 앗아가려는 당신의 행위는 부당한 처사요"라고 말하면서 격렬하게 반발했다.

나는 그에게 "제 말씀을 들어 보십시요, 모든 성도들의 결정에 대해 당회에서는 만장일치로 찬성했습니다. 그리고 이 결정은 처음부터 당신의 가족들을 제외하고는 거의 모든 사람들이 찬성한 일입니다. 이제 우리는 이 결정을 실행에 옮길 예정입니다"라고 말해 주었다.

"그렇다면, 우리는 이 교회를 떠나겠소"라고 그는 말했다. 나는 음성을 가라앉히려고 노력하면서 사실상 이러한 의미로 말했다. "당신의 교인 증명서를 어디로 보내 드리면 좋겠습니까?”

　모든 일은 진정되었다. 어느 누구도 전에는 그에게 그처럼 말한 사람이 없었다. 그 사람들은 교회가 자기들이 없이는 존재할 수 없다고 생각했었다. 그러나 그들은 그들이 떠나야 할 시점 운운 했던 내 말의 의미를 깨닫고는 “기도해 봅시다. 우리도 이 문제에 대해 생각해 보겠소”라고 말했다. 그래서 우리는 이 문제를 그들의 결단에 맡겼다.

　한 주일 내내, 나는 그들의 행동 여부에 신경이 쓰였다. 하지만 그들은 그 다음 주일, 교회로 돌아왔고, 그 이후에도 계속 출석하였다. 그런데 다음 성찬식이 있기 전 주일 그와 그의 아들이 장로들의 모임에 나타났다. 그들은 우리가 다음 주일의 성찬식에 그들을 위해 공동잔을 사용해 줄 것인지를 따지기 위해 온 것이었다. 우리는 온 성도들의 결정을 존중하며, 이를 통해 하나가 될 필요가 있음을 느끼고 있다고 대답해 주었다. 우리는 그들에게 별도의 대접을 하지 않기로 했던 것이다.

　그러자 그는 “당신들의 결정은 우리 가족들에게 심각한 영적인 문제를 던져 주고 있소. 성경적인 성찬식은 공동잔으로부터 마시는 것이요. 만일 우리가 개인잔을 사용한다면, 우리는 심판날 주님 앞에서 책임 추궁을 당하게 될 거요”라고 말했다.

　나는 교회의 결정을 번복하지 않을 작정이었으나 그들을 배려한다는 차원에서 한 가지의 해결책을 제시하였다. 우리는 교회의 공식 기록부에, “교회는 이 가족을 위해 개인잔을 사용하는 데 대한 책임을 질 것이며 만일 이 결정에 하자가 있을 경우, 과실은 교회에게 있고 그들에게는 없다”라는 문구를 기록으로 남기기로 했다. 그리고 당회는 주님 앞에서 이 문제에 대한 책임을 기꺼이 지기로 했다. 그래서 우리는 당회 의사록의 기록 속에 ‘이 문제에 관한 지금까지의 그 가족의 과오를 묻지 않는다’라는 내용을 포함시켰다.

　물론, 대부분의 교인들은 이 문제를 놓고 오고 갔던 이야기들을 알고 있었다. 그래서 다음 주일에는 긴장이 감돌았다. 그러나 우리는 모든 사람들에게 개인잔으로 성찬식을 거행했다. 그 주일과 이후의 모든 성찬식 때 그 가족들은 여타의 사람들과 함께 성찬식에 참여했다. 그 문제는 해결되었다.

그런 때에도 권한이란 위임이다. 때때로 권한은 그리스도의 뜻과 교회의 방침을 위해 한 치의 양보 없이 사용되어야만 한다. 그러나 권한을 위임받은 선한 청지기는 이를 지혜와 사랑을 가지고 사용해야 할 의무가 있는 것이다.

행정은 나와 사람들을 갈라놓지 않는다. 행정은 사람이다. 행정은 사
람들에 대한 봉사를 방해하는 것이 아니라, 오히려 그들을 섬길 수 있는
길을 열어 주는 것이다.

−라이스 앤더슨

제 3 장
사람 중심, 목표 지향의 관리를 하라

목회의 여러 부분들 중, 행정은 많은 목회자들로부터 사랑받지 못하는
부분이다. 목회자들이 해야 할 일들 가운데 행정은 가장 많은 시간−40
퍼센트 가량−이 소요되는 작업이다. 하지만 연구에 의하면, 목회자들은
다른 어떤 일보다도 행정을 싫어한다.

이따금 나는 친구 목사로부터 실망에 찬 다음과 같은 말을 듣곤 한다.
“나는 행정이 싫다!” 혹은 “나는 관리하는 일이 싫다!” 보통 여기에는
다음과 같은 한 두 가지 이유가 있다.

첫째는, “행정은 사람들과 나를 떼어 놓는다. 나는 좀 더 많은 시간을

사람들과 함께 지내고 싶으며, 행정에는 되도록이면 적은 시간을 들이고 싶다."

둘째는, "행정은 목회자로서의 내가 진정 해야만 하는 일을 못하도록 한다"는 것이다.

나는 이러한 말의 뒤에 숨은 생각을 이해한다. 그러나 나는 이와 정반대의 생각을 가지고 있다.

행정은 사람들과 나 사이를 가로막지 않는다. 행정은 사람이다. 행정은 내가 그들을 섬기는 것을 가로막는 것이 아니라, 오히려 그 길을 열어준다. 예를 들어, 주보(bulletin)를 도안하는 일은 의무 사항을 단순히 알려주는 정도의 일이 아니라, 회중들이 하나님께 예배드릴 수 있도록 해 주는 일이다. 모든 행정 업무는 그 일이 아무리 반복적인 작업일지라도 사람들을 돕는다는 의미가 깔려 있다.

또한 행정은 나의 목적 수행에 장애가 되지 않는다. 목회 지도자로서의 내 목적은 교회, 즉 하나님의 백성이라는 이 특수한 단체가 선교라는 사명을 감당하도록 돕는 것이다. 행정이라는 일을 떠나서, 내가 무슨 방법으로 그들이 하나님께서 주신 사명을 감당하는 것을 도울 수 있겠는가?

관리란 일종의 활동을 묶거나 푸는 일로 생각할 수 있다. 그것은 사명 감당하는 것을 방해하거나 도와주는 일로도 파악될 수 있다. 관리는 사람 중심, 목표 지향적일 때, 긍정적인 활동이 된다.

사람 중심의 관리를 하라

사실, 모든 관리 문제는 사람을 다루는 것이다. 예를 들어, 우리가 매주 갖고 있는 월요 교역자 회의를 보면, 시간의 약 75퍼센트는 사람들에 관해 이야기하는 데 소요되고 있다. 교역자들은 "그들의 은사는 무엇인가? 어떻게 그들을 지도할 것인가? 어떻게 하면 그들이 꾸준한 열정을 가지고 일하도록 할 수 있을까? 그들을 어떻게 훈련할 것인가?" 하는 문제로 토론을 벌인다. 어떤 사람은, 두 시간 반의 모임에 앉아 있는 시간은 행정을 위한 것이었다고 말할 수 있다. 그러나 다른 사람은 그 동일한 시간이 사람들의 영적 성장을 위한 계획을 세우는 데 소요되었다고 말할 수도 있다. 둘다 옳은 말이다.

관리란 사람들을 섬기는 것이다. 사실, 사람을 대상으로 하고 있지 않은 행정적인 일이란 상상하기 곤란하다.

예를 들어, 매주일 우드데일 교회(Wooddale church)에 처음 참석한 사람들은 등록을 한다. 그들 중 많은 사람들은 등록 카드의 뒷면에 자기들의 의견이나 예배 혹은 교회에 관한 문의 사항을 기록해 놓는다. 모든 질문은 나 아니면 다른 목사에 의해, 서면이나 전화로 답신이 보내진다. 그 일은 구술기(dictation machine)를 상당히 오래 가동해야만 하는 작업이다. 그 작업은 행정으로 인식될 수 있겠지만, 나는 오히려 교육, 즉 왜 우리가 예배를 드리고 있는지를 사람들에게 가르쳐 줄 수 있는 기회라고 생각하고 싶다. 나는 그 일을 의사의 왕진 요청이나 심방과 그렇게 다른 일이라고 보지 않는다.

어떤 사람들은, "나는 위원회 모임에 나가는 것을 싫어해요. 천국에는 위원회 모임 같은 것은 없을 거야"라고 말한다. 이에 대한 대답으로 우리는 이렇게 물어야 한다. "위원회 모임이 무엇인가요?" 그것은 과업을 놓고 함께 둘러앉은 사람들을 말한다. 천국에는 그런 모임이 대단히 많이 있을 것이다.

우드데일 교회의 장로들은 당회 시간이 그 달의 최고의 시간이라고 나에게 늘 말하곤 한다. 왜 그런가? 그것은 다른 장로들이 그들을 위해 협조하며 기도해 주기 때문이다. 그들은 함께 모여 교회의 사업을 감독해 나가는데, 그러면서도 그들은 한결같이 그 시간을 사랑한다. 어떤 때는 당회 모임을 산회하기가 어려울 때도 있을 정도다.

관리는 단순히 서류만 만지작거리는 것이 아니다. 그것은 사람을 지도하고 섬기는 일이다.

목표 지향적 관리를 하라

「엑설런스」(In Search of Excellence)지(誌)의 독자는 3M이라는 기업에 대해 알고 있다. 3M이 미네소타 주의 최고의 기업이자 그 분야의 지도자가 된 이유는 그 회사가 철저하고도 뛰어난 기업 철학을 가지고 있기 때문이다. 피터스(Peters)와 와터맨(Waterman)은, 오늘의 3M이 존재하게 된 것은 그 회사가 분명한 목표하에서 경영되고 있기 때문이라고 적고 있다. 그러나 이러한 기본적인 조건 외에도, 그 회사의 경영자들은 상당한 정도의 기업가적 자유(entrepreneurial freedom)를 허용해 주고 있다.

우드데일 교회에서도 우리는 3M과 같이, 목표와 자유에 대한 강한 의식을 재창출하려고 노력한다. 우리는 서류 속에서나 예배를 통해, 그리고 그룹 별 혹은 학급별 모임 속에서 교회의 목표를 되풀이해서 반복한다. 교회의 목표는 다음과 같은 한 문장으로 요약될 수 있다. "우드데일 교회의 목표는 교제, 제자도와 전도를 통해 하나님과 이웃과의 화평한 삶을 영위함으로써 하나님께 영광 돌리는 것이다." 교회는 이러한 목표를 성취하기 위한 구조로 조직된다. 우리는 교제, 제자 훈련, 그리고 전도를 위한 위원회를 가지고 있다. 그리고 매년 교제와 제자도, 전도를 위한 3주간의 특별 활동 모임을 열고 있다.

이러한 중심 목표 외에도, 우리는 자유를 허용하고 있다. 예들 들어, 우리 교회의 장년부 모임들(장년부 주일 학급반과 같은)은 상당히 다양하다. 각 모임은 각자의 행사나 집회 중의 강의 시간을 스스로 결정할 수 있다. 당회에서 그 모임들의 강사를 승인하기는 하지만, 각 모임의 성격이나 진행은 구성원에 의해 독자적으로 이루어진다. 이렇게 평신도들에게 결정권을 주는 행위가 교회 전체의 분명한 목표에 배치되지는 않는다. 오히려 이러한 자유가 없이 교회의 목표를 성취하는 것은 불가능할 것이다.

분명한 교회의 목표는 목회자들에게 방향과 추진력을 부여해 준다. 대다수의 목회자들은 목표가 아니라, 교인들이 모이는 것은 설교를 듣기 위해서라는 낡은 사고에 기초를 두고 설교를 중심으로 움직이고 있다. 그러나 목회자로서, 나는 설교만하기 위해 부름받은 것이 아니다. 나는 이 교회가 하나님께로부터 받은 사명을 성취하는 일을 돕기 위해 부름받았다. 만일 그 사명이 나에게 설교할 것을 요구한다면, 나는 설교할 것이다. 만일 나에게 그밖의 다른 일을 요구한다면, 나는 그 일을 할 것이다. 회중이 받은 사명과 목표를 안다는 것은 나의 에너지를 어디에 쏟을 것인가를 결정하는 데 도움이 된다.

그러면 사람 중심, 목표 지향의 성도로 개발시키려면 무엇을 해야 하는가?

여기에는 다양한 대안들이 있는데, 이들을 다음과 같이 커다란 두개의 과업으로 요약할 수 있다. (1) 핵심적 사업에 집중하라 (2) 이 사업에 알맞는 형태로 조직하라

핵심적 사업에 집중하라

이를 위해서는 여러 가지의 조치가 필요하다.

•**이념적 기초를 제공하라.** 사람들에게는 교회 운영의 기초가 되는 전제가 이해되는 것이 필요하다. 사람들은 현재 교회가 왜 이 일을 하는 지를 알고 싶어 한다. 이를 위해서는 오랜 기간에 걸친 커뮤니케이션이 필요하다.

우리가 우드데일 교회에서 취했던 현명한 일 가운데 하나는 지도력에 대한 6주간의 강좌를 개설한 일이다. 평신도 지도자인 오스틴 채프먼(Austin Chapman)과 내가 그 강좌를 맡았는데, 학급은 10명 내지는 12명으로 구성되어 있었고 이들은 지도력이나 이에 대한 가능성을 기준으로 선발된 사람들이었다. 매 6주간 우리는 새로운 학급으로 들어가 그 강의를 반복해서 가르쳤다. 2년이 경과한 후, 교회 안의 지도자나 미래

에 지도자가 될 사람 모두가 당시 교회가 하고 있는 사업을 왜 해야 하는 지를 이해하게 되었다. 그들은 같은 교재를 읽었고 그래서 현재는 같은 전제를 가지고 교회를 지도해 나가고 있다. 이러한 기초를 바탕으로, 그 지도자들은 보다 훌륭한 결정을 내릴 수 있게 되었으며 회중들로부터도 신망을 얻고 있다.

• 제1순위의 사업에 최고의 인재들을 투입하라. 회중의 긴박한 요구들이 버려진 채 남아 있어서는 안 된다. 담임 목사로서의 처음 몇 년간은 직원들을 모집하고 조직을 신설하는 데 많은 노력을 쏟게 될 것이다. 당분간은 그러한 일들을 하는 데 시간을 모두 보내게 된다. 일단 그러한 일들이 마무리되거나 새로운 일들이 생기게 되면, 우선 순위는 완전히 달라지게 될 것이다. 목회자의 역할은 제 일차적인 우선 순위를 파악하여 그곳에 최적임자를 배치시키는 일이다.

회중 가운데 선택된 최적임자가 반드시 교회의 관리 부문에 배치되어야 할 필요는 없다. 교회에서 가장 절실히 필요로 하는 곳이면 어디든지 상관없다. 관리 부문의 규모가 작고 교회 조직이 비대하지 않을 경우, 사람들은 가장 필요로 하는 곳에 배치될 수 있다. 그 일이 교회에서 매우 긴급한 일이고 이를 위해 자신의 은사가 필요하다는 것을 사람들이 이해하게 되면, 그들은 그곳에서 섬기는 것을 사랑하게 된다.

하나의 예로, 우드데일 교회에서 가장 능력 있는 지도자 한 사람은 어떤 직책도 가지고 있지 않다. 언젠가 우리는 성장에 관심을 가지고 있는 다른 교회의 회중들을 가르치는 일을 통해 그들을 섬겨야 할 책임이 있다는 것을 깨닫게 되었을 때, 나는 그에게 이를 위한 프로그램 개발을 부탁했고 그는 그 일을 해 주었다. 그 후에 우리 교회의 음악 목사는 그 자신이 음악에 대한 은사를 받은 사람이기는 하지만, 음악 분야에서 일할 사람들을 조직하고 교육하는 일을 위한 효과적인 계획을 수립하는데, 이를 도와 줄 사람이 필요하다고 알려 왔다. 역시 그 평신도 지도자가 그 일에 투입되었다. 현재 우리 교회는 새로운 교회 개척을 위한 사업을 구상 중인데, 그는 이 계획에 참여하고 있다. 우리 교회에는 이렇게 결정적인 부문에 자유롭게 동원할 수 있는 사람들이 있음으로 해서 많은 도움을 받고 있으며 또 솔직히 그 역시 이를 즐겁게 생각하고 있다.

●사람들로 하여금 그들의 은사를 사용할 수 있는 곳에 머물수 있도록 해 주라. 많은 교회는 한 사람이 3년 이상 계속해서 한 직책을 가지고 섬기는 것을 허용하지 않고 있다. 그렇게 하는 이유는 부적합한 지도자로부터 조직을 보호하기 위한 것이지만, 그것은 종종 원숙한 판단력을 지닌 지도자를 그 직책에서 물러나게 함으로써 그들의 능력을 더이상 발휘할 수없도록 하는 결과를 낳게 한다. 만일 그 사람들이 지도자의 은사를 받았다면, 왜 그들로 하여금 그 은사를 사용하는 것을 허용하지 않는가? 우리 교회는 장로들이 계속해서 최소 2년에서 최고 10년까지 시무하는 것을 허용하는 절충안을 수립해 놓고 있다. 교회가 사람들로 하여금 그들의 장점을 살려 섬길 수 있도록 길을 열어 줄 때, 그 교회가 얻게 되는 것은 유익뿐이다.

●사람들의 의견을 경청하여 그들의 불만을 활용하라. 3M사는 혁신적인 연구 개발(R & D)로 세계에 널리 알려져 있는데, 이러한 연구 개발을 통해 '접착식 메모지'(Post-it Notes)와 같은 제품을 생산하게 되었다. 그러면 3M사의 신제품 개발에 있어 가장 중요한 아이디어의 원천은 무엇일까? 두뇌가 명석한 제품 개발팀이 그 원천일까? 그렇지 않다. 고객의 불만에 있다.

교회들도 그러한 기술을 본받아서 불만에 대해 이를 변호하려 들기보다는 건설적으로 이용할 수 있기를 바란다. 우드데일 교회에서는 여러 가지 불만들이 아이디어의 훌륭한 보고임이 입증되었다. 예를 들어, 사람들은 통행이 막혀 버린 주차장에 대해 불만을 토로한 적이 있었다. 그래서 우리는 주차장을 빠져나가려면 좌회전을 하라는 표지판을 세웠는데, 이 간단한 변화가 주일 오전의 수많은 사람들에게 유쾌함을 가져다 주었다.

교회의 두번째 건물에 대한 최종 계획이 건축위원회에 제시되었을 때, 누군가 "그렇게 하면 아래층에 있는 사람이 계단있는 곳까지 가려면 많이 걸어야 합니다. 그러니 다른 계단 공간을 설치하는 것이 좋겠습니다"라고 말했었다. 우리는 그 불만을 무시해 버렸다. 그렇게 해서 그 계획은 실력 있는 건축 기사에 의해 설계, 검토되고 처음과 같이 확정되었다. 하지만 그의 지적은 훌륭한 것이었고, 그래서 우리는 그 기사에게 다른 계단 공간을 넣어 달라고 부탁했다. 건물이 준공되자, 우리는 그 계단 공간이 없었다면 건물은 매우 불편했으리라는 것을 깨닫게 되었다. 관리자의 임무 가운데 하나는 사람들의 의견을 경청하고 이를 건설적으로 활용하는 데 있다.

능률적인 조직 구조

핵심적인 사업에 집중하는 일과 더불어, 능률적인 조직 구조(stream-lining structures) 역시 우리로 하여금 사람 중심, 목표 지향적으로 나아가는 데 도움을 준다. 기민한 조직 구조를 유지하기 위한 원리는 다음과 같다.

•**구조를 행동 밑에 두라.** 교회를 운영하는 데는 많은 조직을 필요로 하지 않는다. 그럼에도 불구하고, 나는 사람들에게 교회에는 문자 그대로 사람들이 채울 수 있는 수보다 더 많은 자리가 있다고 종종 말하곤 한다. 그것은 불합리한 일이다. 조직을 위한 조직은 아무 가치가 없다. 나는 사람들을 어떤 위원회나 사업에 끌어들임으로써 그들을 교회에 붙잡아 두려는 방법에 대해서는 반대한다. 나는 그러한 태도는 반(反)목회적 사고 방식이라고 생각한다.

교회에서 필요한 것은 사람들로 하여금 목회에 참여토록 하는 것이다. 필요한 일을 가능하도록 해주는 모든 조직을 제외하고는 그 어떤 조직도 방해만 될 뿐이다. 우리에게는 행동에 초점을 맞춘, 그래서 사람들이 자유롭게 교회 활동에 참여할 수 있는 군살 없는 조직이 필요하다. 우리는

사람들에게, 교회를 섬기는 일은 당회나 어떤 위원회에 참석하는 것보다
도-심지어는 그 당회가 여러분의 교회 활동에 관한 의사 결정을 내릴
때 조차도-훨씬 중요한 것이라고 거듭 말해 주고 있다.

몇년 전 교회 안의 한 젊은 간사가 나에게 와서, "전도회에서 나에게
회의에 참여해 달라고 하는데 어떻게 해야 하죠?"라고 물어 왔다.

그녀는 분명히 전도의 은사를 가지고 있었다. 그 당시 그녀는 누구보
다도 많은 사람을 주님과 교회로 인도해 왔다. 나는 그녀에게 "캐시, 당
신의 장기가 사람들을 그리스도게 인도해 오는 것일 때에는 그 부서의
회의에 앉아 있는 일이 무의미한 것이 될 수도 있어요"라고 말해 주었
다. 그녀는 전도위원회에 참석하기 위해 전도를 포기할 필요가 없다는
말을 듣고는 안도의 숨을 쉬었다.

● **위원회보다는 특별전담 팀을 활용하라.** 특별전담 팀 제도(task for-
ces)는 조직의 무게를 가볍게 해준다. 그 이유는 특정 과업이 성취되면
그 팀은 해체되기 때문이다. 반면에 위원회는 긴급한 과업이 있건 없건
항상 존속하게 된다. 특별전담 팀이 구성되면, 거기에는 특수한 목적과
예산, 최종 시한이 부여된다. 우리는 사람들에게, "여러분이 해야 할 일
은 5월 1일까지 주차 공간 부족을 해결하는 것입니다"라거나 혹은, "여
러분의 임무는 올해 말까지 그 직분에 합당한 사람을 찾아내는 일입니
다"라고 말해 준다. 그 임무가 완수되면, 팀은 해체되고 그 팀의 구성원
은 다른 필요한 분야로 자유롭게 이동할 수 있게 된다.

● **대표를 맡을 사람보다는 실제로 일을 성취할 수 있는 사람을 선발하
라.** 나는 미국 경영자 연합회(The American Management Associ-
ation)가 주최한 한 회의에 참석한 적이 있는데, 거기서 한 강사가 대학
이사회에 관한 의미심장한 발언을 했다. 그 강사는 말하기를, "여러분이
대학이나 대학교의 관재인(管財人)을 선임할 때, 주의깊게 살펴야 할
자격 조건이 딱 한 가지 있는데, 그것은 현명한 판단력입니다. 여러분은
그들의 재력이나 영향력을 보아서는 안됩니다. 만일 그들이 재력이나 영

향력은 있으되 판단력이 결여되어 있다면, 그들은 재단에 치명적인 손실을 입히게 될 것입니다. 그러나 현명한 판단력을 구비하고 있다면, 그들은 재정과 힘을 강화시킬 방도를 찾아낼 것입니다"라고 말했다.

이와 유사한 원리가 이사회나 위원회를 이끌 사람들을 선발하는 데 적용된다. 예를 들어, 목회를 위한 조사위원회의 구성원을 선택할 때, 필요한 자격 요건은 무엇인가? 정말로 중요한 것은 단 한 가지이다. 즉, 새로운 선임 목사를 발탁해 내는 능력이다. 그러나 종종 교회들은 지명도를 기초로 하여 전담 팀과 같은 조직에 맞는 사람들을 선발하곤 한다. 그 교회는 나이가 들거나 젊은 사람, 남성과 여성, 흑인과 백인, 재력이 있거나 없는 사람, 신입 교인이나 신앙 연륜이 긴 사람 등을 찾는다. 그러나 그들은 새로운 목회자를 선택하기 위해 필요한 판단력을 말한다면 18세 소녀 정도밖에는 안된다. 중요한 것은 업무를 수행해 내는 능력이며, 적임자에 대한 선임 여부는 이 기준에 따라 이루어져야 한다.

• **'지도력만 수행하는' 직책들은 피하라.** 모든 위원회는 자신들이 결정한 사항을 직접 수행하게 될 때, 보다 효율적이며 실제적이 된다. 예를 들어, 주일 학교에 관해 의사 결정은 교육 위원회가 하고 실행은 일선 교사들에게 넘겨 주는 것보다 더 나쁜 것은 없다. 교육 위원회 회원이 주일 학교 학급을 동시에 가르치게 될 때, 그들은 보다 바람직한 의사결정을 내리게 된다. 왜냐하면 그들은 자신들이 내린 결정사항들을 수행해야 하기 때문이다. 간단히 말해서, 어느 누구의 사역도 지도하는 역할에서 배제되어서는 안 된다.

• **의사 결정을 담당하는 부서의 규모를 제한하라.** 많은 교회들, 특히 대형 교회에서는 대규모의 의사결정 기구를 여럿 두고 있으며, 어떨 때는 참석 인원이 25명 가량되는 경우도 있다. 그들의 이론적 근거는 이것이다. "우리는 대형 교회이기 때문에 보다 큰 의사 결정 기구를 필요로 하며 게다가 보다 많은 대표권을 원한다." 그러나 규모가 크다고 해서 대표권이 더 많은 것이 아니라, 사실은 더 적은 것이다.

사실, 의사 결정 그룹에 참여해야 할 사람의 최대 숫자는 대개 여덟 내지는 열 명이다. 일단 규모가 그 이상으로 커지게 되면, 공식적이든 비공식적이든 둘 내지 세 사람으로 구성되는 실행 위원회를 만들게 된다. 그러므로 열 명이 넘는 그룹들은 의사 결정을 내리지 않고 결정을 이들 두세 사람에게 맡겨 버리게 된다.

• 교회 조직 내에 '연결 고리'를 만들라. 동부 지역의 한 대형 교회에서는 평행을 이루는 두 개의 의사 결정 기구를 두고는 이들을 연결시킬 장치를 마련하지 않았다. 집사들은 교회 직원들을 청빙할 권한을 가지고 있는 반면, 재무 담당자들은 이들을 위한 재정 지출을 할 권한을 가지고 있었다. 결국, 그 교회 집사들은 만장일치로 젊은 목회자를 청빙했는데, 재무 담당자들은 한결같이 그의 사례비 지불을 거부했다. 그렇게 되자 공동의회를 여는 것외엔 다른 선택이 없었다. 그러나 공동의회는 곧 둘로 갈라지고 말았다. 왜냐하면 이들 역시 둘 중 하나를 선택해야만 했기 때문이다.

이와 같은 비극적 시나리오 때문에, 조직 구조를 관통하는 "연결 고리"를 설치하는 것이 현명하다. 연결 고리란 양 그룹을 연결시키기 위혜 이들 두 그룹 모두에서 시무하는 사람을 말한다. 예를 들어, 우드데일 교회에서는 수석 목사가 당회와 교역자회의 연결 고리 역할을 맡고 있다. 그는 이들 양 그룹의 회원으로 봉사하고 있으며 한 쪽 기관의 관심 사항을 다른 기관에 설명해 준다. 관재 이사회의 의장은 역시 장로이다. 관재 이사회의 분과 위원회 위원장은 역시 관재 이사회의 회원이 된다. 이런 방식으로, 조직의 어떤 기관도 여타 기관과 별도로 운영되는 법은 없다.

• 교회 헌법은 정확하면서도 융통성 있게 운용되어야 한다. 교회 헌법은 교회의 방침을 명확히 하는 데 중요하면서도 적극적인 역할을 할 수 있다. 목회자는 교회 헌법에 능통해야 하며 교회의 생명을 좌우할 세부 규칙에 전문가가 되어야 한다.

나는 헌법 속의 세칙에 의해 규정된 직무를 위임받은 것이다. 예를 들면, 내가 우드데일 교회에 부임해 왔을 때, 헌법은 '모든 사람은 교회와의 약속 사항을 준수해야만 한다'고 규정하고 있는데, 여기에는 판매 활동이나 주류(酒類)의 사용을 금지하고 있다. 몇몇 지도자들은 이 조항이 성도들로 하여금 그리스도를 필요로 하면서도, 적당히 마시고 있는 사람들을 전도하는 데 장애가 되고 있다는 사실을 알고 있었다. 하지만 회중들은 후일 그 조항 개정을 위해 투표할 때까지는 그 규칙에 맞게 생활했었다.

교회법들은 교회의 신앙과 관습을 정확하게 반영해야 할 필요가 있으며 만일 그렇지 못할 때, 이는 개정되어야 한다. 지난 2월 연례회의 후에 우리가 만났을 때, 나는 한 여성에게 "그 조항을 고치지 않았으니 올해 우리는 사실 허송 세월한거요"라고 말했다. 그녀는, "당신이 어떻게 감히 그 헌법을 고칠 수 있어요? 그 조항은 고칠 게 전혀 없어요"라고 대답했다.

나는, "그러면 그 법을 옛날에 해 왔던 대로 되돌리기 위한 개정 작업을 시작하려면 많은 시간이 지나야 될 거요"라고 말했다. 헙법은 고정된 문서가 아니라 조직의 변화를 반영하는 동적인 것이다. 그럴 때 그 법은 회중을 위해 절차를 명료히 하고 혼란을 극소화 시킬 수 있는 것이다.

물론, 대다수의 교회는 헌법을 동적인 것으로 여기지 않으며 이를 개정하기를 거부한다. 이러한 상황 속에서도, 목회자는 그 문서 내용의 제한을 완화시킬 수 있는 일들을 할 수 있다. 그 한 가지 방법은 용어들을 하나의 표준으로 사용하는 것이다. 예를 들면, 우리 헌법은 "우리는 매 주일마다 예배를 드린다"라고 되어 있다. 그러나 미네소타 주의 어떤 교회도 매 주일마다 예배를 드리지는 않는다. 왜냐하면 매 년 몇 주일은 눈 사태로 인해 교회에 출석하는 것이 불가능하기 때문이다. 법적으로 말하면, 예배를 취소하는 것은 헌법 조항을 위반하는 것이다. 그러므로 우리는 헌법을 "우리는 매 주일마다 예배를 드리는 것을 원칙으로 한다"라고 고쳐 그 원칙에 예외 조항을 부여해야 한다.

헌법을 준수하면서도 변화하는 교회 생활에 적절히 대처할 수 있는 또한 가지의 방법은 예외적인 상황을 해결하기 위한 조직을 신설하는 것이다. 우리 헌법은 송금액의 한계를 규정하고 있다. 그러나 선교사가 우리에게, "내 딸이 중태입니다. 우리는 항공 앰뷸런스를 전세 내어 4시간 내에 이 지방을 빠져나와야 합니다. 그렇지 않으면 내 딸은 죽습니다"라는 전화를 해 왔다고 가정해 보라. 이 요청을 받아들이려면 헌법 조항을 위반해야 한다. 그러므로 우리는 이러한 상황을 비상 사태로 현명하게 판단할 수 있는 사람들과 이에 대처할 수 있는 위기 관리 부서를 조직해야 한다.

변화가 주는 도전

교회를 돕는 길은 보다 더 사람 중심, 목표 지향적으로 되는 것이긴 하지만, 목회자는 이 와중에서 많은 장애에 부딪힐 것이다.

첫째는 변화에 대한 사람들의 자연스러운 저항이다. 변화란, 긍정적인 변화조차도 스트레스를 초래한다. 예를 들면, 교회가 낡은 건물에서 새롭고 훌륭한 건물로 이전(移轉)할 때도, 여전히 옛 건물을 뒤로 두고 떠난다는 아픔이 존재하며, 심지어 그러한 이전이 바람직스럽고 선한 일일지라도 경우는 마찬가지다. 그리고 교회에 있어서 변화란 다른 기관에 비해 서서히 찾아오기 때문에 변화가 전통이 되지는 않는 것이다.

두번째 장애는 많은 목회자들이 적극적인 행정 모델을 가지고 있지 못하다는 점이다. 그들은 설교 방법은 알고 있으나 교회 관리에 대해서는 그 정도의 경험도, 방향 제시 능력도 가지고 있지 못한 것이다. 우리 모두에게는 익숙하지 않은 일에 대해서는 거부감을 갖는 경향이 있다. 예를 들어, 내가 처음 몇 차례 해외 여행을 했을 때는 거북함을 느꼈다. 왜냐하면 어디서 숙박수속을 밟는가, 비행기 좌석은 어떻게 배정 받는가 하는 것과 같은 일들에 대해 몰랐기 때문이다. 그러나 이러한 일에 익숙해지자, 여행은 훨씬 즐거운 것이 되었다. 이처럼, 행정도 경험이 쌓이게 되면, 훨씬 편안한 일이 되는 것이다.

사람 중심, 목표 지향의 행정에 있어 세번째 장애는 회중들이 보기에 목회자의 연륜이 짧다고 평가될 때 발생한다. 우드데일 교회에서 목회한 지 얼마 안되었을 때, 나는 교회에 값이 약 70달러 정도 나가는 세례용 가운을 청구한 적이 있었는데 내 요청은 거부되었다. 그러나 12 내지 13년이 지난 후 교회가 신축 계획을 구상하고 있을 때, 담당자는 나에게 강단의 배치를 현 상태로 한다면 회중과 나 사이에 상당한 거리가 생기게 된다는 점을 지적해 주었다. 나는 건축 위원회의 부위원장을 불러, "나는 성도들과 나 사이에 악기와 성가대를 둔 채 설교할 수는 없습니다"라고 말했다. 내 제안은 받아들여졌고 그 공간에 콘크리트가 부어졌지만, 그는 "잘 됐습니다"라고 말했다. 계획이 변경되었던 것이다.

12년 전, 나는 70달러 정도의 세례식 예복조차 입을 수가 없었다. 그러나 지금, 건물이 부분적으로 개축이 되면서까지도 그들은 기꺼이 계획을 변경하였다. 이유는 나에 대한 그들의 신뢰가 쌓였다는 데 있다. 조직의 관리자는 중대한 변화를 도입할 수 있는 권위를 확보하는 데는 시간이 필요하다는 점을 이해할 필요가 있다.

사람 중심과 목표 지향

때때로 사람들은 질문하곤 한다. "교회가 기업처럼 운영되어야만 합니까?"

대답은 이것이다. 교회는 올바르게 운영되어야 한다고. 그리고 이를 위해서는 성도들에 대한 헌신과 교회의 사명을 성취하기 위한 열정이 있어야 한다고. 그러면 사람들은 교회를 통해 그들의 사업을 어떻게 경영해야 하는 지를 배우게 될 것이다.

어느 주일 밤 나는 하니웰 사(Honeywell Corporation)에서 근무하는 한 성도로부터 전화를 받았다.

"나는 상위 관리직을 위해 면접을 보게 되어 있습니다. 면접시 질문

내용의 일부는 제가 가지고 있습니다. 내가 경영에 대해 알고 있는 것은 모두 지금까지 교회에서 배운 것입니다. 우드데일 교회에서 목사님은 이 질문들에 대해 어떻게 답변하시겠습니까? 우리 회사의 질문에 대한 답변을 위해 제가 알고 싶은 것은 그것입니다"라고 그는 말했다.

나는 그가 조직 생활에 대해 교회가 무엇인가를 가르치고 있었다는 점을 느끼고 있다는 것을 알고는 감사했다.

행정은 사역을 위한 에너지를 고갈시키는 것으로 인식되어서는 안된다. 오히려 그 반대로, 일단 교회의 일차적 임무가 완수되면, 관리는 교회가 목표를 성취하기 위한 자유를 얻게 되는 데 절대적인 요소가 되는 것이다.

제 2 부

과 업

> 교회 행정에 있어, 목회자는 때때로 지시들을 수동적으로 따라갈 때
> 가 있다. 그러나 우리는 사람들에게 동기를 부여하고, 목표를 설정하며,
> 조직하고 앞에서 지도하기도 해야 한다. 다시 말해서 **훌륭한 목회자이**
> 며 행정가는 선한 지도자 이다.
>
> —아더 드크라이터

제 4 장
행정의 여러 측면들

목회 초기 시절, 나는 한 장로의 가정에서 열린 친교 모임에 참석했던 적이 있다. 나는 당시 목회자의 행정적인 역할이 지니는 중요성에 대해 생각하고 있던 터라, 그 저녁의 대화 시간 중에 내 생각의 일단을 피력하였다.

마침, 예리한 사업가이면서 유능한 경영자였던 그 장로는, 주인으로서의 제일 중요한 일인 손님접대에 있어서의 예의를 잠시 잊고 있었다. 그래서 그는 "당신은 교회를 위해 일하고 있다는 사실을 잊지 마십시오"라고 그와 나의 동료들 앞에서 충고하였다. 그러면서 "당신이 해야 할

일은 교회의 명령을 이행하는 것이오. 기억하시오, 우리가 당신의 봉급을 지불하고 있다는 사실을"이라고 덧붙였다.

나는 지금까지도 그 말이 내 가슴을 찌르던 느낌을 기억한다.

그러나 시간이 흐른 후, 나는 여러 일들을 성취해 내고 있는 교회들은 목회자—사실 그들은 유능한 행정가였다—에 의해 인도되고 있다는 것을 알게 되었다. 그들은 성도들의 뜻을 따르기도 하지만, 그러나 교회의 방침을 정하는 데 협력하기도 한다. 예를 들어, 보스톤의 파크 스트리트 교회(Park Street Church)에서 사역했던 해롤드 오켕가(Harold Ockenga)는 나에게 깊은 인상을 남겼다.

오크 브룩의 그리스도 교회(Christ Church of Oak Brook)에서는, 당회가 정책을 결정하고 목회자는 이를 집행한다. 이것은 여러 프로그램들을 실행하는 것은 목회자의 책임이라는 것을 의미한다. 하지만 그 사실은 목회자에게 당회로 하여금 새로운 정책 결정을 내리도록 인도할 수 있는 자유가 있다는 것도 의미하는 것이다.

1장에서 던 커즌스(Don Cousins)는 '관리자는 지도자이다'(Managers are leaders)라는 것을 간단히 소개하였다. 이제 본장에서는 목회 행정(pastoral administration)의 여러 측면을 살펴보도록 한다.

행정가는 보다 높은 차원의 욕구에 호소한다

내가 하나의 프로그램을 입안하든지 아니면 이를 실행하든지간에, 사람들은 그들의 시간과 재능, 숨겨진 능력을 동원하여 그 일에 동참하도록 움직여질 필요가 있다. 사람들을 움직이는 것, 이것이 행정가로서의 내가 해야 할 일이다.

어떤 목회자들은 다음과 같은 말을 되풀이함으로서 성도들을 움직이려고 한다. "만일 여러분이 이것을 하지 않으면, 언젠가는 여러분의 재판관이 되시는 하나님 앞에서 책임을 져야 할 것입니다." 그러나 그런 방법은 우리 교회의 성도들에게는 통하지 않는다.

대신, 나는 마슬로우(Maslow, 심리학자 : 역자주)의 욕구 단계설 (hierarchy of needs)로부터 인간의 동기와 야망을 이해하는 데 도움을 받았으며, 따라서 사람들을 움직이는 데도 도움이 되었다. 나는 마슬로우의 심리 도표 가운데 보다 높은 욕구─자아 성취와 하나님과 이웃을 섬기고자 하는 욕구─에 호소하려고 노력한다. 내가 이러한 욕구에 호소할 때, 사람들은 자동적으로 동기가 부여되어 교회 프로그램을 위해 자금을 지원하며 열심을 가지고 계획에 참여한다.

예를 들어, 우리는 이러한 높은 차원의 욕구 때문에 교회 건물을 신축했다. 팔십 가정이 예배를 위해 체육관에 꾸역 꾸역 모여야 했다. 어린이들은 각 교실로부터 넘쳐 흘렀다. 그렇다, 우리는 보금자리가 필요했다. 그러나 무엇보다 중요한 것은, 우리가 건물을 가지고 있으면, 오크 브룩이라는 사회 속에서 힘찬 모습으로 설 수가 있는 것이다. 우리의 욕구는 우리로 하여금 적당한 예배 처소를 갖겠다는 기본적인 수준을 뛰어넘도록 내몰았다. 우리는 우리의 주님께 대담한 기도를 드리기 원했다.

그 결과는 중심가에 위치한, 따뜻하고 넓직한 빌딩으로 나타났다. 우리는 고가(高價)의 담보물에 자신을 걸었다. 하지만 오늘 우리 모두는, 그것은 그럴 만한 가치가 있었다는 데 이의를 제기하지 않는다.

행정가는 눈에 보이도록 이야기한다

목회자가 회중의 보다 높은 욕구에 호소할 수 있을지는 모른다. 그러나 가끔은 여전히 사람들이 행동하거나 자금을 내어 놓거나 할 수 있을 만큼 납득시키지 못할 때가 있다. 문제는 종종 비전의 부재 때문이 아니라 마음 속에 그림이 그려지지 않았기 때문이다. 사람들은 욕구에 대한 해답을 그릴 능력이 없는 것이다.

따라서, 나는 해답을 극적으로 표현하려고 노력한다. 예를 들면, 우리는 화려한 규모의 건물 모델을 덮고 있는 휘장을 걷어버림으로써, 새로운 건물에 대한 비전을 자극했다. 우리는 그 모델을 은행, 레스토랑, 그리고 호텔의 로비에 전시해 놓았다. 우리는 우리의 꿈을 공개적으로 밝히고, 성도들은 그 꿈의 실현이라는 도전을 위해 일어났다.

우리 교회의 성도들은 수많은 사업에 참여하도록 고무되어 있다. 왜냐하면 그들은 성취 가능한 꿈의 청사진으로 흥분되어 있기 때문이다. 내용은 이런 것이다 : "수많은 젊은이들을 미국 횡단 여행에 보내는 광경을 상상해 보라!", "우리 교회 시설들이 종교 음악 분야에서 초점이 되고 있는 모습을 상상해 보라!"

몇년 전 우리는 인도의 북부 국경선을 따라 살고 있는 시골의 크리스찬들에 관하여 들은 적이 있다. 그들이 가장 필요로 하는 것 가운데 하나는 교회 건물이다. 우리는 깊은 인상을 받고 도울 수 있는 방법을 연구해 보았다. 나는 성도들의 마음에 하나의 그림을 제시했다. 각 마을마다 조그만 교회가 있는 그림, 즉 "하나의 마을마다 자그마한 이러 저러한 그리스도 교회가 서있는 그림"을. 우리는 주일 아침에, 문화는 다르지만 같은 주님께 예배 드리기 위해 교회로 모여드는 그 마을 사람들을 그려 보았다. "멋지지 않습니까?" 나는 물었다. "그들이 건물 안에서 예배를 드릴 수 있다면 말이죠, 그들이 건물을 가질 수 있도록 도와주면 어떨까요?" 그리고 우리가 미처 알기도 전에, 우리는 이미 그 일을 해 놓고 있었다.

유능한 동기 부여자(motivator)는 추상적인 내용보다는 형상적인 언어(figurative language)로 이야기한다. 잭 케네디(Jack Kennedy)는 재정 지출을 위해 '우주 탐사 계획'을 이야기하는 것이 아니라, "10년 내에 달 위에 사람을 올려 놓는" 이야기를 했다. 그 그림은 우리의 상상력을 사로잡아 온 국민을 움직였다.

이처럼, 교회 목회를 감독하는 사람들은 사람들의 비전을 넓혀 줄 의무가 있다는 것을 알게 된다. 그리고 그 비전은 하나님께서 원하시는 일을 그려보는 것으로부터 오는 것이다.

행정가는 목표를 추구한다 — 신중하게

당신은 최근에 당나귀를 나르는 설교가를 본 일이 있는가? 당신도 알다시피 그들은 종종 당나귀를 나르고 있다.

그들은 한 아들과 당나귀를 데리고 여행을 떠났던 우화 속에 나오는 노인과 같다. 그들이 첫째 마을 지났을 때, 그 사람은 나귀를 끌고 아들은 뒤따라 걷고 있었다. 마을 사람들은 짐을 싣기 위한 저 억센 짐승을 타고 가지 않는다면서 그 노인을 바보라고 말했다. 그러자 그는 마을 사람들의 환심을 사기 위해 나귀 위에 올라 탔다.

두번째 마을에 들어섰을 때, 마을 사람들은 말하기를, 자기는 기분 좋게 타고 가면서 아들은 걷게 하다니 무정한 노인네라고 했다. 그러자 그는 내려와 아들을 나귀 등에 태웠다.

세번째 마을에서, 사람들은 이구동성으로 말하기를, 노인을 걷게 하다니 아들놈이 게으르다고 했다. 그러자 이제 둘 다 나귀 위에 올라 탔다.

네번째 마을에 들어 서니, 옆에 섰던 사람들이 너무나 무거운 짐을 지고 있는 당나귀가 불쌍하다고들 말했다. 그 사람은 마침내 당나귀를 지고 가고 있었다.

성도들의 의사를 경청하는 것은 중요한 일이다. 하지만 이를 통제할 수 없을 때도 있는 것이다. 군중은 절여 놓은 오이와 같을 수가 있다. 이것이 내가 목회자 — 행정가는 교회를 위한 목표를 세워 놓아야만 한다고 믿는 이유이다. 그러나 이것은 우리가 성도들과 떨어져 있어야 한다고 말하는 것은 아니다. 우리 목회자들은 꿈을 꾸는 사람들이어야만 한다. 그러나 우리는 우리 주변의 사람들과 함께 꿈꾸는 것을 두려워하거나, 당회와 공동으로 목표를 수립하는 것을 두려워해서는 안된다. 나폴레옹 힐(Napoleon Hill)은 이를 '브레인 트러스트'(brain trust)라고 불렀다. 두 사람이 함께 생각할 때, 그 생각의 크기는 어쨌든 그들 두 사람의 생각의 합보다 더 큰 규모의 착상으로 결합된다. 현명한 행정가는 목표를 수립하는 데 있어 주도권을 쥘 것이지만, 결코 혼자 그러한 목표를 세우지는 않는다.

역동적인 목표의 시초가 되는 씨앗들은 함께 생각하고 기도하는 가운데 발아되는 것이다. 행동의 홍수 속에서, 나는 조용한 가운데 하나님의 음성을 듣는 것을 절대 잊지 않는다.

그러나 그 다음 단계로, 유능한 행정가는 이러한 목표들의 윤곽을 설정하고 이를 관계되는 사람들에게 보인다. 일부의 목회자들은 이미 알고 있는 바와 같이, 능력이 있다고 해서 모든 사람이 직분자로 피택되는 것은 아니다. 그러므로 직분이 있든 없든, 비공식적이긴 하지만 행정의 중추부를 이루는 사람들 — 회중이 믿고 따르는 사람들 — 에게 자문을 구해야 한다.

나는 이 귀중한 교훈을, 오렌지색 페인트로 칠한 — 다른 색으로 칠했다면 거룩한 모습의 교회가 되었을 성 싶던 — 두 개의 문이 강단 정면에 설치되어 있던 어느 교회로부터 배웠다.

"왜 문들이 오렌지 색으로 칠해져 있지요?"라고 나는 그 교회 직분자들에게 물었다.

"목사님, 그 문들을 직접 칠한 사람에게 물어 보도록 하시지요."

"오렌지 색깔은 예배 분위기에는 어울리지는 않는것 같은데요, 사실, 저는 그 문들을 다시 칠해야 한다고 생각합니다"라고 나는 나름의 생각을 덧붙였다. "문을 칠한 사람에게 물어 보시는 게 좋을 것 같다니까요." 짜증 섞인 대답이어서 나는 그렇게 했다.

사실인즉, 페인트공은 화란의 영웅이었던 오렌지 가(家)의 윌리엄을 존경하는 돈 많은 한 이민자에 의해 고용되었고, 그는 강단 도색 비용을 사비로 지출했던 것이었다.

결국 나는 그 문들을 다시 칠했다. 하지만 많은 성도들이 오렌지 색은 어울리지 않는다는 데에 동의했음에도 불구하고 그 작업은 생각했던 것보다 어려운 일이었다.

능력 있는 사람들 가운데도 어떤 사람들은 쉽게 위협을 당하고 우리가 이루려고 노력하는 꿈들을 흩어 놓을 수 있다. 당연히 그 중 어떤 사람들은 우리의 계획을 무산시키는 데 즐거움을 느낀다. 그리고 통찰력 있는 그 외의 사람들은 직분이 있건 없건 성도들의 주목의 대상이 된다. 그들의 의견이 성도들에게는 중요하기 때문이다. 그러므로 우리는 중요한 목표를 수립할 때에는 먼저 이러한 핵심 인물들과 접촉할 필요가 있다. 솔직하고 슬기로운 인간 관계를 통해, 우리는 불필요한 갈등은 회피하고, 꼭 필요한 협조는 얻어내면서, 보다 나은 목표를 수립해 나갈 수가 있다. 이러한 핵심 인물들의 동의를 얻어낸 후에만이, 우리는 그 계획들을 전체 회중에게 선보인다.

동시에, 당신은 당회를 무시할 수 없다. 나는 이 교훈을 오래 전에 후회스런 실수를 통해 터득했다.

내가 처음 목회를 시작했을 때, 나는 성도들과 더불어 우리 교회의 구조에 대해 재고해 보아야 할 필요를 느꼈다. 그래서 나는 성도들 가운데 조직 이론으로 평판을 얻고 있던 두 사람의 재능 있는 사업가에게 문의하였다. 그들은 우리 조직을 분석한 후, 약점과 함께 새로운 접근법을 일러 주었다. 그들은 굉장한 일을 한 것이었다. 그들의 조언에는 실수가 있을 수 없었다.

문제는 내가 당회를 무시했던 데 있었다. 우리가 그 계획을 실행에 옮길 수 있으려면, 당회는 그 계획을 승인해야만 한다. 그런데 그들은 그 계획을 위한 우리의 연구를 인정하려 하지 않았고, 또 그 연구 과정 중에 그들은 자문을 받아본 적도 없었다. 그 계획이 그들에게 설명되었을 때, 그들은 여기에 대해 한 마디조차 하지 않았다.

"이 계획은 당회 밖에서, 우리의 인지나 승인도 없이 이루어진 것이니 우리는 여기에 대해 전혀 아는 바 없소." "공식적으로 이 계획은 존재하지 않는 것이오"라고 그들은 말했다. 내가 이 계획은 이미 시작되었고 이번에는 당회에서 이를 주도해 달라고 말했을 때, 그들은 이를 거절했다. 그 당시에 나는 그들로 하여금 격분하도록 만들었던 것이다.

나는 그들의 마음을 움직일 수 있는 사람들을 동원해 보았지만 소용이 없었다. 나는 공식 경로를 밟지 않았던 것이다. 현명한 행정가라면 이 두 가지의 코스를 모두 밟아야 한다.

행정가는 가치 있는 목표를 수립한다

거대한 목표는 통상 교회 전체를 흥분하게 만들며 조그만 목표들보다도 교인들의 협조를 더 빨리 얻어 낸다. 이따금 여러 교파에서는 조그만 건물을 세워 여기에 사람들을 채우는 것으로 교회들을 시작하려는 우(愚)를 범한다. 불행하게도 그 교파는 그들의 비전이 작다는 사실을 교회에 선포한다. 커다란 의욕을 가진 사람들은 거대한 이상에 매력을 느낀다. 우리가 비전을 제한해 버리면 이는 곧, 사역을 위해 광대하고도 불타는 비전을 품은 능력 있는 사람들을 잘라내 버리는 것이 된다. 교인 가운데 한 사람이 나에게 말하기를, 그는 그리스도를 섬기기 원하지만 더 이상 교회 안에서 모임을 조직하거나 이끌고 싶지는 않다고 말했다. 그는 지금까지 그 일을 충분하리 만큼 해왔던 것이다. 나는 그의 말을 며칠 생각해 본 후에 다음과 같이 제안했다. "조찬 기도회나 오찬 기도회를 시작해 보는 것이 어때요? 예를 들어, 월 1회 열리는 조찬 기도회는 시카고로 통근하고 있는 사업하는 사람들에게는 매력있는 모임이 될 것입니다. 국내적으로 저명한 강사들이 시의적절한 주제에 대해 강연할 수도 있을 것이고 또 정기적으로 영력 있는 강사(inspirational speaker)를 초빙해 오면 기도회는 제가 인도할 수도 있지요. 이 모임은 성장할 것입니다. 하지만 강제는 하지 않고요. 이것은 우리 교회가 그 모임을 섬길 수 있는 방법도 될 것입니다."

내 제안은 그의 관심을 끌었다. 그래서 우리는 오크 브룩의 경영자 조찬 모임을 시작했다. 지금은 시카고 지역에 이와 같은 형태의, 그러나 규모는 더 큰 모임이 조직되어 있다. 한 때는 천이백 명 이상이 참석하기도

했지만, 평균 인원은 약 오백 명 정도다. 강사로는 신앙 간증을 하는 기업가도 있지만, 제랄드 포드(Gerald Ford, 전직 대통령 : 역자주) 같은 이도 있다. 우리는 사람들을 그리스도께로 인도하였다. 많은 사람들이 그 모임을 통해 교회에 나오고 있다.

항상 반복되는 일에 싫증을 느껴 사실상 그 일을 그만둔 사람이 있었다. 그는 그 공동체 안에서 그리스도를 위해 무엇인가 커다란 일을 할 수 있다는 비전 때문에 활기에 차 있었다.

물론, 나는 커다란 일 속에만 의미가 있다고 믿지는 않는다. 많은 사람들은 좀더 작은 일 속에서도 섬김을 받을 수 있다. 여러 사람들이 우리 교회를 떠났는데 그 이유는 그들이 생각하기에 우리 교회가 너무 커져 버렸다고 느꼈기 때문이다. 나는 그들의 느낌을 존중한다. 그러나 조그마한 교회에서조차도 비록 형태는 다를지 모르지만 교인들에게 커다란 비전을 품게 할 수 있다. 예를 들어, 성도의 가정에 가까이 다가가서 그들을 돌보는 일이 작은 일이라고 말할 수는 없다.

행정가는 역순(逆順)으로 일한다

끝에서 시작해서 출발점으로 거슬러 올라가는 방법을 택하면 미로(迷路)에서 길을 찾아내는 것은 간단한 일이다. 미로 게임을 많이 해 본 어린이들은 이 사실을 알고 있다.

평범한 행정가는 목표에 도달하기 위한 방안을 결정해 나간다. 그러나 유능한 행정가는 회중을 위한 목표를 수립한 후, 그 목표를 성취할 수 있는 방도를 역순으로 찾아나간다.

한 친구가 나에게 자기 교회의 기획 위원회 사람들을 만나 달라고 부탁해 온 적이 있다. 그 교회는 조그만 감독 교회였는데, 새로운 시설들을 갖추는 일들과 대규모의 청년 사역을 펼쳐 나간다는 두 개의 목표를 가지고 있었다. 그들의 현재의 청년 프로그램은 보잘 것이 없었는데, 그들은 현재 진행중인 건물 신축 계획 속에 청년들을 위한 별도의 시설을 포함시켜 추진하면 청년부가 성장하리라고 생각하고 있었다.

얼마간의 토론이 진행된 후, 나는 그들이 청년들을 위한 건물은 생각하고 있지만 이들을 위한 프로그램을 어떻게 성장시켜 나갈 것인가에 대해서는 고려하고 있지 않다는 사실을 알게 되었다. 우리의 계획을 역순으로 검토해 나가면서, 우리는 건물 문제는 강력한 프로그램을 입안하고 추진해 나갈 청년부 전담 사역자를 초빙한 후에만이 고려될 수 있다는 사실을 깨달았다. 그런 연후에야 그들은 청년들을 위한 건물을 확보하려는 생각을 현실감을 가지고 추진할 수 있는 것이다. 즉, 대규모의 청년 프로그램이 이들을 위한 시설의 필요성을 절감하도록 만드는 것이다. 사실, 후에 일은 그렇게 추진되어 나갔다.

몇년 전, 나는 우리에게 치료 예배(healing service)가 필요하다는 것을 느꼈다. 하지만 나는 우리 교회에 대해서 잘 알고 있다. 많은 사람들은 이 사역을 왕왕거리는 신유 치료 ─ 이러한 스타일의 예배는 우리 교회에서는 맞지 않을 게 분명하다 ─ 로 생각하고는 회의적인 태도를 보일 것이다.

그래서 나는 이러한 사람들을 위해 다음 몇 개월간은 역순으로 일을 해 나갔다. 나는 성경적이고도 목회적인 관점에서, 채워져야 할 필요가 무엇인지를 그들에게 제시했다. 우리는 신체적인 치료와 마찬가지로, 사람들이 받게 될 감정과 심리 치료와 같은 여러 방식의 치료법에 대해 이야기 했다. 우리는 이러한 치료를 위해 예배가 사용될 수 있다는 것과 또 예배가 지니는 그러한 의미 등에 관해서도 이야기했다.

일단 그들이 목표 즉, 그 과정의 최종 단계에 대해 분명히 인식하게 되자, 그들은 이를 위해 필요한 절차들을 기꺼이 밟아 나갈 수 있었다. 이제 우리 교회에서 매월 일 회 드리는 이 치료를 위한 예배는, 교인들에게는 없어서는 안 될 가장 소중한 시간이 되어 버렸다.

행정가는 핵심 사항을 염두에 둔다

내가 어렸을 때, 우리 집은 철물 소매상을 하고 있었다. 내가 사업의 기초를 터득한 곳은 바로 그 곳이었다. 나는 조그만 일에 관심을 쏟는 일이 얼마나 중요한가를 배웠고, 또 그러한 일에 부주의할 때 어떠한 문제들이 발생하는가도 보았다.

교회를 위한 활동 가운데 많은 일들은 넛트나 볼트, 싱크대 시설이나 한 벌의 나사 세트와 같은 세속적인 것들이다. 그러나 여러분은 그것들을 무시할 수 없다.

몇년 전, 우리는 아침 예배 프로그램을 시작했는데, 늘어나는 차량은 평일을 위한 주차 공간에 비해 너무 많아지게 되었다. 사태가 위기 상황으로 간 것은 아니었다. 교인들이 불평했지만 대단한 것은 아니었다. 책임있는 사람들 가운데 어느 누구도 "무슨 조치를 취해야 합니다"라는 무언의 음성을 듣지 못했다. 우리는 상황을 깨닫지 못하고 질질 끌고만 있었다.

사소한 일들에 대한 안목을 지닌 행정가로서, 나는 점점 증폭되고 있는 문제점을 보기 시작했다. 나는 이 외의 일―새로운 주차 공간이 정식으로 필요하다고 이야기 하는 일, 교회와 당회에 조치를 취하도록 하는 일―에도 뛰어 들어야 했다. 결정적으로 중요한 사실―주차 공간을 찾아 돌아다니는 교인들의 짜증이 점점 커지고 있다는 사실―에 주목하게 되자 변화가 왔다.

이러한 일에 주의를 기울이지 못했다면, 상황은 오랫동안 변하지 않았을 것이고 교인들에게는 이상한 이야기가 돌게 되었을 것이다. "그리스도 교회는 더이상의 교인들을 수용할 수 없는 한계에 이르렀다."

행정가는 지도한다

교회 관리를 위해서 목회자―행정가는 모든 종류의 일을 하게 된다. 때때로 우리는 상부의 여러 지시들을 수동적으로 따르게 된다. 그러나

우리는 사람들에게 동기를 부여하고, 목표를 설정하며, 조직하고 앞에서
지도하기도 해야 한다. 다시 말해서, 훌륭한 목회자이며 행정가는 선한
지도자이다.

　그러므로 나는 이 장의 첫 부분에서 언급했던 장로처럼, 행정가상
(像)을 제한하지 않겠다. 뿐만 아니라 목회자는 멀리 떨어져서 강단에서
만 지도해야 한다고 말할 생각도 없다. 대신, 목회자는 교회 성장을 돕고
그리스도의 이름으로 이웃에게 전도하기 위한 일이라면 어떤 일도, 무슨
일도 할 수 있어야 한다. 그리고 이런 일은 교회 행정이 지닌 다양한 측
면들을 올바로 인식할 때 일어날 수 있는 것이다.

> 사람들이 어느 방향으로 바라보느냐 하는 점은 대단히 중요하다. 그
> 러나 어떻게 하면 우리는 뒤를 바라보는 사람들로 하여금 앞을 바라보
> 게 할 수 있을까?
>
> —라이스 앤더슨

제 5 장
미래를 바라보라

사람들은 교회에 들어서자 마자, 곧 그 교회가 과거 지향적인지 미래 지향적인지를 알 수가 있다. 이것은 그들을 보는 것에 의해서가 아니라 듣는 것에 의해 알아차릴 수 있다. 나는 어떤 교회를 찾아가거나 우리 교인들이 대화 나누는 것을 듣게 될 때, 그들이 어떤 주제 즉, 그 교회에 있어서의 최고의 날과 같은 주제에 대해 어떻게 말하는가를 주의깊게 듣는다.

예를 들면, 중서부에 있는 잘 알려진 교회에서 그 교회를 찾는 사람들은 교인들이 다음과 같이 말하는 것을 듣게 될 것이다. "나는 사람들이

저녁 예배에 참석하기 위해 줄을 서던 것을 기억합니다. 국가적으로 중요한 모임을 위한 회의들이 여기서 열리곤 했지요. 사람들이 도시로 오면, 그들은 우리 교회의 예배에 참석하곤 했습니다." 그들에게 있어 영광의 날은 과거이지 미래가 아니다. 그 결과 듣는 사람이나 말하는 사람 모두 서글픈 감정에 휩싸이게 되고 만다.

내가 우드데일 교회에 왔을 때, 사람들은 이와 비슷한 이야기를 했었다. "나는 우리가… 하곤 했을 때를 기억합니다. 나는 참석률이 내려가는 대신 올라가던 때를 기억합니다." 나는 사람들이 누군가의 설교를 인용하거나 내가 오기 전에는 음악이나 안내 등이 더 좋았었다거나, 이번 주의 출석률이 지난 주보다 더 낮아졌다는 점 등을 꼬집는 대화 속에 참여하기란 감정적으로 어려운 일임을 알게 되었다.

모든 목회자들이 그렇듯이, 나도 사람들이 어느 방향을 바라보고 있느냐 하는 것은 대단히 중요하다는 것을 알고 있다. 그렇지만 우리는 어떻게 하면 뒤를 바라보고 있는 사람들로 하여금 앞을 바라보게 할 수 있을까? 어떻게 하면 과거를 조용히 바라보고 있는 사람들의 시선을 기대에 찬 눈으로 미래를 바라보게 만들 수 있을까?

시간을 초월하시는 하나님

사람들의 시선의 방향을 전환시키는 데는 대단한 믿음과 용기가 필요하다. 그 일을 위해서는 끈기 있게 기다리며 철저하게 노력하는 것이 요구된다. 간단한 해답이란 존재하지 않는다.

그러나 여러 가지 해답을 위한 출발점은 하나님 안에 들어있다. 비전은 하나님에게 뿌리를 내리고 있다. 하나님께서는 시간을 초월하신다. 그분은 과거의 하나님이시만 성경이 반복해서 말씀하는 것은 그분은 미래의 하나님이시라는 것이다. 우리는 현재의 하나님, 그리고 그분께서 현재 무엇을 원하시는가에 우리의 시선을 고정시킬 필요가 있다. 우리는 그러므로 과거 속에서만 살 수 없다. 왜냐하면 하나님께서는 무엇인가를 위해 우리를 부르시고 계시기 때문이다. 우리 앞에는 항상 무엇인가가 놓여 있다.

해리 트루만(Harry Truman)이 올리버 웬델 홀름스 2세(Oliver Wendell Holmes, Jr.)를 방문했을 때, 홀름스는 구십대였다. 트루만이 방안으로 걸어 들어갔을 때, 그 은퇴한 판사는 플라돈의 공화국(Republic)을 읽고 있었다. 트루만은 그에게 물었다. "판사 선생님, 인생의 이 시점에서 왜 그런 책을 읽고 계십니까?"

홀름스는 대답했다. "내가 늙었는지는 모르지만 성장을 멈춘 것은 아니라오."

누군가 법과 철학에 대해 그러한 생각을 지닐 수 있다고 한다면, 우리는 예수 그리스도의 교회에 대해 더욱 더 그러한 철학을 지녀야 하지 않겠는가?

결국, 지교회에 대한 하나님의 이러한 일반적인 목적과 비전은 구체적으로 규정될 필요가 있다. 즉, 하나님께서는 우리 성도들에게 어떤 사명을 주셨는가?

그런데 너무나도 자주 이 목적이 숫자적인 성장으로 측정되곤 한다. 그러나 교회가 최근 몇 년간의 실업률이 거의 80%나 되는 미네소타 주의 아이언 레인지(Iron Range)시에 있는 경우, 교인수가 완만하게 줄어드는 것은 성공이라고 할 수 있다. 반면에 우드데일 교회가 위치한 도시는 지난 5년간 인구가 24,000명에서 34,000으로 증가하였다. 이 경우에는 우리가 성장하지 않는다면, 우리는 하나님께서 주신 사명을 완수했다고 믿기는 어렵다.

결국 어떤 경우에서든, 하나님께서 그의 백성을 미래로 인도하고 계신다는 것을 인식할 때, 각 교회에 적절하게 그리고 특별히 주어진 사명은 성취되고 성장하는 것이다.

중요한 것은 현재의 일이지 과거의 성공이 아니다

교회를 과거지향적인 사고로 굳어지게 만드는 것은 현재의 어려움이 아니라 과거의 성공이다. 교회들은 실패나 갈등에 대해서는 애써 기억하지 않는다. 그들은 과거의 승리나 성장에 대해 점점 더 깊은 향수를 갖게 되는 것이다. 과거의 성공은 비틀거리게 하는 무거운 짐이 될 수 있다. 그러한 과거를 압도하기 위해서 그들은 무엇을 할 수 있겠는가?

이와 유사한 현상은 젊은 시절에 성공을 거둔 적이 있는 사람에게서도 일어 난다. 소아마비 와찐 개발에 선구적 업적을 남긴 조나스 솔크(Jonas Salk)의 경우를 생각해보자. 그의 업적은 그에게 불후의 명성을 가져다 주었다. 그 다음에 그는 무엇을 할 수 있었겠는가?

그러나 최근에, 그는 다시 뉴스에 등장했다. 이번에는 소아마비가 아니라 에이즈(AIDS)때문이었다. 그는 이 병의 와찐에 대해 연구하고 있다. 그는 이렇게 말한다. "그렇습니다 나는 과거에 성공을 거두었습니다. 그러나 현재 해야 할 일이 있습니다"그는 자신이 개발한 기술을 현 세대의 사람들을 위해 사용하고 있는 것이다.

이와 비슷한 방법으로, 교회는 현재의 일에 초점을 둠으로써 과거의 성공이라는 짐을 벗어 버릴 수 있다. 즉, 이 사회와 세계는 무엇을 필요로 하고 있는가? 어떻게 하면 우리는 그들의 필요를 채워 줄 수 있는가?

현재 우드데일 교회에서 성도들의 99%는 우리 교회의 최고의 날은 미래 속에 있다고 말할 것이다. 왜냐하면 그들은 그들이 돕고 채울 수 있는 현재의 필요를 보고 있기 때문이다.

우리 교회에서 고등부를 위한 프로그램을 인도했던 한 사람은 순다니 부족(Sundanes)의 선교사가 되었다. 서부 자바에 있는 삼 천만의 순다니 부족 중에 기독교 신자는 고작 일백 명뿐이다. 그러나 그 곳에서의 그의 이년 반의 사역을 통해, 열네 명이 넘는 사람들이 그리스도께로 돌아왔다. 그것은 경이적이고도 거의 전례가 없는 일이다.

아침 예배 중에 그는 성도들에게 말했다. "이는 내가 대단한 언어학자이기 때문이 아닙니다. 그것은 여러분의 기도 때문입니다." 그는 우리 교회의 성도들이 보낸 편지로부터 다음과 같은 내용을 읽은 것이다. "나는 매일 기도합니다." "나는 매일 아침마다 5마일을 뛰곤 하는데, 그 때마다 나는 순다니족을 위해 기도합니다." 열한 살의 꼬마는 이렇게 썼다. "나는 매일 밤 무릎을 꿇어요. 그리고 순다니족을 위해 기도해요."

우드데일 교회의 성도들은 다음 10년 동안에 삼 천만의 순다니족이 그리스도께로 돌아올 것을 생각하고 있다. 그들은 어제의 일에 대해 이야기하지 않는다. 그들은 내일에 대해 이야기하는 것이다. 왜? 그들은 이 순다니 부족의 외침에 사로잡혔기 때문이다. 과거의 성공은 현재의 일과 기회의 빛 속에서 사라지고 있는 것이다.

비전을 지닌 소수의 사람들

대부분의 사람들은 비전을 지닌 사람들이 아니다. 수백의 교회, 심지어는 수천의 사람들 가운데서도 지도자는 아마 극소수의 사람들만이 비전을 갖고 있음을 발견하게 될 것이다.

그 이유 중의 일부는 현 세대에 있다. 베이비 붐이 일던 시대에 태어났던 사람들은 지금까지도 현재 지향적이다. 전반적으로 그 세대는 전통이나 미래에는 거의 관심이 없다. 한편, 구세대로부터도 미래에 대한 예지는 거의 오지 않는다. 나이가 든 사람들은 과거의 성공만을 바라보는 경향이 있기 때문이다.

어떤 지도자들은 비전을 지닌 사람들이 극소수라는 데 대해 개탄한다. 그러나 앞으로 전진하기 위해, 조직은 소수의 사람들만 있으면 된다. 로버트 케네디(Robert Kennedy)는 이를 위대한 문구를 인용하는 방식으로 다음과 같이 표현한다. "어떤 사람들은 현재의 상태를 보고는 왜?라고 묻는다. 다른 사람들은 가능성을 보고는 왜 그렇게 안되는가?라고 묻는다." 교회는 소수의 이러한 사람들—이상적으로 말해, 한 명의 목사와 한 두 명의 평신도만 있으면 된다. 만일 그들이 지도자들이라면, 나머지 사람들은 따라오게 될 것이다.

전통이라는 참호를 파고 앉아 있는 성도들을 섬기면서, 많은 목회자들은 어떻게 하면 교회가 앞으로 나아갈 수 있을까? 하고 묻곤 한다. 충분한 수의 비전을 지닌 사람들이 없다. 어느 누구도 가능성의 눈으로 보지 않는다. 그러나 보통 거대함을 꿈 꿀 수 있는 사람은 하나 혹은 두 명은 있기 마련이며, 점차 그 영향력은 확산되어 나갈 수 있는 것이다.

비전을 지닌 사람들이 반드시 교회 혁신의 첨병이 될 필요는 없다. 의학 분야의 예가 좋은 본보기를 제공해 준다. 대부분의 미국의 의사들은 연구원이 아니다(그리고 대부분의 병원에서는 실습생을 두지 않는다). 이보다는, 의사들은 대개 의대에서 공부했거나 의학 잡지를 통한 지식을 기초로 환자들을 치료한다.

이처럼, 미국의 목회자나 교회 가운데 소수만이 새로운 조직이나 전도 방법, 선교 방법에 대해 선구자적인 위치에 있을 뿐이다. 대다수의 목회자들은 신학교나 신학 잡지를 통해 얻은 지식을 기초로 사역하고 있다. 비전을 지닌 교회의 소수의 사람들도 첨단에 서 있을 필요는 없다. 다만 그들이 배울 의욕이 있고 여러 아이디어를 평가하고 이를 적용하려고만 한다면, 그들은 교회를 앞으로 움직일 수가 있다.

목회자의 역할 : 창문 밖으로 바라보기

그러면 이 모든 일 가운데 목회자가 해야 할 일은 무엇인가?

몇년 전 잡지 광고에는 창문 밖을 내다보며 사무실에 서 있는 한 남자가 실린 적이 있다. 광고 문안은 이것이었다 : "왜 이 회사는 이 사람에게 일년에 100,000달러를 지불하면서 창문 밖을 바라보게 하는가?" 대답은 이것이다 : 모든 조직은 그 조직의 밖에서 창문을 통해 세계와 미래를 보는 사람이 필요하다. 목회자는 창문 밖을 바라보는 일을 통해 회중에게 도움을 제공할 수 있다.

그러나 목회자는 수많은 현안의 관심사와 함께, 얼만큼의 시간을 미래를 꿈꾸는 데 바쳐야 하는가?

분명히 대답은 상황에 따라 여러가지다. 그러나 대답의 대부분은 목회자가 얼마 만큼의 시간을 현재의 회중과 함께 보내 왔느냐 하는 데 따라 결정된다. 이상하게도, 우리의 본성들은 효과적인 비전을 거슬러 작용하는 경향이 있다.

대체적으로, 목회자가 교회에 처음 부임하면, 그에게 여러 프로그램이 주어지지 않는다. 그러므로 그들은 객관적인 입장에 서서 판단을 할 수가 있다 : "우리는 이렇게 많은 예배를 드릴 필요는 없다"던가 "우리는 여름(겨울) 성경학교를 이런 식으로 운영해서는 안 된다" 등. 많은 목회자들은 바람직한 방향으로 이끌어 보겠다는 넘치는 의욕을 가지고 시작한다(게다가 목회자들이 교회에 처음 왔을 때, 그들에게 신뢰감을 가지고 정보를 주는 성도는 거의 없다. 이것이 오히려 미래를 편견 없이 바라볼 수 있게 해 준다). 그러나 목회자들의 새로운 아이디어가 성도들에 의해 쉽게 받아들여지는 경우는 흔하지 않다. 성도들이 아직 목회자를 신뢰하지 못하기 때문에 훌륭한 비전조차도 사장(死藏)되어 버리는 수가 있다.

그러나 목회자들이 그 교회에서 5년이나 10년이 지나면, 대부분의 프로그램에는 그들의 아이디어가 반영되어 있거나 그들의 승인하에 진행되게 된다. 이렇게 되면 목회자의 시간표는 여러 가지 사업들로 꽉 짜여져 미래를 꿈꿀 수 있는 시간은 거의 사라지게 된다. 이제는 그들이 짜놓은 사업 계획들을 꾸려 나가는 데로 초점이 옮겨가고 마는 것이다.

우리는 이 과정을 뒤집어 놓을 필요가 있다

일단 우리가 성도들 가운데서 목회를 시작하면, 우리의 거의 모든 시간은 현재의 사업을 위해 쓰여지지, 앞을 바라보는 데 쓰여지지는 않는다. 이럴때 우리는 점차로 미래 사업을 구상할 시간을 위해 시간 비율을 조정할 필요가 있다. 왜냐? 성도들이 그 목회자를 신뢰하지 않을 때는 그들은 미래적인 안목을 가지고 그 목회자를 따르려 하지 않기 때문이며 또 이러한 신뢰를 쌓기 위해서는 시간이 걸리기 때문이다.

나는 이제 막 건물을 신축하고 규칙을 수정하고 밖으로 뻗어나갈 계획을 추진 중인 교회로 부임한 어떤 목사를 알고 있다. 그는 부임 첫 해만에 내가 7~8년에 걸쳐 이룬 것보다도 더 많은 일을 해냈다. 그러나 그런 일은 자주 일어나는 것이 아니다.

대부분의 목회자들은 성도들이 과거의 목회자를 잊지 못하며 여러 문제들을 안고 있는 교회로 부임하게 된다. 이러한 목회자들은 먼저 신뢰를 쌓는 일을 해야만 한다. 이를 위해 가장 좋은 방법은 기존의 사업들에 전심 전력하는 일이다. 목회자가 기존의 구조 내에서 최선을 다할 때, 성도들의 신뢰는 쌓이게 되고 점차 목회자가 그들을 앞에서 인도할 수 있도록 허용해 주는 것이다.

나는 이러한 지점까지 도달하는 데 내 인생의 사분의 일을 바쳤다. 하지만 지금은, 현재의 사업보다도 미래의 가능성을 타진해 보는 데 더 많은 시간을 사용할 수 있게 되었다. 예를 들어, 이번 주에 나는 새로운 지교회(daughter church)를 설립하거나 토요일 저녁 예배 시간을 신설하거나, 직원을 충원하여 새로운 선교 사업을 지원토록 하거나 하는 등의 다양한 계획들을 검토하는 데 몰두했다. 현재의 시점에서 보면 이러한 사업들은 적절한 것들이겠지만, 만일 내가 우드데일 교회에 처음 왔을 때 시작했다면 아마 가능성은 희박했을 것이다.

목회자들에게는 창 밖을 바라보는 시간이 필요하다. 물론 목회 초기 시절에는 책상 앞에 앉아 있는 시간이 더 많아야겠지만.

목회자가 이러한 역할을 하는 데 장애가 되는 요소들

모든 목회자들은 창 밖을 바라 보는 데 더 많은 시간을 보내고 싶을 것이다. 그러나 이를 위해서는 몇 가지 중요한 장애를 극복해야만 한다.

먼저, 손수 일을 해야만 직성이 풀리는 우리들에게 있어 앞을 바라본다는 것은 고통스러운 일일 수도 있다. 왜냐하면 현재 우리가 신경을 써 주어야만 하는 일들이 너무 많기 때문이다. 눈에 보이지는 않지만 보다 무서운 장애 요소들은 인정을 받고자 하는 우리의 욕구이다. 계획을 수립하는 일을 통해서는 그렇게 많은 인정을 받지 못한다. 적어도 직접 사역할 때만큼은 말이다.

내가 직접적인 사역에 대부분의 시간을 바쳤을 때, 나는 내 영향력을 직접 볼 수 있었다. 아기가 태어났을 때, 부모들은 종종 아기의 할아버지나 할머니를 부르기 전에 나를 먼저 불렀었다. 누군가 임종을 맞이할 때도, 나는 온밤을 그 병원에서 보내곤 했었다. 그 가족들이 인공 호흡 마스크를 떼고자 결정할 때도, 나는 그 스윗치를 내리는 것을 지켜보았다.

그러나 성도들의 숫자가 늘어나자, 일주일에 셋 내지는 네 명의 아기가 태어나게 되었다. 나는 그 때마다 거기에 있을 수는 없게 되었다. 우리의 책임을 완수하기 위해서, 나는 누군가를 그곳에 보내야만 했고 항상 내가 갈 수는 없었다. 내가 해야 할 일은 점차로 교회 전체를 위해 앞날을 생각하는 일—창문 밖을 바라보는 일—이 되었고 이는 곧 현업 가운데 중요한 많은 일로 부터 손을 떼는 것을 의미했다.

그러나 이렇게 말하면서도, 모든 목회자들은 어떤 영역의 일에는 직접 손을 대야만 한다. 그러면 그 어떤 일이란 무엇인가? 지금 당장 성도들에게 가장 필요한 극소수의 일이다.

예를 들어, 최근에 우리 교역자들은 우리 교회(우드데일)의 기도 생활에 대해 의견을 나눈 적이 있다. 비록 각종 소그룹과 많은 모임에서 열심히 기도하고는 있지만 내가 살펴본 바 확신하건데, 기도의 대부분은 개인적인 문제를 위한 기도이다. 성도들은 자녀의 약물 복용 문제나 어른들의 암과 같은 문제를 놓고 열심히 기도한다. 그러나 내가 느끼기로는 교회의 예배나 선교와 같은 우리의 사명을 감당하기 위한 기도에는 그렇게 열심인 것 같지는 않다.

그러므로 이러한 질문이 곧바로 튀어나온다 : 누가 소수만이 참여하는 주중 기도 모임(the midweek prayer meeting)을 인도할 것인가? 나는 이 일에 자원해 나섰다. 나는, '만일 내가 교회 복도를 걸어가는 성도들을 붙잡고, "수요일 밤에 저와 같이 기도해 주시겠습니까?"라고 말하면 그들은 오리라'고 생각했다. 우리 성도들은 합심 기도가 없이는 앞으로 전진하지 않을 것이다. 그러므로 즉시 나는 이 일에 손을 댄 것이다.

특수한 전략들

물론 일반적인 의미에서 앞을 바라보는 것만으로는 충분하지 않다. 비전은 구체적인 전략으로 옮겨져야 한다.

•성도들로 하여금 금년이 아니라 내년을 생각하도록 만들라. 새로운 학년이 시작될 때, 중등부 담당 교역자인 그레그 와이즈맨(Greg Weisman)은 일 년치의 프로그램에 대한 계획을 수립해 둔다. 예를 들어, 학생들이 미니 골프를 칠 때에도 그의 머리 속에는 매시간의 계획들이 이미 세워져 있다. 그는 언제 어디서 학생들이 휴식을 취하며 그 휴식 시간의 강사는 누구이며 어느 버스를 타야 할 것인지를 알고 있다. 프로그램에 대한 계획이 이렇게 완벽하게 짜여진 이상, 그레그에게 있어 더 할 일이 무엇이 있겠는가?

어린이들을 위한 사역

그는 다음 주일의 공과에 대해서도 걱정할 필요가 없다. 그는 버스를 예약해 둘 필요도 없다. 그는 중등부 학생들을 위한 캠프 일정을 세워 둘 필요도 없다. 다음 주에 무엇을 할 것인지를 모르고 있다는 것은 고통스러운 일이다. 그러나 미리 계획을 세워 두면 목회가 편해진다. 그리고 그렇게 되면 회중들을 앞으로 움직일 수 있다.

더 나아가 성도들이 목회자가 계획을 세우는 것을 보게 되면, 그들도 그렇게 한다. 그러한 분위기가 조직 전체에 퍼지게 되는 것이다. 예를 들어, 우드데일 교회의 재무담당자는 수표 결제를 하지 않는다는 점이다. 그는 1992년도 교회의 사업을 위해 재정적으로 이를 어떻게 지원할 것인가에 주목한다. 그는 이를 위해 예상 수입, 지출, 부채에 대한 모델을 세우는 데 몰두한다. 이런 방법으로, 일단 사안이 발생하면 우리는 이미 어떻게 대처할지를 알고 있는 것이다.

• 마치 문화 인류학자처럼 시간을 사용하라. 목회자들은 문화의 밑바닥에까지 귀를 열어 놓음으로써 유익을 얻을 수 있다. 예를 들어, 나의 예측에서 실패한 한 가지는, 사람들은 점차로 그들이 결혼 여부(marital status)에 의해 분류되기를 싫어 한다는 점이다. 그들이 독신이건, 이혼했건, 별거중이건 이런 기준은 그들에게는 중요하지 않으며, 적어도 그들은 이런 요소들을 분류의 일차적 기준으로 보지 않고 있는 것이다. 전통적인 범주들—독신인가 결혼했는가—은 점차 애매해져 가고 있다. 왜냐하면 이 가운데에도 동거중이냐, 한 번 이혼했는가, 별거중이면서 독신자처럼 행동하는가, 기타 등등의 많은 요소들이 존재하기 때문이다.

이러한 여러 가지 소리를 들어 봄으로써, 목회자들은 쉽게 재도약할 수 있다. 우리는 다음과 같은 심각한 질문을 해야 한다 : 지금이 독신자들을 위한 사역을 재조정해야 할 때가 아닌가? 우리는 학습 선호 형태에 따라 재조직해야 하지 않을까? 혹은 단지 연령만으로? 아니면 좀더 가능성있는 것으로는 자녀들의 연령을 기준으로 조직해야 하지 않을까? 우리는 이미 주일학교 학급에 누가 참여하던 그 제한을 철폐해 버렸다. 그러자 많은 독신자들이 대부분은 부부들로 편성된 학급에 참여하고 있다.

점점 더 다원화되어 가고 있는 사회 속에서, 선택의 기회를 제공하는 것은 현명한 일이다(만일 내 방식 대로라면, 한 번은 스웨터 차림으로, 2부 예배는 콤비 차림으로, 3부 예배는 정장 차림으로 예배를 인도하고 싶다). 베이비 붐 세대들은 다원화된 세계에 대해 매우 관용적이며 다양성 속에서 편안함을 느낀다. 문화를 연구함에 의해—세미나를 통해서든, 책, 대화를 통해서든 간에—우리는 그들이 요구가 있을 때는 선택의 기회를 제공할 수 있다.

• 문제보다는 가능성을 위해 계획하라. 피터 드러커(Peter Drucker)에 의해 제창된 바 있는 이 원리는, 약 10년 전에 우리가 교역자들을 늘릴 준비가 되어 있었을 때, 성도들에게 많은 도움을 주었다. 우리가 할 수 있는 선택은 상담을 위한 교역자를 늘릴 것인가 독신자들을 위한 목회자를 충원할 것인가로 제한되어 있었다. 교회가 이 둘 모두를 할 여유는 없었다. 우드데일 교회의 사명을 위해서는 어떤 선택이 최적이었을까?

우리는 독신자 인구를 예측해 보고는 깜짝 놀랐다. 독신자들의 숫자는 엄청나게 늘어날 전망이었다. 우리는, "기회는 이 영역 속에 있다. 이 분야에 기독교 상담자는 이미 많이 있다. 그러나 이 독신자들을 누가 붙잡을 것인가?" 하고 말했다. 우리는 독신자를 위한 목사를 채용했다.

이와 관련하여 잘 알려진 원리는, 성장했기 때문에 직원이 늘어나야 하는 것이 아니라 직원이 늘어나야 성장한다는 것이다. 만일 매 구역의 150명의 성도 당 한 명의 목회자가 있어야만 한다는 교회 성장 전문가의 견해가 옳다면, 두번째의 목회자가 충원되어야 할 시점은 성도수가 300명이 되었을 때가 아니라 151명이 되었을 때이다.

● 구조보다는 사역에 강조점을 두라. 우리는 지금 새교회 건물을 건축하고 있다. 우리는 이를 위해 수년간 계획을 세워 왔지만 이 계획이 완성될 때까지 기다릴 수가 없다. 현실에 안주하려는 성도들의 마음을 흔들어 놓고 싶을 때 나는 "언제 이 건물을 매각하고 이사할 것인가" 하는 문제를 거론한다. 나의 이 제안은 사람들에게 큰 충격을 주겠지만 정곡(正鵠)을 훌륭하게 찌른 것이다. 즉 나는 이 건물에 구애받지 않고 있다는 것을 알린 셈이다. 5~10년이면 이 건물은 하나님께서 우드데일 교회에 주신 사명을 감당하기에는 적합하지 않게 되고 우리는 이 건물을 헐어야만 한다. 우리가 이 사실을 강조하게 될 때 사람들은 구조를 뛰어넘어 더 훌륭하게 앞을 향해 전진할 수 있게 되는 것이다.

● 목표지향적이 되도록 하라. 나는 내가 미래주의자(futurist)라고 생각하지 않는다. 3장에서 언급한 것처럼, 나는 나 자신을 '목표 지향적'

이라고 생각하기를 더 좋아한다. 미래를 바라보는 것은 그 일부이다. 그러나 미래지향적이 되는 것이 목적은 아니다. 그것은 단지 우드데일 교회의 사명, 곧 "하나님과 이웃과의 조화를 이루는 삶을 통해 하나님에게 영광을 돌리는 것"이라는 사명을 감당하기 위한 하나의 수단일 뿐이다.

예를 들어, 미국이 경제 불황이나 핵에 의한 재앙을 겪고 있다고 생각해 보자. 이 일들은 어떤 미래의 일이 아닐 수도 있으며 또는 단순한 어려운 한 때일 수도 있다. 이 때 하나님께서 우리에게 주신 사명을 감당하기 위해, 우리는 빵 배급을 위한 시설을 조립할 수도 있고 방사능으로 화상을 입은 사람들을 치료하기 위한 시설을 세울 수도 있다. 그러나 그 일은 미래지향적이되 목적을 지닌 행동이어야 할 것이다.

테레사 수녀(Mother Teresa)는 비록 그녀가 돌보고 있는 아이들 가운데 많은 어린이들이 죽어갈 것임에도 불구하고 미래 지향적이다. 그러나 그 미래지향은 목적을 위한 것이다. 그녀는 예수님께서 캘커타(Calcutta) 거리에서 행하셨을 법한 일들을 하고 있는 것이다.

칼 바르트(Karl Barth)는 그리스도인들이란 "새로운 인류(a new race)의 잠정적 대표자"가 되어야만 한다고 말했다. 우리 모든 교회가 이러한 놀라운 개념에 의해 움직여진다면 하고 생각해 본다. 우리는 아직 하나님 나라에 도달하지 못했다는 의미에서는 잠정적이다. 그러나 우리는 신자라는 새로운 인류로서의 삶을 위해 부름받은 것이다.

우리는 미래지향적이면서, 동시에 목적을 향해 움직이는 사람들이다.

대부분의 사람들은 '왜'라는 질문을 생략하고 '어떻게'라는 방법으로 뛰어넘기를 좋아한다. 그러나 목회 철학이란 일을 순조롭게 풀어 나가기 위한 열쇠이다. 우리가 실제 전략을 수립할 수 있으려면 먼저 두 가지의 질문이 필요하다. 즉, 목표 집단에 대해 우리는 무엇을 알고 있는가? 이들을 위한 효과적인 사역을 위해 우리는 무엇을 알아야 하는가?

—던 커즌스

제 6 장
성공적으로 사역을 시작하는 법

대부분의 목회자들은 열심히 노력한다. 문제는 이것이다 : 우리는 일을 하되 걸림없이 순조롭게 해 나가고 있는가?

일반 세상에서 지도자들은 지혜롭게 일을 해 나가지 않으면 안된다. 왜냐하면 그들의 전략이 효과가 있는지 여부를 최종 결과가 말해 주기 때문이다. 그러나 목회 사역에 있어서는, 그 최종 성과라는 것이 그렇게 구체적이지 못하다. 우리가 얼마나 잘 해 내고 있는지를 평가하기가 어려운 것이다. 그러므로 우리는 열심히 노력하고 열심히 기도하고난 후, '최종 결과'에 대해서는 하나님의 뜻에 맡겨 버리는 것이다.

확실한 것은 우리는 열심히 노력하고 부지런히 기도하면서 또 하나님을 신뢰해야 한다는 것이다. 그러나 우리는 효과도 없는 정책을 가지고서 우리의 바퀴를 돌리기를 원치 않는다. 핵심은 우리가 무엇을 성취하기 위해 노력하고 있느냐 하는 점을 보다 분명히 하는 일이다.

언젠가 나는 조그만 교회의 대학부 전도사로 일한 적이 있다. 성경 공부는 매주 있었다. 그 대학부는 주립 병원과 한 아동의 가정에서 봉사 활동을 했다. 우리는 금요일, 토요일, 그리고 주일 밤 행사를 지원하기도 했다. 수요일 밤에도 성경 공부가 있었고 주일 아침에도 있었다. 그러나 학생들은 열심이 없었고 그 부서는 성장하지 않았다. 우리에게는 활동 목표가 없었다. 그것은 초점도 없고 열매도 없는 활동이었다.

우리는, '만일 우리가 새신자를 인도하는 프로그램에 초점을 둔다면 어떤 일이 벌어 질까?' 하는 점을 생각해 보기 시작했다.

그래서 우리는 주변의 사람들을 전도하기 위한 프로그램을 짰다. 우리는 일주일에 한번, 저녁에 있는 스포츠 경기, 현대 기독교 음악, 연극, 다중 매체 프로그램(multimedia), 그리고 간단한 성경 메시지 프로그램에 학생들을 초대했다. 첫날 밤에는 150명의 학생들이 관람했다. 대학부의 모든 학생들이 자기 친구들을 데리고 왔는데, 이 친구들은 이전의 기성 신자들을 위한 프로그램에는 데리고 오려고 하지 않던 사람들이었다. 나는 세 명을 데리고 왔는데 그들은 다음 주에 또 왔다. 왜냐하면 그들은 새로운 적극적인 체험을 했기 때문이다. 많은 수의 이러한 친구들이 그리스도인이 되었다. 그리고 그 사역은 계속 성장했다.

무슨 일이 벌어졌기 때문일까? 우리가 다른 청년부 사역자들보다 더 많이 노력했기 때문일까? 그럴 필요가 없었다. 단지 우리는 전략을 구사했을 뿐이다.

그 때 이후로 나는 윌로우 크릭 교회의 다른 사역을 개발하고 가다듬는 데 일조를 해왔다. 아래에 제시하는 각 단계들은 우리가 발견한 바, 사역을 순조롭게 시작하는 데 핵심이 되는 것들이다.

성도의 필요가 아니라 지도력을 기초로 하라. 대부분의 목회자들에게, "당신은 무엇을 기초로 하여 사역을 시작하였는가?" 하고 물어보라, 그러면 그들은, "우리는 성도들이 무엇을 필요로 하는가를 보았고 그래서 우리는 그것을 채워 주기 위해 노력한다"고 대답할 것이다.

물론 그러한 필요가 사역의 아이디어를 심게 해 주는 씨앗임에는 틀림없다. 그러나 우리가 발견한 것은 그 필요만으로는 사역의 기초를 삼기에 부족하다는 것이다. 우리는 지도력과 함께 시작할 필요가 있다. 노력이 결실을 보기 위해서는 강력한 지도력이 필요하다.

산업 분야에서 예를 드는 것은 쉬운 일이다. 리 아이아코카(Lee Iac-occa)가 없었다면 오늘날의 크라이슬러(Chrysler)사가 있을 수 있겠는가? 아니면 톰 왓슨(Tom Watson)이 존재하지 않는 아이비엠(IBM)사는 어떨까? 체육 분야를 본다면, 피터 웨버롯(Peter Ueberroth)이 없었다면 L.A. 올림픽은 어떻게 되었을까? 더 훌륭한 예는 종교 분야에서 찾아볼 수 있다. 하나님께서 하나의 민족을 출범시키려고 결정하셨을 때, 그분은 아브라함에게로 가셨다. 이방 세계로 복음을 선포하시기 원하셨을 때는 사울(바울)을 쳐서 말에서 굴러 떨어지게 하셨다. 어떤 과업이 성공을 거두었을 때, 그 중심부에는 언제나 지도자가 있었다.

하지만 우리는 종종 교회 안에서 어떤 행동을 하는가? 우리에게 해야 할 일이 있다면, 글쎄 우리는 먼저 위원회부터 소집하고, 그리고 나서….

대부분의 목회자들은 과업에 부딪혔을 때 다음과 같은 세 개의 선택 중 하나를 고려해 본다. 예를 들어 중등부를 위한 특별 프로그램이 없다는 불평이 있다고 가정해 보자. 어떻게 할 것인가?

먼저, 목회자가 직접 그 프로그램을 담당해 볼 수 있다. 그러나 대부분의 경우, 그것은 이미 열 개의 모자를 쓰고 뒤뚱거리고 있는 사람의 머리에 또 하나의 모자를 얹어 놓는 것이 될 뿐이다. 뿐만 아니라 그 목회자는 그 프로그램을 맡기에는 준비가 거의 되어 있지 못했을 것이고 중등부 사역에 대한 열의도 없는 경우가 대부분일 것이다.

둘째의 경우는, 부교역자에게 그 사역을 맡길 것을 검토해 보는 것이다. 하지만 대부분의 경우, 그는 초등부, 중등부, 고등부와 대학부 그리고 독신자들을 위한 사역에 지쳐 있는 상태이며 또 그 어느 하나도 제대로 감당하고 있지 못한 경우가 많다. 왜 그런가? 그 이유는 한꺼번에 이러한 다섯 가지의 다른 사역을 감당한다는 것은 인간적으로 불가능하기 때문이다.

세번째의 대안은 중등부에 호의를 가지고 있는 학부모에게 눈을 돌려 보는 것이다. 그러나 이는 능력과 연속성이라는 문제를 야기하게 된다. 그 부모들이라는 사람들이 과연 훈련받은 사람들인가? 그 프로그램을 통해 자녀들이 영적으로 성숙하도록 감독할 수 있는 지식이 과연 그들에게 있을까? 그들의 자녀들이 졸업한 후에도 계속 봉사하려는 열의가 그들에게 있겠는가?

윌로우 크릭 교회에서 이 문제에 부딪혔을 때, 우리는 전혀 다른 접근법을 택하기로 결정했다. 우리는; 우리들이 이 사역을 자신의 전문 분야로 삼을 수 있는 자격 있는 지도자를 발견할 때까지는 기다려 보자는 어려운 결정을 내렸다.

우리는 중등부를 위한 아무 사역도 하지 않은 채―집회도, 주일 학교도, 아무것도 없이―사 년을 보냈다. 학부모들은 우리가 중등부 학생들을 위해 무엇을 하고 있는거냐? 라고 물어 왔다. 우리는 꾹 눌러 참아야만 했고 "우리는 지금 적합한 지도자를 찾고 있습니다. 그러나 현재로는 여러분들의 요구를 만족시켜 드릴 수가 없습니다"라고 말해야만 했다.

우리가 그들의 자녀들을 위해 아무 일도 하지 않자 부모들은 열화 같은 항의를 해 왔다. 하지만 우리는 최상급의 사역을 위해서는 전문 사역자가 있어야 한다는 것을 알고 있었다. 우리는 적합한 은사를 지닌 적합한 인물로서, 최선을 다 할 수 있는 그 혹은 그녀를 확보할 수 있을 때만이 위대한 결과를 기대할 수 있다는 것을 알고 있었던 것이다.

우리는 중등부에 적합한 자격을 갖춘 사람을―유급이던 자원 봉사자이던—여기 저기에서 찾았다. 우리가 찾던 그 사람은 결국 고등부에서 평신도 지도자로 활동하던 사람이었는데 그는 나중에는 우리의 핵심적인 지도자가 되었다. 그는 시장에서 하루 종일 일하던 사람이었기 때문에 우리가 맡기고자 하는 사역에는 제한된 시간밖에 할애할 수가 없었다. 하지만 그는 중등부 학생들을 위한 몇 개의 특별행사를 조직하는 데 동의해 주었다. 마침내 그는 그 학년 또래의 학생들을 위한 열심이 타오르자 자기의 직업을 그만두고 우리 교회의 직원이 되었다. 그 후 그는 중등부 사역에 있어 놀라운 일들을 해 나갔다.

우리는 서너 명의 자원 봉사자들과 함께 그 일을 시작할 수도 있었을 것이다. 그러나 우리는 적합한 인물을 찾아내어 그 사역을 올바로 이끌어 나가도록 하기 위해서는 시간을 투자하여 기다릴 가치가 있다는 것을 확신하고 있었다. 무(無)의 상태에서 시작하여 훌륭한 프로그램을 조직해 나가는 것보다는 엉성한 프로그램을 해체하고 이를 다시 조직해 나가는 것이 훨씬 더 힘든 작업인 것이다.

한 가지의 목표를 정하라

일단 핵심적인 지도자를 발견하면, 우리는 그 사역에 관한 브레인 스토밍(brain storming—자유로운 의견 교환을 통해 적합한 계획을 도출해 내는 방법 : 역자 주)을 하기 위해 대여섯 사람을 모은다. 이러한 '두뇌 집단'(think tank)에는 보통 그 사역의 지도자와 그 사역에 합당한 열정과 은사를 지닌 몇몇 사람과 한두 명의 교역자 혹은 장로들이 참여한다. 비록 그 사람들 모두 제각기 분석과 전략에 능한 사람들일지라도, 우리는 이들이 결합된 혼성 팀을 지향하고 있다.

이 그룹은 계획 수립을 위해 일박 수련회를 가질 수도 있고 몇 달 동안의 정규적인 모임을 가질 수도 있다. 윌로우 크릭 교회의 선교 전략 수립을 위해 우리들 중 팔 구 명은 일년 중 한달을 정해 몇 시간씩 만났으며 모임 사이 사이에는 개인적인 조사도 진행하였다.

반면, 전도를 위한 우리의 기획팀들은 그들의 계획을 실행에 옮기기 전에 불과 두번만의 모임을 가졌다. 이 모든 것들은 목표로 하는 사역의 복합적 특성에 따라 결정되는 것이다.

우리가 해야 할 첫번째 과제는 그 사역에 있어 가장 기본적인 목표를 결정하는 것이다. 우리는 우리의 지도자들이 각각 주요한 책임 하나만을 떠 맡기를 원하는 것처럼, 모든 프로그램이나 모임들도 뚜렷한 하나의 목표만을 수행해 주기를 바란다. 만일 우리가 그 이상의 일들을 해낼 것을 기대한다면 우리는 그 프로그램을 하찮은 것으로 간주하는 셈이 되는 것이다.

대표적인 주일 아침 예배를 생각해 보라. 많은 교회들이 신자들을 훈련시키고, 불신자들을 그리스도에게로 인도하고, 교제를 권장하며, 대화를 촉진시키기 위해 애쓰고 예배도 신앙적으로 드린다—그리고 이 모든 것이 한 시간 내에 이루어진다! 교사들이 신자들을 교육하고 또 동시에 잃어버린 양에게 복음을 증거할 수 있겠는가?

윌로우 크릭 교회에서 우리들은 그렇게 하는 것은 불가능하다고 결론지었다. 즉, 그 두 회중은 너무도 다르다는 것이다. 그래서 우리는 우리가 드리는 주일 아침 예배의 한 가지 목표를 교회에 출석해 보지 못한 사람들에게 전도하는 것으로 정했다. 우리는 우리가 그 한 가지 기본적인 목표를 성취해 내고 있는 한, 여타의 일들을 하지 않는 것에 대해 변명하지 않는다. 신자들은 우리의 주일 예배에 와서는, "이건 예배가 아니예요, 나는 이런 예배는 견딜 수 없어요"라고 말한다.

우리는 여기에 대해, "지당한 말씀입니다. 주일에는 예배가 우리의 목적은 아니랍니다. 예배를 위해서라면 수요일 밤의 신자들을 위한 예배에 오셔야 합니다"라고 대답한다.

그러므로 아이디어 그룹이 해야 할 일이란, 교회가 해야 할 일 가운데서 '하나의' 목표를 결정하는 것이다.

우리는 핵심적인 한 사람의 지도력을 통해 기본적으로 하나의 필요가 채워지는 방식으로 사역이 이루어짐으로써, 각각의 사역들이 제각기 맡은 한 가지의 일들을 훌륭히 성취해 낼 수 있기를 바라고 있다.

우리는 우리가 하나의 필요를 완벽하게 채워줄 때, 또 다른 필요를 채우기 위해 인력과 자원을 움직일 수 있는 힘을 확보할 수 있다는 것을 깨달았다. 우리가 복음 증거라는 위대한 사역을 하고 있다면, 사람들은 그리스도를 알게 되고, 그들의 삶 가운데서 일어나고 있는 일들에 대해 감사하게 될 뿐만 아니라 재정적으로도 내어 놓기를 시작하는 것이다. 이렇게 될 때 우리는 또 다른 사역을 시작할 수 있게 되는 것이다. 그런데 만일 우리가 처음 단계의 일을 제대로 수행하지 못했다면, 그 다음 단계의 일을 위해 필요한 인력과 자원을 축적할 수가 없게 되는 것이다.

한 가지 사업에 초점을 맞추는 일은 또한 그 일의 담당자들로 하여금 자신의 성과를 측정하는 데도 도움을 주게 된다. 우리의 식품 저장실은 한 가지의 목표, 즉 필요한 사람들에게 식품과 의복을 제공하는 일을 가지고 있다. 만일 그 곳이 이러한 필수품들을 제공하는 일 외에 아무 일도 하고 있지 않다면, 그것은 성공이다. 그러므로 그 식품 저장실에서 일하는 어떤 자원 봉사자는 매번 "당신이 없었다면 저는 어떻게 살았을지요"라고 적힌 감사장을 받곤 하는데, 이로써 우리는 그 곳이 목표를 달성하고 있음을 알게 되는 것이다.

그러나 식품 저장실에서 봉사하는 사람들이 그 곳으로 찾아오는 모든 사람들을 주님께로 인도하라는 암묵적인 목표를 의식하고 있다고 가정해 보라. 그러면 많은 사람들이 그리스도께로 오지 않으면 좌절감이 고조될 것이다. 그러므로 우리는 만일 전도가 목표라면, 그 곳에서 일하는 사람들에게 전도가 우선적인 목표임을 분명히 하고 이를 위한 훈련을 시켜, 그들로 하여금 효과적인 증인으로 준비시키는 일이 없이는 그러한 목표를 그들에게 부여하지 않는다.

음식을 나누어 준 결과로, 사람들이 복음을 듣고 그리스도인이 되는 일이 발생하기도 한다. 또한 우리는 재정적인 궁핍을 당하고 있거나 결혼 생활이 파국으로 빠져드는 사람들을 발견하기도 한다. 그럴 때 우리는 적절한 상담을 위해 사람들을 파견한다. 하지만 이러한 일들은 부수적인 효과이다. 그들은 그러한 일들을 가지고 성공이라고 생각하는 일이 있어서는 안된다.

목회 철학을 정하라

아이디어 그룹이 해야 할 두번째 과업은 보다 포괄적인 것이다. 즉, 사역의 철학을 결정하는 것이다.

대부분의 사람들은 왜?라는 질문(the why questions)을 생략하고 곧장 방법론(the how-to's)으로 뛰어넘기를 좋아한다. 그러나 목회 철학은 사역을 원활하게 해나가는 데 있어 필수적이다. 우리는 하나의 과업을 성취하기 위한 효과적인 전략을 수립하기 전에, 다음의 두 가지 질문을 해 볼 필요가 있다 : 우리는 목표 집단에 대해 무엇을 알고 있는가? 그리고 우리는 이 일을 효과적으로 수행하기 위해 무엇을 알아야 하는가?

윌로우 크릭 교회의 전도 체험을 통해 말해 본다면, 우리는 먼저, "우리는 평균적인 불신자들에 대해 무엇을 알고 있는가?" 하는 질문부터 해 보았다. 우리는 다음과 같은 사실에 동의했다. 즉, 그들은 아마 단 한 시간 내에 그들의 삶과 세계관을 바꾸려고 하지 않을 것이며 하나님이 어떤 분인지도 모르고 있을 것이다. 그들은 하나님이란 시대에 뒤떨어진 분이며, 법(法)이나 만들고 흥을 깨는 분이며, 아무 재미도 없는 분이라고 생각하고 있다. 또 그들은 현재 교회 생활을 하지 않고서도 대단히 바쁜 사람들이다 등등이었다.

그리고 나서 우리는 다음과 같이 질문했다. "우리는 효과적인 전도를 위해 무엇을 알아야 하는가?" 우리는 사람들로 하여금 당장에 삶을 변화시키도록 부담을 주는 일은 실현 가능성이 적기 때문에 하지 않도록 했다. 그런 일은 보통 계속되는 과정을 통해서 효과를 거두는 것이지 단 한

번의 사건을 통해서 이루어지는 일은 드물기 때문이다. 그런 일에는 사람들에게 진리를 체계적을 알아가는 과정을 제공하는 것이 도움이 된다. 그러면 그들은 이성적인 결정을 내림으로써 장기적인 헌신을 할 수 있게 되는 것이다.

이러한 질문들은 우리가 윌로우 크릭 지역에서 효과적인 전도 방법을 결정하는 데 도움이 되었다. 우리는 전도의 전체적 주안점을 불신자들이 가지고 있는 하나님에 대한 개념을 점진적으로 변화시킨다는 데 두기로 했다.

내가 만일 당신에게 이렇게 말한다고 가정해 보자 : "제 친구 한 사람을 만나 보시지요. 그런데 먼저 당신에게 일러 둘 게 있습니다. 그것은 다름아니라 그는 사귀기가 매우 어렵다는 점이지요. 그는 이기적이고 그래서 자신에 관한 말을 많이 하지요. 또 변덕스럽고 그리고, 아! 그렇지, 그는 아마 대개 돈을 가지고 있지 않을 거예요. 그래서 그는 자기 비용을 당신이 내 줄 것을 기대할 겁니다. 그러니 지갑을 가지고 오세요!" 당신 같으면 그를 만나고 싶어하겠는가? 아마 그렇지 않을 것이다.

그렇지만 내가 이렇게 말한다고 생각해 보자 : "제 친구를 만나 보세요! 그는 십년 이상 사귄 진정한 친구인데 최선을 다해 저를 도와줄 친구입니다. 제가 곤경에 처해 있을 때, 그는 저를 돕기 위해 모든 것을 포기했었습니다. 그는 제가 만난 사람 중에 가장 너그럽고 베풀기 좋아하고 사려깊은 사람입니다. 저는 어떤 일에도 그 사람을 믿을 수 있습니다." 그 사람을 만나 보시지 않겠어요? 대답은 물을 것도 없을 것이다.

불행하게도 불신자들은 하나님을 두번째 친구보다도 첫번째 친구와 더 가까운 분으로 알고 있다. 그들이 하나님을 거절하거나 무시하는 것은 이때문이다. 우리가 해야 할 일은 그들을 진정한 하나님에게로 인도하는 일이다. 만일 우리들이 하나님에 대한 그들의 생각을 바꿀 수 있다면, 그것은 우리가 하나님에 대한 그들의 태도를 변화시킬 수 있는 기회가 되는 것이다.

그러므로 하나의 교회로서 우리가 행하는 모든 일에 있어서, 세상을 향한 우리의 진술(statement)은—깨끗하고 훌륭하게 설계된 건물을 통해서이든, 주일에 우리가 사용하는 음악이나 아니면 문서 자료를 통해서이건 간에—하나님과 그분을 따르는 신자들은 결코 후진적이거나, 이류급의 사람들이거나, 어리석은 사람들이 아니라는 점을 분명히 하는 데 초점을 두고 있다. 그리고 우리는 매주일의 아침 예배가 진정한 하나님의 모습을 창조적으로 드러내고 불신자들의 오해들을 불식할 수 있도록 편성, 기획하고 있다.

사역에 있어서의 철학을 정립하는 데는 시간이 필요하며 또한 지도자들이 모여 앉아 다음과 같은 적절한 질문을 해보는 일이 없이는 결코 이루어지지 않는다. 즉, 우리가 전도하려는 사람들은 어떠한 사람들인가? 그들의 삶의 동기는 무엇인가? 그들의 흥미를 잃게 만드는 것은 무엇인가? 무엇이 효과적이며 또 어떤 것은 효과가 없는가? 우리는 현재, 사역의 효율을 극대화하기 위한 어떤 조치를 취하고 있는가?

이러한 작업을 위해 투입되는 시간과 정력은 값으로 따질 수 없는 투자다. 이 일을 통해 우리는 우리가 목표로 하는 청중에 대한 선명한 상(像)을 얻게 되고 가장 효율적인 전도를 위해 필요한 지혜를 터득하게 된다.

전략을 수립하라

사역의 철학을 결정하는 일은 종종 길다란 아이디어와 생각들이 적힌 목록으로 끝나는 수가 많다. 그러면 이제 다음 단계는 이들을 종합하여 전략적인 계획을 수립하고 우선 순위를 정하는 일이다.

우리는 전도를 위해 구성되었던 아이디어 그룹으로부터 얻은 정보들을 기초로 하여 사람들을 네 그룹으로 나누되, 불신자 두 그룹, 신자 두 그룹으로 나눈다.

교회에 전혀 와보지 않은 사람들

이들을 해리(Harry : 미국인 가운데 흔한 이름, 역자주)라고 불러 두
자. 이들은 윌로우 크릭 교회나 기타 어떤 교회에도 출석하지 않는다. 주
일 아침에 그는 야구 경기를 보기 위해 우선 맥주병을 '뻥!' 소리나게 딴
다. 그는 하나님에는 관심이 없다.

하나님을 찾고 있는 사람들

영적으로 민감한 이 사람들은 무엇인가를 추구하고 있으며, 그래서 가
끔은 교회에 온다. 하지만 이들은 아직 그리스도인은 되지 않는다.

평균적인 신자들

이 사람들에게 전도(evangelism)라는 말은 죽음이라는 말처럼 두려
운 단어다. 이들은 전도해야 한다는 것은 알고 있지만, 그럴 의지나 또는
전도를 위한 훈련도 받아본 일이 없는 사람들이다.

열성적인 신자들

이 부류에 해당하는 사람들은 전도의 은사가 있는 사람들이다. 이들은
전도하고 싶어한다. 이들에게 있어 도전이 되는 것은 불필요하게 사람들
의 흥미를 떨어뜨리지 않으면서, 그들의 은사를 효과적으로 사용하는 것
이다.

어떻게 하면 이 모든 사람들을 전도에 포함시킬 수가 있을까? 분명한
것은 이를 위해서는 네 가지의 서로 다른 접근법이 필요하다는 점이다.
그러므로 우리는 이 네 그룹을 위한 목표를 설정해 보았다.

　－교회에 전혀 관심 없는 사람들로 하여금 관심을 갖도록 만드는 일
　－추구형의 사람들을 신자로 만드는 일
　－평균적인 신자들로부터 전도에 대한 두려움을 제거하고 복음 증거
　　를 삶의 자연스런 부분이 되도록 만드는 일

　—열심 있는 신자들을 조직하여 이들이 무계획적으로 흩어지지 않고 관심사항인 전도를 위해 현명하게 배치되도록 하는 일

　이렇게 한 후에 우리는 각 그룹에 맞게 기본 방침을 세분하였다. 교회에 관심이 없는 사람들에게는 무엇이 중요한가? 하나님을 찾는 사람들에게는? 이런 방식으로 우리는 목록을 적어 내려갔다. 각 그룹의 필요가 무엇인지를 일단 파악하게 되자, 우리는 그들에게 적합한 전략을 개발할 수가 있었다.

　그러나 우리는 이들 네 그룹을 동시에 공략할 수는 없었다. 즉 우리는 우선순위를 세워야만 하였다. 그래서 우리는 다음과 같은 질문을 던졌다. 우리의 첫번째 투자를 어느 곳에 해야 가장 큰 충격을 던질 수 있을까? 우리는 평균적인 신자들의 숫자가 열심 있는 신자들의 수보다 훨씬 많다는 것을 알게 되었다. 만일 우리가 이러한 일단의 평균 신자들을 전도를 위해 풀어 놓을 수 있다면, 우리는 유효한 충격을 줄 수 있게 될 것이다. 그래서 우리는 이들을 우리의 제 일차 목표 집단으로 선정하였다.

　이들을 적극적인 전도에 참여하도록 만들기 위한 우리의 전략은 먼저 전도에 대한 두려움을 제거하고, 자신감을 심어 주며 또한 전도에 필요한 수단을 제공해 주는 것이었다. 우리는 4주 연속 매주 월요일 밤마다 전도 세미나를 열 것을 계획하였다. 우리는 그들에게 복음 증거하는 방법과 10개의 예상되는 개략적인 질문에 대한 답변 자료를 제공해 주고, 또 분명하고 간결하게 요약된 복음을 제시해 주었다. 작년에는 우리 교회의 헌신된 신자들 가운데 사분의 일이 이 세미나에 참여하였다.

　결과는 다양하게 나타났다. 만일 전도에 대한 두려움으로 꽉찬 상태를 0으로 하고 자신의 신앙을 부담 없이 나눌 수 있는 상태를 10으로 한다면, 어떤 사람들은 0에서 1로 조금 움직인 반면에, 어떤 사람들은 10으로 급격하게 성장하기도 하였다. 나는 세미나가 끝난 후 2개월 동안에 두 사람을 그리스도께로 인도하는 기쁨을 체험한 어떤 사람을 알고 있다.

우리는 한 쪽에서는 세미나를 진행하면서 초점을 열심 있는 신자로 이동시켰다. 우리의 전략은 이들 열심있는 신자들을 무장시켜 조직적인 전도 그룹으로 편입시키는 것이었다. 예를 들어, 우리는 주춧돌(Foundations)이라고 명명된 학급을 하나 시작했는데 이는 우리의 문화와 복음이 접촉할 때 제기되는 어려운 문제들을 다루기 위해 매주 만나는 모임이다.

"하나님께서는 지진을 일으키시는가?"라는 것이 샌 프란시스코에서 처참한 지진이 발생한 지 이주일 후에 열린 주춧돌반의 주제였다. 우리는 먼저 성경의 권위와 심판과 고난, 영혼의 환생(reincarnation)과 기타의 문제들을 다루었다. 아마도 주일 아침에 이러한 깊은 주제를 우리가 다룰 수는 없었을 것이다. 그러나 성도들 가운데 많은 사람들이 이러한 문제와 부딪혀 보기 위해 수요일 저녁에는 일찌감치 몰려들었다.

우리는 이미 내심으로 하나님을 찾고 있는 사람들에 대해서는 특별히 편성된 주일 아침 예배를 통해 이들에 대한 전도를 시작하고 있었다. 우리는 우리의 가장 취약한 부분은 교회에 관심없는 사람들에 대한 접근이라고 생각하고 있다. 하지만 우리는 먼저 앞서 말한 세 그룹에 중점을 두기로 했다. 왜냐하면 해리에게 접근하기 위한 열쇠를 이들이 쥐고 있기 때문이다.

그럼에도 불구하고, 우리는 우리들의 사역의 한 부분—신문 광고를 게재하는일—을 이 교회 무관심주의자들에게 직접적으로 맞추기로 했다. 우리는 먼저 자문해 보았다. 그들은 신문의 어느 면을 주로 읽을까? 그리고 어떤 종류의 광고가 그들의 주의를 사로잡을 수 있을까? 뾰족탑이 있는 교회의 사진일까? 그렇지 않을 것이다. 그들은 재미있어 보이고 그들에게 흥미를 줄만한 영화 광고같은 것을 더 즐겨 볼 것이다. 그래서 우리는 그들의 관심을 끌고 흥미를 유발할 만한 광고를 영화 기사 중간에 게재하였다. 교회를 찾아온 어떤 사람들은 그들이 윌로우 크릭 교회에 처음 오게 된 것은 이러한 광고 때문이었다고 말하고 있다.

우리는 체육 선교도 진행시키고 있다. 만일 우리가 소프트 볼이나 야구 리그전에 운동 선수이면서 동시에 전도자인 사람들을 투입하여 이 해리들과 어울리게 하고 관계를 형성하며, 이들 교회 밖의 사람들(outsiders)에게 교회를 증거토록 만들 수 있다면 우리는 전도의 길을 걷고 있는 것이다. 그들이, "나쁘지 않은데요, 교회에서 드리는 예배가 어떤 선지 궁금하네요"라고 말한다면, 그들은 바야흐로 하나님 추구형의 사람들이 되어가고 있는 것이다.

제자원(諸資源)을 적재적소에 투입하라

지도자를 선정하고 목표를 결정하며 기본 방침과 전략을 수립하는 일은 사역에 있어서 힘들고 고된 부분이다. 이제 재미있는 부분은 사역을 실제로 진행시키는 일—재정을 할당하고 시간 계획을 수립하고 사람들을 배치하는 일—등이다.

지난 십사 년간, 나는 수없이 많은 시간들을 여러 집회들을 인도하고 목회 계획들을 집행하면서 보내왔다. 이에 대한 보상은 나의 그러한 사역들을 통해 사람들의 삶이 바로 서고 변화되는 것을 보게 될 때 찾아오는 것이다.

우리가 이제 막 풀어 놓아 활용하기 시작하는 사람들이 있는데 이들은 수호자(Defenders)라고 불리는 그룹이다. 이 그룹은 견고한 신앙을 지닌 변증가들이며, 지적인 문제나 신앙의 난제들에 관해 열심을 가진 남녀들로 구성되어 있다. 이들은 고통의 문제나 창조냐 진화냐 하는 다루기 힘든 주제들을 연구하는 일을 가장 좋아한다.

이제는 누군가가 이러한 어려운 문제에 부딪히면 도와줄 사람이 있다. 우리 교회의 교역자들도 이러한 어려운 문제를 안고 오는 사람이 있으면 그들에게 보낸다. 자기의 친구들에게 복음을 증거하고 있는 사람들도 적절한 논지로 도와줄 사람이 생겼다.

하나님께서는 우리들에게 훌륭한 자원을 활용할 수 있도록 얼마나 큰 축복을 허락해 주셨는지! 곧, 의심에 사로잡힌 자들을 그리스도께로 인도하는 일에 헌신하고 있는 이들 수호자 그룹들 말이다. 바로 이러한 일들이 그들의 정열의 대상이다.

또한 그 일은 나의 정열의 대상이기도 하다. 내가 위에서 5단계 방안을 열심히 제시한 것도 바로 이 때문이다. 나는 목회자들이 이 방안에 따라 사역하고, 교회의 목적을 성취하며 잃은 자를 찾고 그들을 그리스도 안에서의 성숙으로 인도해 주기를 소망하고 있다.

모든 교회들로 하여금 재정의 유효 적절한 사용을 확실히 보장해 줄 테크닉과 방안은 많이 있다. 그러나 대부분의 경우 그러한 기법들이 신뢰도 낳게 해 주는지는 의문이다.

—아더 드크라이터

제 7 장
교회의 재정 관리

올바른 재정의 확보와 사용법을 아는 것은 교회 관리를 담당하고 있는 사람에게 있어서는 필수적인 일이다. 그러나 종종 훌륭한 재정 관리를 위해 필수적으로 선결되어야 할 요소, 즉 신용(trust)이 간과되고 있다. 교회에 있어서 진정 필요한 것은 돈보다는 신용이다. 신용이 없으면 그 교회는 항상 금전 문제로 시달릴 것이다. 신용 문제를 해결하게 되면, 그 교회는 건전한 재정으로의 중요한 일보를 내디딘 것이다.

약 12년 전, 한 여자가 이 마을에서 비참하게 살해되었다. 교회에 다니지 않았으므로, 그녀의 가족들은 오크 브룩의 그리스도 교회(Christ

Church of Oak Brook)가 장례식 집전을 맡아 줄 수 없겠느냐고 문의해 왔다. 주저없이, 우리는 그 일을 맡아 주었다. 이 일로 인해, 아내를 잃은 그 남자는 자기 가족을 기꺼이 도와주고 가족의 슬픔을 진정으로 위로해 준 교회에 깊은 감동을 받게 되었다. 그는 우리 교회의 예배에 참석하기 시작했다.

그는 우리를 세심하게 살펴보았다. 그 남자는 우리 교회의 교역자들이 어떻게 일하며, 의사 결정을 어떻게 내리며 재정 문제는 어떻게 처리하는지를 알고 싶어했다. 그는 우리들의 목회가 성실함을 가지고 이루어지고 있다는 결론을 내렸다. 그러자 그는 우리가 그를 도왔던 것처럼 마을에 도움을 주는 교회를 지원해야겠다고 마음먹었다. 그는 아직 우리 교회에 정식으로 등록하지는 않았지만, 참석은 하고 있으며 또한 지난 12년간 우리 교회에서 가장 많은 헌금을 하는 사람들과 거의 맞먹는 수준으로 우리에게 지원을 해 주고 있다.

사람들이 목회의 성실함을 인정하게 되면, 그들은 기꺼이 목회에 필요한 도움을 제공한다.

반면, 이러한 신뢰에 문제가 생길 때, 도움은 고갈되어 버릴 수 있다. 불과 얼마 전에, 다른 교회에 다니고 있던 한 여자분이 나에게 말하기를, 그녀는 그 교회의 등록 교인인데 앞으로는 그 교회를 돕지 않을 작정이라고 얘기한 적이 있다. 그녀는 지금까지 그 교파의 선교 사업을 지원해 왔는데, 앞으로는 한 푼도 돕지 않겠다는 것이었다. 그녀는 그들의 재정 지출 결정을 신뢰하지 않았다. 그녀는 교회 예산이 담임 목사의 여행 경비나 그 목사가 지원하고 있는 사업에 돈을 보내는 등으로, 담임 목사가 좋아하는 특정 사업을 지원하는 데 사용되어 왔다는 느낌을 갖게 되었다. 그녀는 그 목사가 예산에 대한 모든 과정을 주무르고 있다고 생각했다.

분명히 이 문제에는 두 가지 측면이 존재한다. 그러나 요점은 명백하다 : 성도들이 지도부의 성실성을 신뢰하지 않을 때, 재정 면에서는 문제들이 점점 커져간다는 사실이다.

따라서, 교회 재정의 관리 면에서 가장 중요한 원리는 어떻게 하면 신뢰를 구축하고 또 이를 유지해 나갈 수 있느냐 하는 점이다.

목회자의 개인적 역할

교회의 성실성 여부는 지도자에 달려 있다. 이 말은 전혀 새로운 것이 아니다. 그러나 이 말이 진리라는 사실은 언제나 증명되고 있다. 마치 어떤 기업의 성격이 그 기업의 지도자에 의해 형성되는 것처럼, 목회자의 성실함도 전체 성도들을 통해 흘러나오는 것이다. 성도들은 우리가 목회자로서 사적인 금전이든 교회 재정이든 이를 어떻게 사용하느냐 하는 것을 보게 되는데, 바로 이것이 그들의 우리에 대한 신뢰 여부와 교회에 대해 그들이 기꺼이 지원해 줄 것인가의 여부를 결정해 주는 것이다.

나는 만일 내가 충실히 실천하기만 한다면 신뢰를 구축하고 재정적으로도 건전한 교회를 세울 수 있는 몇 가지 원리를 발견하였다.

●**교회 재정을 무시하지 마라.** 어떤 사람들은 목회자가 재정 문제에 관심을 쏟아야만 하는가 라고 의문을 제기하기도 하지만, 나는 목회자가 이 문제를 회피할 수 있다고 생각하지 않는다. 이상적으로 말하면, 나도 설교와 기도하는 일에만 전념하고 재정 문제는 다른 사람에게 맡기고 싶다. 하지만 현실은 그렇지 않다. 사도행전에서조차도, 사도들은 구제 문제에 갈등이 있다는 것을 알고서 집사들을 임명함으로써 그 문제를 처리할 수 있도록 권위 체계를 재정비하는 등 재정 문제에 간여하게 되었던 것이다. 이 후에도, 사도 바울은 금전 문제에 관한 교훈을 했을 뿐만 아니라, 그 자신 역시 연보(捐補)를 거두어 궁핍한 교회를 도왔는데 이 모든 일들이 재정 관리에 포함되는 요소들이다.

오늘날에도 모든 목회자들은 이와 비슷한 책임을 지니고 있다. 우리는 재정에 관한 기독교적 원리를 가르친다. 우리는 사역에 있어서 교회의 자원들을 국내 교회든 해외이든 어디에 투자할 것인가를 결정하는 데 도움을 제공하고 있다. 우리는 어떤 교회를 위해 설교나 회보를 통해서 그 교회의 재정 상태가 어떤 상황에 있는지를 해석해 주고 있다. 간단히 말해서, 우리는 교회의 재정 상태에 대해 알고 있어야 할 필요가 있는 것이다.

●재능을 지혜롭게 사용하라. 우리 목회자들은 누구나 재능에 관계 없이 교회의 재정을 효율적으로 감독할 수 있어야 한다. 그러나 먼저 우리는 우리의 강점과 약점을 파악하고 이에 따라 감독해 나갈 필요가 있다.

최근의 두 미국 대통령을 예로 들어 보자. 지미 카터(Jimmy Carter) 대통령은 말그대로 걸어다니는 백과사전(a walking encyclopedia)이었다. 그는 행정의 모든 면에 걸쳐 관여했다. 그는 모든 세부 사항까지 알고 있었다. 그러나 그의 약점은 권한을 위임하는 능력이 부족하다는 점이었다. 그는 진행되고 있는 일에 대해 너무 많이 알고 싶어 했기 때문에 이것이 일의 진행에 제약이 되었다.

반면, 로날드 레이건(Ronald Reagan)대통령은 모든 것을 위임했다. 그는 탁월한 중계자(中繼者)였고 국가의 목표를 일거에 효과적으로 설명할 수 있었다. 하지만 만일 당신이 정책이나 행정의 세부적인 문제를 질문한다면, 그는 종종 거기에 대한 가장 기초적인 지식도 가지고 있지 않을 때가 많았다. 그는 책임을 맡길 만한 사람을 알고 있었다. 그러나 그것이 전부였다.

이처럼 어떤 목회자들은 재정의 세부적인 문제까지 관여하기를 좋아한다. 어떤 사람들은 위임하기를 더 좋아 한다. 어떤 사람은 거대한 그림을 그릴 수 있지만 어떤 사람은 월간 보고서에 열심이다. 어떤 사람은 숫자 다루는 것을 좋아한다. 반면 어떤 사람은 밑의 합계만을 보는 것으로 만족한다. 어떤 사람은 아주 쉽게 재정에 관한 판단을 내릴 수 있다. 그런가 하면 어떤 사람은 이 문제로 씨름을 해야 한다. 우리의 천부적인 재능이 어떠하던 간에, 목회의 재정적인 측면에서 우리는 우리가 차지하는 위치를 스스로 박탈하는 일은 없어야 한다.

재정적인 면에 은사를 지니고 있는 목회자는 이에 대한 재능을 보임으로써 신뢰를 얻을 수 있다. 이 부문의 은사가 적은 사람 역시 재무에 밝은 사람의 자문을 구하고 이들에게 지혜롭게 업무를 위임함으로써 신뢰를 쌓을 수 있다. 만일 우리가 우리의 한계를 인정하고 필요할 때는 가능한 도움을 요청한다면, 재정에 관해 우리가 의견을 개진할 때—우리가 종종 그래야만 하듯—성도들은 우리가 비록 전문가는 아니지만 우리가 의견을 말하기 전에 누군가에게 자문을 구했다는 사실을 알게 될 것이다.

• 모범을 보이라(만일 당신이 모범을 보이지 않는다면 성도들은 이를 알아챈다!). 나는 내어 놓는 데 아주 인색한 어떤 목회자들을 알고 있다. 그들은 십일조를 하지 않는다. 하물며 그 이상으로 내는 일은 결코 없다. 그들 나름대로 이유는 여러 가지 있다 : 그들은 현재 그들이 교회에 내는 액수는 충분하다고 믿고 있다. 어떤 경우는, 그들은 자신들의 사례비가 너무 적기 때문에 십일조를 낼 여유가 없다고 생각하기도 한다.

가령 내가 그들의 이유를 납득한다고 할지라도, 그들의 행동은 그들의 목회에 치명적인 영향을 미친다. 그러한 행동은 청지기 정신(steward-ship)을 가르치는 일을 태만히 하는 것이다.

어떤 순진한 사람들은 자신들의 헌금 액수를 성도들에게는 비밀로 할 수 있다고 믿고 있다. 이는 정보에 대해서는 자신들이 특권을 가지고 있다고 생각하기 때문이다. 그러나 성도들은 이를 알아 낼 수 있는 방법을 다양하게 가지고 있다. 목사의 헌금 액수는 굉장한 관심사이다. 누구나 여기에 대해 알고 싶어한다 : 그 목사님은 십일조를 낸대? 또 건축헌금도 낸대? 그럼 얼마나 내나? 다른 일이 화제가 될 때는, 그 목사님은 돈에 대해 시원 시원하대? 아니면 인색하대? 조만간에 그 목사님은 돈에 대해 어떤 분인가 하는 데 대해 말들이 새어나오고, 또 이런 일들이 목회의 분위기를 조성하게 되는 것이다.

나는 '베풂'이라는 주제에 관해 탁월한 설교를 했던 한 목사를 알고 있다. 그는 그가 속해 있는 교파의 핵심적 지도자 중 한 사람이었다. 그러나 정작 그의 교회의 성도들 가운데 중직을 맡고 있는 사람들은 그 목사가 극히 적은 액수를 헌금하거나 또는 전혀 하지 않는 다는 것을 알고 있었다. 그리고 그들은 그러한 사실에 대해 분개하고 있었다. "그 목사님은 탁월한 설교가입니다." 언젠가 그들 중 한 사람이 내게 말한 적이 있다. "하지만 그분은 교회에 한 푼도 내놓지 않습니다. 그러면서 어떻게 목사님이 우리가 헌금하기를 바랄 수 있겠습니까?"

그는 자기 성도들을 헌금 잘 하는 성도로 키울 수 있는 본인의 능력을 스스로 잘라 먹고 있는 것이다. 풍성하게 내어 놓는 목회자들은 '내어 놓는 분위기'(a climate of giving)를 창출하는 것만이 아니라, 목회자를 신뢰하도록 만들어 주는데, 이는 그 어떤 행동을 통해서도 얻을 수 없는 것이다.

목회자 개인의 역할에 덧붙여, 우리 목회자들은 교회 재정을 감독하는데 있어 전문가적인 역할 역시 훌륭하게 수행해 내야 한다. 다음은 이를 위해 내가 실천하고 있는 방법 중 일부를 소개한 것이다.

예산은 초기에 검토하라

교회의 예산 편성 작업은 교회마다 모두 다를 것이다. 그러나 그 과정의 초기에 있어 목회자의 역할은 극히 중요하다. 나는 내가 교회 전반을 감독하는 몇 안되는 사람 가운데 한 사람이 된 이래, 예산은 반드시 초기에 검토한다.

우리 교회에서는 각 부서의 책임자들이 예산안을 제출해 오면, 사업과 재무 관리 담당자와 나는 당회가 구성되기 전에 이들을 검토한다. 이렇게 해서, 나는 이를테면, 청년부에서는 작년에 비해 왜 그렇게 많은 증액을 요구하는지를 물어 볼 수 있게 되는 것이다.

이는 내가 독재권을 쥐고 있다는 것을 의미하는 것이 아니다. 재무 담당자와 나는 당회에 이를 상정하기 전에 의견이 틀려 이 문제를 놓고 의견을 나눌 수 있다. 그리고 이러한 서로 다른 의견뿐만 아니라 최종 예산을 확정하는 곳은 당회이다.

그럼에도 불구하고, 예산을 먼저 검토해 보는 일은 당회에서의 불필요한 논쟁을 사전에 방지해 주는 역할을 한다. 뿐만 아니라 이렇게 함으로써 모든 부서들, 특히 눈에 띄지 않는 부서들도 예산 편성 과정에서 공정한 취급을 확실히 보장 받을 수 있게 된다. 그러므로 나는 늘 이 단계에서 여러 부서의 사람들과 함께 둘러 앉아 의견을 조정하곤 한다.

예를 들어, 언젠가 교육 부서에서 새 기자재가 꼭 필요하다는 요청을 해 온 일이 있다. 하지만 교회의 우선순위 때문에, 나는 이를 좀 보류해 달라고 부탁했다. 그 해에는 상담부서 신설을 위한 자금이 필요했기 때문이다. 그래서 그 교육부서 사람들은 우리가 상담부서를 신설할 때까지 계획을 연기했다. 일년 후에 그들은 다시 찾아 와서 이렇게 정당한 요청을 하는 것이었다, "이제는 우리 차례죠?"

물론, 이렇게 의견 조정이 되기 위해서는 제관계들이 두루 원만하게 형성되어 있어야 한다. 그러나 내가 발견한 것은 내가 여러 부서의 책임자들을 소집하여 공정하게 각각의 요구를 말해 달라고 했을 때, 다른 부서를 희생해가면서 자기 부서의 이익을 챙기기 위해 다투는 사람은 한 사람도 없었다는 사실이다. 그들 모두는 우리 교회가 모두 함께 성장해 주기를 바라고 있는 것이다.

초기 단계에서 예산을 감독할 줄 아는 목회자는 당략적인 말다툼을 억제하고 팀 플레이가 이루어지도록 격려하게 될 것이다. 그리고 이는 자연스럽게 교회 안에서 신뢰하는 분위기가 형성되도록 만들어 줄 것이다.

필요할 때만 성도의 헌금 액수를 알도록 하라

어떤 목회자들은 그들이 모든 성도들의 헌금액수를 정확히 알고 있어야 한다고 생각한다. 그들은 수표장이 그 사람의 영적 수준의 지표가 되며, 따라서 그 사람의 헌금 행태를 파악하는 것은 적절한 목양을 위해 필요한 일이라고 생각한다. 반면에 어떤 목회자들은 자신의 성도들이 얼마를 내는지에 대해 알고 싶어하지 않는다. 그들은 헌금 문제는 그 사람과 주님만의 문제라고 생각하는 것이다.

나는 여기에 대해서는 중립적인 입장에 있다. 나는 모든 사람들이 교회에 얼마를 내고 있는지에 관해서는 알 필요를 느끼지 않는다. 나는 그들이 선하지 않다고 믿을 만한 충분한 이유가 있을 때까지는 그들 모두는 선한 사람들이라고 생각하고 있다. 그렇기 때문에 나는 차라리 모르고 있는 편을 택하고 싶다.

그러나 어떤 경우에는 예외다. 만일 내가 관재인(管財人)이나 건축기금 모금을 추진할 인사를 물색할 경우에는, 그 후보자의 헌금에 대한 내사(內査)를 할 것이다. 또 선교위원장을 선택하려 할 때도, 나는 그 사람이 그 선교 사업에 얼마를 내고 있는지를 조사한다. 나는 성도들이 헌금을 내지 않는 사람의 지시에 순종하리라고 기대할 수 없을 뿐만 아니라, 그 사업의 지도자들이 먼저 헌금의 모범을 보이지 않는데 성도들이 헌금하리라고도 생각하지 않는다.

그러므로, 나는 사람들의 헌금에 대해 조사할 것이다. 그러나 이는 극히 드문 경우일 때만 해당된다. 그것은 하나의 참고 자료, 즉 성격 검사와 같은 것이다. 그리고 이러한 경우에 있어서조차도, 특정 금액을 추적하지는 않는다. 나는 단지 그 사람이 일정액 이상으로 내고 있는지만을 알고 싶을 뿐이다.

적법한 감사를 받으라

크건 작건, 모든 교회는 매년 자체 감사를 받을 필요가 있다. 이는 재무 담당자를 보호해 주고 교회를 법적으로 발생하는 문제들로부터 지켜 줄 뿐만 아니라, 신용도 구축해 준다.

감사는 교회 밖의 인사에 의해 이루어질 수 있다. 또는 교회 안에 훌륭한 공인회계사(CPA)가 있다면, 그 사람을 활용할 수도 있다. 설령 이를 위해 비용을 지출해야 할 경우에도, 나는 교회가 감사를 받아야 한다고 생각한다. 이러한 작업은 우리에게 신용이라는 배당을 해 줄 것이다.

재정 지향 인물들에게 목회적 사고를 불어 넣으라

교회 안에서 재징을 맡은 사람들은 종종 영향력 있는 사람들로서, 의도적이든 아니든 회중의 의사를 뒤집어엎는 수가 있다. 그들은 흔히, "교회로서 우리는 무엇을 하기를 원하는가?"라고 질문하는 대신, "그 비용을 감당할 수 있겠는가?"라고 묻는다. 결국, 그러한 질문을 반복하는 것이 그들의 일이 되고 만다. 그리하여 그 질문이 각 부서의 최고 결정 과정에서 있었던 여러 논의들을 눌러 버리는 일이 자주 발생한다. 그러나 이는 좋은 일이 못된다. 만일 재정 담당자들이 회중들의 의사에도 불구하고 정책을 좌지우지하고 있다고 교인들이 느끼게 되면, 이는 교인들 사이에 불신을 조장할 가능성이 있다.

이러한 잠재적 문제들을 처리하는 한 가지 방법은 재정 담당자들과 사역을 맡은 사람들을 통합시키는 것이다. 우리 교회의 경우를 보면, 우리는 재무 담당자들과 장로들을 혼합 편성한다. 우리 교회의 재무 담당자들은 교회 전체를 감독하는 당회의 회원이 된다. 장로들의 대부분은 여러 위원회의 책임을 맡고 있다. 재무 담당 장로들은 재무 관계의 일 때문에 다른 위원회의 일을 맡지는 않는다. 그러나 기타 다른 모든 경우에 있어서 그들은 당회의 구성원으로서의 대접을 받는다.

재무 담당자들은 당회―재무 담당자들은 장로들이다―에 보고를 하지 않는다. 재무 담당자들 모두는 당회의 의사 결정 과정에 참여한다. 이 과정에서 그들이 재정 계획의 문제에 부딪히게 되면―재정에 관한 계획을 세우는 것은 이들의 특권이다―이들은 장로들의 심중을 정확히 알고 있게 된다. 그러므로 그들은 재정적인 문제에 관심을 갖을 뿐만 아니라 목회적 관점에서도 사물을 바라보게 되는 것이다.

적기(適期)에 적절한 자세를 갖도록 훈련시키라

당연한 얘기지만, 목회자가 그리스도인의 청지기 원리를 심어 줄 때까지는 재무 위원회가 재정을 기독교적 방식으로 관리해 주기를 기대한다는 것은 극히 어려운 일이다. 그리고 그렇게 되려면 오랜 세월에 걸친 시기 적절한 교육이 요구된다.

예를 들어, 나는 연말이나 기금 모금 운동을 하고 있을 때는 청지기 정신에 대해 설교하지 않는다. 나는 그런 설교는 정상적인 흐름 속에서 한다. 내가 재정에 대한 압력이 그리 크지 않을 때 사람들에게 청지기에 대한 교육을 해 두면, 일단 그러한 때가 닥쳐왔을 때 사람들은 합당한 청지기 정신을 실천할 준비가 되어 있곤 하는 것이다.

이에 덧붙여, 나는 재무 위원회 사람들에게 재정과 자원에 대한 교회의 청지기 정신을 교육하기 전에 훨씬 먼저 이들과 함께 일을 해나간다. 그때 우리는 교회가 금전과 기증품을 수납할 지침을 세워 둔다. 그렇게 되면, 후에 누군가 기증품이나 청원을 가지고 찾아왔을 때, 우리는 단지 그 위원회가 채택해 두었던 방침을 훑어 보면 되는 것이다.

만일 그 위원회 앞으로 제출된 재정 문제에 관해 우리가 방침을 세워 놓지 않았고, 또 그 위원회가 일관되지 않게 그 일을 처리하여 내가 보기에는 부적절하다고 생각되는 경우가 있다고 할지라도, 그 때는 감정 싸움에 휘말릴 때가 아닌 것이다. 나는 그 결정이 그대로 진행되도록 놓아 둔다. 그러나 육 개월이 지난 후에, 나는 그 문제를 거론하여 방침을 세우기 위한 노력을 한다.

위기가 닥쳐왔을 때 훈련을 시작하는 것은 시기를 놓친 것이다. 이는 마치 '지붕 위에 널판지를 얹어야 할 때는 폭풍우가 몰아칠 때가 아니라 햇빛이 빛나고 있을 때이다'라는 옛 스코트랜드인들의 속담과 같은 것이다. 즉, 준비는 필요할 때가 아니라 필요없을 때 해야 하는 것이다.

'우리'라는 자세를 견지하라

어떤 재무 담당자들은 마치 지출 결정은 그들이 하고 성도들은 계산을 치르기 위해 존재하는 것처럼 행동한다. 어떤 교회에서는, 교회의 본질이나 목적에 대해서는 말할 것도 없고 예산에 대해서도 재무 위원회와 성도들 사이에 서로 의견이 일치하는 법이 없다. 이렇게 되면 당연히 갈등이 생기기 마련이다.

교회 안에는 항상 '우리 − 그들'이라는 어떤 긴장이 흐르고 있다. 여기서 '우리'란 지출을 결정하는 지도자들이고 따라서 이들은 예산을 증액시킬 필요가 있는 사람들이고 반면, '그들'이란 예산을 승인하는 회중이 된다. 여러분은 이러한 긴장을 완전히 일소할 수는 없다. 그러나 우리 교회에서는 교회 생활에 있어서의 '우리'라는 측면을 더 강조하고 있다. 즉, 우리가 교회이며, 우리가 교회의 주인이고, 우리가 교회를 운영해 나가며, 우리가 교회의 축복을 받는 것이다. 우리 교회에서 무엇인가를 제시하고자 할 때, 그곳이 게시판이건 강단이건 간에, 우리는 항상 '우리'라는 표현을 쓴다. 교회의 예산을 증액해야 하는 사람은 여러분이 아니다. 우리의 예산을 올릴 필요가 있는 사람은 바로 우리이다.

따라서, 우리는 성도들에게 예산을 '판매'(sell)하려고 노력하지 않는다. 우리는 단지 그 예산을 제시할 뿐이다. 만일 성도들이 예산 가운데 어느 항목에 대해 마음에 들어 하지 않는다 할지라도 문제될 것이 없다. 투표를 통해 그 항목을 거부함으로써 그에 해당되는 편의나 프로그램 없이 지내는 것은 그들의 특권이기 때문이다. 그 예산은 우리 모두의 것이다.

문제를 방지하기 위한 방침을 세워 두라

방침을 세우고 이를 일관되게 준수하면, 몇몇 소집단이나 개인들이 그 제도를 마음대로 조작하는 것을 방지할 수 있다. 소수가 다수의 의사에 반하여 정책을 좌우하는 행위, 바로 이것이 회중과 정책 결정자들 사이의 불신을 유발하는 중요한 원인이 되고 있다. 이렇게 되면 자연히, 결정 권자들은 특수 이익이나 추구하는 사람들로 전락하게 되고, 보통의 평교인들은, "돈 많은 사람들이 전부 알아서 하라고 해"라고 말하면서 점차 교회에 헌금하기를 꺼리게 되는 것이다. 결국, 부유층 인사의 권한은 증대하게 되고 재정상의 책임 대부분을 떠 맡게 되는데 이는 그 기관으로 보아 바람직스럽지 못한 것이다. 그러나 일관된 정책은 차별 대우로 인한 문제를 방지하는 데 도움이 될 뿐만 아니라, 신뢰를 구축하는 데도 도움이 된다.

예를 들어, 나는 교회에서 가장 많은 헌금을 하는 사람들 중 몇몇 사람들로부터 그들의 가족 모임을 위해 교회의 탁자와 의자를 빌릴 수 있겠느냐는 부탁을 받게 된다. 다른 사람들은 교회 주방의 커다란 후라이 팬이나 커피 주전자를 빌리기를 원한다. 또 어떤 사람들은 결혼 25주년 기념을 위해 교회의 방 하나를 사용할 수 없겠느냐는 요청을 해 온다.

우리가 접수하게 되는 요청이 너무 많기 때문에, 우리의 방침은 교회 안에서의 사적인 모임을 허용하지 않는다는 것이다. 더 나아가, 우리는 교회 활동을 위한 목적 이외에는 그 어떤 것도—의자, 커피 주전자, 마이크 등—대여하지 않는다.

그러나 이러한 방침이 자주 시험받곤 한다. 만일 주방 전체보다도 더 많은 헌금을 내는 사람이 당신에게 한쌍의 커다란 토스트용 팬을 빌려 달라는 부탁을 해 온다면, 당신은 어떻게 하겠는가? 그 경우 쉽지 않은 문제인데 그렇다고 하더라도 나는 노(no)라고 말해야 한다. 만일 당신이 소수의 특권층을 위해 예외를 인정하면, 당신은 여타의 모든 사람들로 부터 신뢰를 잃게 된다.

가장 어려운 부분은 맨처음에 '노'(no)라고 말하는 것이다. 일단 당신이 그 대답을 원칙으로 세워 놓으면, 모든 사람들은 그 방침을 이해하게 될 것이고, 그들은 그 점에 대해서는 당신을 존경하게 될 것이다.

그러므로, 당회는 이에 대한 방침을 세우고 이를 엄격하게 준수해야 한다. 나는 이러한 원리는 소규모의 교회에도 적용된다고 생각한다. 그렇다, 조그만 교회는 대개 우선 순위보다는 인간 관계에 의해 움직여지고 있다. 그럼에도 불구하고 어떤 방침은 예외없이 지켜져야 한다. 만일 그렇지 못할 경우, 우리는 장기간 신뢰에 대한 위험 부담을 안아야 하며 또 교회의 건전한 재정 운영에도 손상을 미치게 된다.

불요 불급한 예산의 확보를 위해서는 먼저 절실한 필요를 채워 주라

모든 교회의 예산 속에는 성도들이 절실히 필요로 하는 항목과 그렇지 않은 항목이 모두 들어있다. 주일 학교의 학습 자료, 성가 음악, 그리고 사례비 등은 성도들에게 직접적인 영향을 주는 비용이다. 만약 이러한 비용이 지출되지 않으면, 성도들은 즉각적으로 문제가 있음을 감지하게 된다. 이처럼, 예산 편성 기간에는 예산에 반드시 반영되어야 할 항목이 무엇인가에 대한 검토가 있게 되고, 또 이를 반영하기 위한 행동이 취해지기 마련이다.

그러나 어떠한 성도들도 불요 불급한 필요, 예컨대 성가대나 청년부의 단체 여행, 교회의 장기적인 수리, 교회 도서관 등과 같은 항목을 반영하지 않고서는 단지 그리스도의 이름만으로 움직일 수는 없다. 이러한 항목들에 대해서는 성도들이 반대할 수도 있는 것들이며, 만약 예산이 빡빡하게 보이거나 성도들이 다른 항목에 대해 반발하고 있을 경우는, 이러한 항목들이 전체 예산을 거부할 소지를 담고 있는 논쟁의 소지가 될 수 있다.

그럼에도 불구하고, 나는 한 가지 사실을 발견했는데 그것은 만약 우리가 절실한 필요를 채워 줄 경우, 사람들은 다른 긴급한 요구를 채워 주지 않는 프로그램들도 기꺼이 지원해 준다는 사실이다.

예를 들어, 음악 예산을 보자. 성가대 음악이 필요하다는 데에 이의를 제기하는 사람은 없다. 또 성가대 가운에 대해서도 반대하는 사람은 지금까지 없었다. 그러나 성가대가 교회 밖에서 발표회를 하는 데 보조금을 지불해 주어야 하는지에 대해서는 누군가 반대할 수도 있다. 당신은 불과 백 명 정도의 사람들을 위한 연주회에 수천 달러를 쓸 수 있다.

그러나 어떤 지역 사회를 위한 연주회는 그 지역 사회를 향해 중요한 성명(statement)을 발표하는 것과 같은 의미가 있다. 그리고 이러한 특정 행사를 준비하는 가운데 성가대의 자질도 향상된다. 이 외에도, 사기 진작에 도움이 되는데, 특히 만약 당신에게 단지 성가만을 부르는 것 이상의 일을 하기 원하는 헌신된 성가대원이나 연주자들이 있다면 더욱 그렇다.

그럼에도 불구하고, 어떤 교인은 음악 예산을 훑어보고는 왜 예산액이 이렇게 높게 책정되어 있느냐고 이의를 제기해 올 수도 있다. 그러나 만일 우리가 다른 필요한 요구들과 마찬가지로 성도들의 음악에 대한 욕구를 만족시켜 준다면, 그들의 신뢰도는 더 높아질 것이다. 그들은 우리들이 그들과 직접적인 관계가 있는 부문에 대해 지혜롭게 지출하고 있다는 것을 알고 있다. 그렇게 되면 그들은 논리적인 순서를 따라서 우리들이 그들과 직접적인 관계가 없는 부문을 위해서도 지혜롭게 경비를 지출하고 있다고 생각하게 된다. 지출한 사항에 대해서는 언제나 설명이 필요하다. 그러나 필요한 욕구가 채워지게 되면 지출된 낱낱의 경비에 대해 질문해 오는 일은 훨씬 줄어들 것이다.

기금 모금 행위를 하지 말고 차라리 공채를 판매하라

교회에 대한 성도들의 지원이 계속되려면 영적인 프로그램이 교회 운영의 중심이 되어야만 한다. 기금을 모금하려는 사람들은 사역보다는 재정에 중점을 두려는 경향이 있기 때문에, 우리 교회에서는 기금 모금자들을 두지 않는다. 우리 교회의 방침은 교회 사업은 예산에 의해 지출되어야 한다는 것이다. 만일 성도들이 예산에 그 사업을 반영시키기를 원치 않는다고 생각되면, 우리는 그 사업을 예산 항목에서 제외시켜 버린다. 우리는 특정 사업을 위한 기금이나 적자 보전을 위해 대규모의 기금 모금 사업을 하지 않는다.

목회자들은 때때로, 으레 그래왔던 연례 행사의 일부로서 교회 안에서 딸기 아이스크림이나 빵 판매, 혹은 바자회나 재고 정리 판매 등을 하는 것을 당연하게 생각한다. 나도 지금 생각하면 무척 후회되는 일이지만 첫 목회지에서는 그러한 일을 장려해 왔다.

나는 그 때 수많은 아이디어를 고안해 냈었다. 나에게는 도매 사업을 하는 처남이 있었기 때문에, 나는 미시간 산(産) 딸기를 차로 사왔다. 우리에게는 그 딸기를 사줄 사람들이 시내에 많았었고 그래서 우리는 돈을 벌었다. 우리는 쇠고기 튀김이나 세차업, 제빵 판매와 심지어는 모자 판매 사업도 벌였다.

그러나 성도들은 이런 일을 불쾌하게 생각하기 시작했다. 그들은 성경 공부를 하거나 청년부 집회 중에도 표나 제품을 판매하러 다니는 사람들과 부딪히게 되곤 했다. 물론 교인들은 교회에 충성하고자 하는 마음에서 종종 이들을 사주었다. 하지만 그들에게는 그런 것들이 필요없었다. 그리고 점차 교회를 돕기 위해 필요도 없는 물건을 사주어야 한다는 의무감을 느끼게 되자 불쾌감이 쌓이게 되었다.

그러므로 만일 어떤 교회에 기금 모금자(fund raiser)를 둔 관례가 있었다면, 기금 모금이 필요한 사업들을 서서히 교회 예산에 반영시키면서 이들을 회중들과 분리시켜 나가는 것이 최선의 방책이다. 그리고 만일 성도들이 그러한 사업들을 교회 예산에 반영시키기를 원치 않는다면, 그렇다면 그 교회는 그러한 사업이 의미있는 것인가 다시 한 번 평가해 볼 수도 있을 것이다.

그럼에도 불구하고 여기서 분명히 해 두어야 할 것이 있다. 나는 기금 모금을 위해서 교회가 성도들에게 공채(bonds)를 판매한다는 생각에는 찬성을 보낸다. 이 일은 전자의 행위와는 전혀 다른 성질의 것이다. 성도들은 한 푼도 교회에 기부하는 것이 아니다. 공채를 구입하는 일은 이자 수입이 동반되는, 영적으로 가치 있는 그 어떤 사업에 대한 투자 행위다.

은행이 그 자금을 이용하는 대신 교회가 그 업무를 대신하는 것이다. 공채를 구입한다는 것은 교회에 십일조나 기부금을 내는 일과 같은 것과는 전혀 상관이 없는 일이기 때문에, 성도들의 계속적인 지원을 기대할 수가 있다. 성도들이 어떠한 방식으로든지 투자하려고 계획했던 자금은 교회에도 역시 투자될 수가 있는 것이다.

기금의 오용

끝으로, 우리는 기금의 오용이라는 매우 기분 나쁜 문제를 생각할 차례가 되었는데 이는 성도들에 대한 수년 동안의 신뢰를 가장 크게 훼손시키는 대표적인 사례의 하나이다. 그러면 이에 대한 위험을 최소화시키기 위해 우리는 어떻게 하여야 할 것인가?

예를 들어, 만일 당신이 누군가 기금을 유용하고 있다는 의심이 들 때, 어떤 조치를 취하겠는가? 만일 누군가 헌금의 일부를 도용하거나 교회 예산의 일부를 사적인 용도로 사용한다면? 드문 경우지만 이러한 일이 우리 교회에서 발생했을 때, 우리는 다음과 같은 조치를 취한다.

먼저, 당회의 승인을 얻어 나는 교회의 장부들에 대한 감사를 실시한다. 만일 연례 정기 감사가 이미 실시되어 혐의가 있는 문제를 감사할 기회가 없을 때는, 우리는 그 문제를 검토하기 위한 제도를 신설할 것이다. 예를 들어, 만일 한 교회 직원이 소액을 개인 경비로 사용하고 있다는 생각이 들면, 우리는 아무리 소액의 지출이라도 영수증을 보관하라는 지시를 강조하기 시작할 것이다.

이런 경우, 나는 의심나는 사람을 찾아가서 그가 현재 교회의 자금을 사용하는 데 있어 어느 정도의 신뢰를 받고 있는지를 상기시킨다. 나는 그의 자리가 기금이 잘못 관리되고 있다는 소리가 조금도 들려서는 안되는 자리임을 넌지시 말해 준다. 또 그에게 그의 성실성과 교회의 신뢰성을 공적으로 인정받기 위해, 우리는 이러한 새로운 방침을 실시하게 되었다고 일러 둔다. 나는 그도 역시 이러한 방법이, 관계되는 모든 사람을 보호하기 위한 훌륭한 조치라고 생각하느냐고 계속 질문을 던져 본다.

내가 이렇게 할 때, 그 사람은 대개 여기까지는 수긍하며 따라와 준다. 그러나 어떤 사람은 내가 이런 특별 방침과 그 실시 시기에 대해 물어보면 쩔쩔맬 것이다. 그렇다 할지라도 내가 발견한 것은 만일 내가 원칙 제일 주의(principles first)를 준수해 나간다면, 그들이 방어적인 자세를 취하는 경우는 그리 많지 않다는 사실이다. 만약 그들이 방어적인 자세를 취하거나 회피하려고 한다면, 이는 오히려 현재 문제되고 있는 일에 대해 솔직한 대화를 해 볼 수 있는 기회가 열리는 셈이다. 그런 경우에 있어서조차도, 원칙을 앞세워 나가면 나는 그들의 직접적인 분노의 대상에서 벗어날 수가 있다. 그들과 직접 부딪히게 되는 것은 내가 아니라 원칙들이기 때문이다.

이제, 특별 감사 혹은 정기 감사를 통해 자금이 유용되고 있다는 사실이 발견되었을 경우를 이야기해 보자. 이 경우, 나는 내가 제일 신뢰할 수 있는 당회원 한 사람에게 연락한다. 나는 그에게 내가 발견한 내용을 설명하고 나서, 그 사람과 함께 현재 문제가 되고 있는 사람과 약속을 한다.

우리가 함께 모이게 되면, 나는 문제를 일으킨 사람에게, "지난 감사에서 몇 가지 문제가 발견되었는데 이를 설명해 줄 수 있겠습니까?"라고 질문한다. 이때 그 사람은 압박감을 느끼게 된다. 그 사람이 그러한 일을 저질렀다는 사실이 누가 보아도 명백해졌을 때, 나는 목회적인 입장에서 그에게 다가가, "나는 당신이 어쩌다가 이런 일을 저질렀는지 모르겠습니다. 아마 당신에게 어떤 문제가 있었고 당신은 그 방법이 해결책이라고 생각한 것 같습니다. 그 부분에 대해 말씀을 해 주실 수 있겠습니까?"라고 말을 건넨다. 목회자로서, 내가 해야 할 일들 가운데 하나는 그 사람이 도움을 구하도록 그를 인도하는 일이다.

동시에, 나는 교회의 행정을 맡은 사람이기도 하다. 그러므로 나는 단호해질 필요가 있으며 따라서 그가 이미 알고 있는 일, 즉 그는 더이상 그 직책에 머물 수 없다는 사실을 말해 주어야 한다. 나는 그에게 교회 장부를 가져 오라고 하여 관계되는 계정 항목들을 동결시킨다. 또한 우리는 그 사람이 앞으로 어떻게 해야 하는지에 대해서, 그리고 변상이 필요한지에 대해서도 의견을 교환한다. 만일 그 사람이 잘못을 뉘우칠 경우, 그는 자신이 교회에 입힌 피해에 대한 보상책을 강구할 것이다. 그러나 만일 그렇지 않을 경우는, 대개 그를 해고하는 외에는 우리가 달리 할 일이 거의 없다. 이런 일이 발생했을 경우, 고소(告訴)하지 않는다는 것이 우리 교회의 방침이다. 우리에게는 그것이 성경의 분명한 가르침으로 보이기 때문이다. 우리는 한 형제를 세상 법정에 세우지 않는데, 이는 하나님의 권속이라는 테두리 안에서 이런 일을 처리하는 것이 우리가 마땅히 해야 할 일이기 때문이다.

그러므로, 나는 자금의 유용이라는 문제를 그 사람의 목자로서 그리고 교회의 행정가로서 대처한다. 나는 그 사람은 구원하고 교회는 보호하기 위해 노력하고자 하는 것이다.

혹자는 그 두 가지를 조화시키는 것이 가능하냐, 또 서로 다른 그 두가지 기능은 역시 서로 다른 두사람이 수행해야 하는 것이 아니냐고 반문할지 모른다. 나는 내가 그 두 가지를 동시에 수행하는 것은 필수적이라고 대답한다. 왜냐하면 바로 그 때가 그리스도의 사랑—사람들로 하여금 스스로 책임지도록 붙잡아 주면서 동시에 타인이 처한 상황에 관심을 보이는 사랑—의 모범을 보일 수 있는 때이기 때문이다. 게다가, 나는 내가 수년간 해온 설교 곧, 이러한 사랑이 일반 세상 속에서 어떻게 실천되어야 하는가를 몸으로 보이는 것이다.

진정으로 뉘우치는 사람에게 내가 할 수 있는 가장 좋은 방법은 시간이 어느 정도 지난 후에 그를 불러 나를 위해 어떤 일을 해 줄 것을 그에게 부탁하는 것이다. 그와 대면하고 있는 사람으로서 나는 내가 그를 용서했으며 동시에 그와 함께 다시 시작하기를 원하고 있다는 것을 보여 줄 수가 있다. 내가 그렇게 하면, 이는 사람들로 하여금 생명으로 돌아오게 하는 놀라운 방법이 되어 준다. 내가 사람들과 관계를 끊어 버리면, 자연히 그들은 내가 그들에게 분개하고 있다고 생각하게 된다. 그러나 내가 후에 그들에게 책임 있는 일을 맡기면, 그들은 내가 그렇지 않다는 것을 알게 되고 또한 그러한 사실을 거의 믿을 수 없을 정도가 된다. 그러한 상황이 그들로 하여금 역사하시는 복음의 능력을 볼 수 있게끔 해 주는 것이다. 그리고 그들 중 일부는 특수한 능력을 가지고 나와 함께 일하기 위해 돌아오는 것이다.

여러분은 처음부터 끝까지 내가 신뢰(trust)라는 문제에 관심을 집중하고 있다는 것을 알 수 있을 것이다. 그렇다, 모든 교회들로 하여금 재정의 유효 적절한 사용을 보장해 줄 만한 테크닉과 방법은 많이 있다. 그러나 그 기법들이 신뢰도 낳게 해 주는지는 의문이다. 사람들이 선한 청지기 정신을 장려하고 재정적으로 건전한 교회를 양성하려는 이유는 바로 이 때문이다.

교회의 시설물들은 정신을 산란하게 하거나 원치 않는 메시지를 전달케 해 줄 잠재적인 가능성을 지니고 있다. 그 시설들이 완벽할 때만이, 하나님을 영화롭게 하고 사람들을 그리스도의 교제에로 인도할 수 있다.

—라이스 앤더슨

제 8장
교회 건물과 토지에 대한 관리

타교회의 예배에 참석할 때마다, 나는 그 주변 환경이 전해 주는 메시지에 주목한다. 만일 주보에, '찬송가—사회자가 알려 드립니다'라고 되어 있거나 아니면 설교의 제목이 빠져 있을 경우, 이는 예배에 대한 준비가 제대로 되어 있지 않다는 것을 말해 주는 것이다. 건물이나 땅 역시 마찬가지다. 혹시 외부의 문이 비바람에 맞아 낡아버린 것처럼 보이거나 주차장 표시판이 식별할 수 없도록 희미해져 있다면, 나는 '이 교회의 성도들 중 자기 교회에 애착을 갖는 사람들이 과연 몇이나 될까?' 하고 자문해 본다.

조그만 사물들이 많은 것을 말해 준다. 또한 건물에서도 겉으로 보기에는 중요하지 않게 보이는 부분들이나 땅 역시도 많은 것을 말해 주고 있는데, 특히 새신자들에게는 더욱 그렇다. 예를 들어, 주중에 모이는 그룹들이 본당을 사용하면서 때로는 미국 국기를 옮겨 놓고는 아무도 이를 제자리에 갖다 놓을 생각을 하지 못하는 경우가 있다. 그러나 예배 중에 이 교회를 처음 방문한 사람이 깃대 꼭대기의 독수리 문장(紋章)이 뒷면을 향하고 있는 것을 보게 된다면 그는 아마 당황할 수밖에 없을 것이다.

이러한 예가 엉뚱하게 보일런지도 모르겠지만 요점은 교회의 시설물들이 정신을 산란하게 하거나 원치 않는 메시지를 전해줄 잠재적 가능성을 가지고 있다는 것이다. 교회의 시설물들이 최선의 상태에 있을 때만이, 하나님께 영광을 돌리고 사람들을 그리스도의 교제에로 인도할 수 있는 것이다.

목회자의 역할

목회자로서, 나는 건물이나 땅에 대한 세세한 결정에 대해서도 관여해 왔다. 예를 들면, 복도의 거울의 위치라던가 건물을 지을 벽돌의 크기와 같은 문제들 말이다. 어떤 사람들은 내가 왜 이런 문제로 시간을 보내는지 의아하게 생각한다. 요점을 말하면, 그들은 나에게, "건물과 땅에 대한 목회자의 역할은 무엇이냐? 목회자는 예배 인도와 설교에만 매달려야 하느냐, 아니면 영아부실의 페인트 색깔을 결정하는 데도 관여해야만 하는 것이냐?"고 물어 온다.

이에 대한 대답은 상황에 따라 다를 수밖에 없지만, 건물과 땅에 대해 목회자가 어느 수준에서 관여할 것이냐를 결정하는 데 도움이 될 만한 지침은 다음과 같이 다양하다.

1. **책임은 위임하되 관심은 보여라.** 교회 본당의 신축 기간 동안, 나는 그 사업에 대해서는 일주일에 30분 남짓한 시간밖에 할애하지 않아도 된

다. 건축 위원회에는 나보다 그 사업에 대해 더 잘 알고 있는 사람들이 참여하고 있다. 그들은 나에게 보고를 해 주고 있고 나는 건축 위원회(혹은 소위원회)에 참석하고 있다. 하지만 대개는 다른 사람들이 본당 의자라던가 색상을 결정한다. 그 결정이 아주 중요한 사항에 관한 것이거나 직접적으로 나와 관련이 있지 않는 한, 나는 모든 것을 위임하고 있다.

나의 역할이란 모든 사항을 결정하는 것이 아니라, 그러한 의사 결정의 책임을 맡고 있는 사람들을 지원해 주는 것이다. 교회 건축에 대한 목회자의 공적인 발언은 그 계획에 대한 성도들의 태도에 영향을 미치게 되기 때문에 나는 그 부분에 대한 발언에 있어서는 지혜롭게 하려고 노력하고 있다. 즉, 나는 신축될 건물이 선교의 협조 체제를 구축하는 데 얼마나 도움이 되는지를 설명하고, 이 사업에 직접적으로 참여하고 있는 사람들에게 감사를 표시하며, 내가 그 사업에 대해 얼마나 알고 있는지와 또 그 사업에 대해 얼마나 관심을 가지고 있는지를 보이는 것이다.

2. 목회자의 의무와 관련된 부분에 에너지를 집중하라. 계획된 교회의 건물을 짓기 위해 콘크리트를 붓는 일 등에서 오는 스트레스가 목회자의 사역에 직접적으로 영향을 미치지는 않는다(지진이 발생하지 않는 한). 하지만 그 건물의 다른 부분에 대한 사항들은 사역에 영향을 미친다. 그리고 그러한 사항들에 대한 의사 결정이 이루어지는 동안에, 목회자는 자신의 특별한 의견을 이야기해 줄 필요가 있다.

목회자들은 대개 자신의 집무실에서 성도들과 상담을 하게 된다. 그리고 바로 그 집무실의 환경이 내담자들과의 관계에 영향을 미친다. 건축 위원회가 현재의 우드데일 교회의 건물을 신축할 때, 나는 예정된 목회자의 집무실에서는 응접실과 연구실을 분리시켜 줄 것을 주문했다. 그 응접실에는 책상의 조명만 빼놓고는 형광등이 설치되어 있지 않다. 그리고 교회 건물 가운데 카펫 밑에 푹신한 깔개를 깔아 놓은 곳도 그 방뿐이다. 그 방은 가정의 거실에서나 느낄 수 있는 따뜻하고 안락한 분위기의 가구들로 꾸며져 있다. 이렇게 단순하면서도 상대적으로 저렴한 비용을 들여 방의 분위기에 변화를 주는 것은 목회적으로 중요한 어떤 목적 즉, 사람들로 하여금 편안하면서도 허심탄회하게 이야기할 수 있도록 만들기 위한 것이다.

본당을 꾸미는 문제에 대한 결정 역시 목회자가 관여해야 할 부분이다. 우드데일 교회의 새 본당에 대한 계획이 입안되는 동안, 나는 침례실에 대해서는 몇 가지의 특별한 요구를 주문했는데, 이는 침례를 받는 사람들로 하여금 보다 편안하면서도 그들의 침례 경험을 보다 의미 있게 느낄 수 있도록 하기 위함이었다. 침례용 물은 데워질 수 있어야 하는데 그래야만 사람들이 차가움을 느끼지 않을 수 있기 때문이다. 침례실에는 사람들이 공중 앞에 나오기 전에 물에 친숙해질 수 있도록 해 줄 공간이 있어야 한다. 침례실 정면 상단부는 유리로 되어 있는데 그래야만 회중들이 물을 볼 수 있기 때문이다. 이러한 장치는 그 의식이 그들에게 보다 의미 있는 경험이 되도록 하기 위함이다. 나는 오른손잡이이기 때문에 침례실은 기본적으로 오른손잡이의 사람을 중심으로 설계되어 있다. 이러한 설계는 내가 여타 기구들보다는 침례를 주는 일 자체에 더 정신을 집중할 수 있도록 해 준다.

때때로 어떤 부교역자가, "건축 위원회가 이 방을 이렇게 설계했는데 그렇게 되면 내 프로그램에는 도움이 안됩니다"라고 말한다면, 건물의 그 부분이 목회 사역에 영향을 미치는 관계로, 그 교역자를 대신해서 설계를 정정해 주는 것은 나의 책임이 되는 것이다.

3. 현안 문제에 대해서는 해박한 지식을 지니고 있어야 한다. 나는 아리안주의(Arianism)에 대해서는 전문가가 아니다. 하지만 4대 이단(the four great heresies)에 대해 지금 내가 시리즈로 설교 하는 중이라면, 나는 그 부분에 대해 전문가가 되려고 노력할 것이다. 아리안주의에 관한 설교를 하는 주간에, 나는 내가 강단에 섰을 때 박식한 해설자가 충분히 될 수 있을 만큼 신학과 교회사에 대한 서적을 읽어 나갈 것이다.

이처럼, 목회자는 중요한 사항을 결정해야 할 시점이 올 때까지는 교회 건물이나 땅에 대해 많은 것을 알고 있을 필요는 없다. 나는 교회가 새 본당에 대한 계획을 세우기 시작할 때까지는 음향학에 대해서 많은 것을 알고 있지 못했었다. 만일 설교가 새 본당 안에 있는 모든 사람에게 들릴 수 있으려면, 음향 시스템은 그에 맞게 설계될 필요가 있었다. 이러한 문제에 관한 토론에 참여하기 위해 나는 음의 반향도(反響度)와 데시벨(decibel : 음향 크기 단위 – 역자 주) 수준에 대해 연구했다. 목회자는 건물과 토지의 모든 부분에 대한 지식을 갖추고 있을 필요는 없다. 그러나 토론되고 있는 현안 문제에 대해 의견을 개진할 만큼의 지식은 갖추고 있을 필요는 있는 것이다.

4. 성도들로 하여금 시설물들이 발하는 메시지에 주목하도록 가르치라. 한 침례 교회에 새로운 목회자가 부임해서는 재무 위원회에 말한다.

"우리는 주차장에 난 잔디들에 대해 어떤 조치를 취해야 할 필요가 있습니다."

"우리 주차장에는 잔디가 없소"라고 그들은 대답한다.

"밖으로 나와 보십시오"라고 그 목회자는 그들에게 말한다. 그곳에 가자, 그들은 바닥 틈새로 자라고 있는 풀들이 있다는 것을 알았다. 그들은 십년 동안이나 그 풀들 위로 차를 몰아 왔지만 그 풀들을 보지 못했던 것이다 – 새신자가 그 교회에 처음 왔을 때와 같은 눈으로 그들이 바닥을 볼 때까지는.

매년, 나는 직원들을 데리고 건물 전체를 돌아본다. 각 방에 들어서면 나는, "만약 여러분이 이 교회에 처음 온 사람들이라고 한다면, 여러분은 어떤 것들을 유심히 보게 될 것 같습니까?"라고 물어 본다.

그들의 대답은 "지난 주의 주보가 피아노 위에 놓여 있습니다"로부터 시작하여 "주일학교 주보가 뒤에 버려져 있습니다"에 이르기까지 다양하다. 한 교회의 직원들은 보통 그런 것들에 대해서는 주의깊게 보지 않는다. 그러나 이렇게 건물 전체를 돌아보며 걷다 보면 하나의 건물이 지니고 있는 효과를 느끼게 된다.

나는 정기적으로 성도들에게 만일 바닥에서 종이조각을 보게 되거든 반드시 주으라고 말한다. 또 만일 어떤 시설이 작동되지 않을 때는, 관리인에게 수리가 필요하다는 것을 말해 주어야 한다는 것을 주지시킨다. 결론적으로 말하면, 목회자로서 나는 교회 건물은 모든 사람의 책임이라는 것을 강조하는 것이다.

건물의 목적

교회의 시설들은 교회의 목적에 부합되어야 한다. 우드데일 교회의 목적 속에는 "하나님과 조화되는 삶을 영위하는 것"이 들어 있기 때문에, 우리 교회의 건물은 사람들로 하여금 하나님께 예배 드리기 위해 이곳에 오고 싶도록 만들고, 또 일단 여기에 오면 편안함을 느끼도록 되어 있어야만 한다.

물론, 교회시설들로부터 기대되는 목적은 사회에 따라 다르다. 뉴욕의 할렘(Harlem : 맨하탄 구 동북부의 흑인 거주 지역 — 역자주)에 있는 빌딩은 네덜란드의 하를렘(Haarlem : 네덜란드의 도시 — 역자주)에 있는 건물과는 달라야 한다. 그러나 미국의 중류 계층의 성도들에게는 그 기대 목적은 거의 같을 것이다.

몇년 전, 우드데일 교회에서는 한 연구를 진행시킨 바 있는데 우리는 그 연구를 통해 근교 도시인 미네아폴리스(Minneapolis)에서는 교회라는 단어가 긍정적인 의미로 사용되고 있다는 것을 알았다. 이곳에 사는 사람들은 교회처럼 생긴 건물에 친숙해 있고 좋은 느낌을 가지고 있었다. 그래서 건축 위원회에서는 새로 지을 본당 건물은 전통적인 고딕(Gothic) 양식으로 하기로 결정했다.

우드데일 교회의 근처에 있는 한 교회는 창고에서 모임을 가졌다. 처음에는, 격식을 갖추지 않은 분위기가 전통에 익숙하지 않은 사람들로 하여금 쉽게 모일 수 있도록 해 주었다. 그러나 십년 후에는, 그러한 분위기가 그 지역 주민들의 공통되는 기대에 배치되었으므로, 칸막이 등이 늘어나게 되었다.

기대 원리에 대한 방계(傍系) 원리 : 만일 각각의 방이 그 목적과 조화를 이루지 못할 때는, 예컨대, 본당이 체육관 같다거나, 교실이 도서실 같다거나 하면, 대부분의 사람들은 약간 어리둥절해지고 또 정신이 집중되지 않게 된다. 따라서 예배를 위한 본당은 본당다워야 하고 교실은 교실다워야 하며 사무실은 사무실답게, 그리고 영아실은 영아실다워야 한다.

우드데일 교회에서는 결코 상징을 사용하지 않았으며 심지어는 예배를 위한 본당에서조차 십자가를 달지 않았다. 사람들이 반대했을 때, 나는, "우리는 부활하신 그리스도께 예배드리기 때문에 십자가는 필요없습니다"라고 설명하였다. 사실이다. 그러나 나는 우리 교회에 찾아온 사람들 가운데 근 삽십 년이나 교회에 오지 않다가 십자가가 있는 건물에서 예배드리면서 성장해 온 사람들이 있을 수 있다는 사실을 간과하였다. 근교 도시인 미네아폴리스에서는, 적어도 십자가는 교회라면 당연히 달고 있어야 한다고 기대되는 문화적 상징의 일부이다. 그래서 우리는 기술자를 선정하여 나무 십자가를 세우도록 하였다.

전도 지향의 건물

우드데일 교회는 전도하는 교회가 되기를 원하고 있다. 이를 위한 전략 가운데 하나는 우리 건물을 지역 주민들이 사용할 수 있도록 개방하는 것이다. 우리는 사업을 하는 사람들이 여기서 행사를 열 수 있도록 그들을 초대하고 있다. 레스토랑 체인점을 경영하고 있는 러스티 스쿠퍼(Rusty Scupper)씨는 매년 열리는 직원 모임을 우리 건물에서 가지고 있다. 외부 사람들도 우리 교회의 체육관을 사용한다. 헌혈차도 이곳으로 온다. 우리는 이 건물이 언젠가는 투표 장소로 사용되기를 바라고 있다. 간단히 말해서, 우리 교회 시설들은 정기적으로 그리고 늘 지역 주민에 의해 그리고 지역 주민을 위해 사용되고 있다.

그 이유는 무엇인가? 어떤 사람이 한 건물에 들어오게 될 때 제일 어려운 단계는 맨 처음 발을 들여 놓을 때이기 때문이다. 만일 사람들이 주민 행사를 위해 이곳에 오면서 우리 교회로 오는 길을 알게 되고 주차할 곳도 알게 되면, 주일날 우리가 그들을 초청할 때 그들은 보다 편안한 느낌을 갖게 될 것이다.

(그럼에도 불구하고, 우리는 건물 사용에 있어 한계를 설정해 놓고 있다. 우드데일 교인이 아니면 이곳에서 결혼식은 올리지 못한다. 이것은 좀 일관되지 못하게 보일 수도 있다. 그러나 우리의 신학에 비추어 볼 때, 결혼식은 전도 활동이 아니다. 이에 덧붙여, 이 건물에서 알콜이 든 음료를 제공하는 것도 허락되지 않는다.)

모든 결정에는 이유가 있어야 한다

나는 영아부실을 어떤 색으로 칠하느냐를 놓고 왈가 왈부할 생각은 없다. 그러나 교회가 그 방의 색상을 선정하는 데는 이유가 있어야만 한다는 것을 말하고 싶다. 그리고 이를 위해서는, "나는 이 색깔은 좋아하지만 저 색은 싫다"라고 말하는 것만으로는 충분하지 않다. 대신, 교회는 "이십 세 미만의 사람들에게 이 색상은 어떤 의미를 주게 될까? 이 색깔이 방문객들에게는 어떤 메시지를 전해 주게 될까? 그 색상의 이면에는 무슨 의미가 담겨 있는가?"라는 질문을 해 볼 필요가 있다.

다음에 제시되는 것들은 이들을 신중하게 고려하여 결정하면 교회가 주어진 사명을 감당하는 데 도움을 줄 수 있는 것들이다.

색상. 덴버 신학교 근처에 있는 크리스찬 사이언스(Christian Science) 교파의 교회는 흰색이다. 사실 많은 크리스찬 사이언스 교파의 건물들은 백색이거나 회색을 띤 백색이다. 그리고 이것은 이 교파 소속의 개업의(開業醫)들이 죄나 죽음을 믿지 않는다는 것을 고려하면 우연이 아니다.

오하이오에 있는 한 오순절 교회에는, 모든 의자의 등은 검은색이지만, 앉는 면은 붉은색이다. 여기에 담긴 뜻은 이렇다 : 들어 올 때는 당신의 죄를 기억하시오, 그리고 나갈 때는 그리스도의 피로 사함받았음을 기억하시오.

결론적으로 말하면, 색깔에는 의미가 담겨 있다. 즉 색은 감정상의 인상을 심어 주고 생각해 보아야 할 신학적 의미를 지니고 있는 것이다.

예를 들어, 건축 위원회는 대개 남자들에 의해 주도된다. 그리고 남자들은 청색을 선호하는 경향이 있다. 그러나 청색은 우리 문화권에 있는 대부분의 사람들에게는 따스함과 친밀감 대신에 '차가운' 느낌을 준다. 초록색은, 몇 가지 이유로 인해, 우리 사회에서는 긍정적으로 받아들여지는 색깔이 아니다. 기업의 경영자는 거의 녹색의 의상을 입지 않으며 베스트 셀러 중 표지가 녹색인 경우는 거의 없다. 자연 경관을 그리면서 녹색이 사용될 때는 받아들여지지만, 중요한 실내 장식에 녹색을 써서 성공하는 일은 거의 없다.

더구나, 색상들은 좋아하는 연령층이 있다. 오렌지색은 육십대에 인기가 있으며, 검은색과 분홍색은 오십대들이 선호한다. 오십대 후반이나 육십대 초반의 사람들에 의해 건축된 대부분의 집은 욕실의 타일이 검은색과 분홍색이다. 우드데일 교회의 신축된 건물을 엷은 자주색으로 칠하자는 의견이 나왔으나 나중에 기각되었는데, 이는 그 색깔이 곧 인기를 잃게 될 것이라는 이유 때문이었다.

어떤 색깔이 오래가는가? 수백년 동안 서 있는 성당이나 교회들, 그리고 주택들의 주된 색깔은 대개 흰색, 갈색, 그리고 적색이다.

여성 전용 지역들. 대개 보면, 자기 가족이 참석할 교회를 결정하는 사람은 여성이다. 그러므로 교회 건물이 방문객들의 마음을 끌기 위해 가장 중요하게 고려되어야 할 장소는 여성 화장실과 영아부실이다. 왜냐하면 여성들이 이곳을 가장 많이 드나들 것이고 또 세심하게 볼 것이기 때문이다.

그러므로 여성을 위한 방은 청결하고 넓직하며, 찾기 쉽고 눈에 잘 띄며 또 밝은 글씨로 표시될 필요가 있다. 우리는 화장실 밖의 복도에다 거울을 설치해 놓았는데, 이렇게 함으로써 머리만을 손질하려는 여성들이 화장실을 혼잡게 하는 일은 생기지 않는다(또 점점 많은 아기의 아빠들이 기저귀를 갈아 주고 있는데, 새로 지을 우리 교회의 남성용 방에는 기저귀를 갈아주기 위한 테이블을 설치할 예정이다).

영아부실을 매력적으로 꾸미는 것도 필수적이다. 베이비 붐 세대들은 자녀를 별로 낳지 않는 대신 자신들을 위하여는 많은 돈과 관심을 쏟는다. 그들은 영아부실이 어린이용 고급 가구로 꾸며져 있기를 기대하는 사람들이다.

복도. 현재 우리 건물의 설계에 있어 한 가지 실수를 한것은 천정이 너무 낮고 각 복도들이 너무 좁다는 것이다. 예배와 예배 사이에, 각 복도들은 붐비고 사람들은 갑갑하고 비좁다는 느낌을 받는다. 우리가 천정을 높이고 복도를 확장하면, 소통도 쉬워질 뿐만 아니라 대개 복도에서 이루어지기 마련인 성도들간의 교제도 활발해지게 된다. 천정이 높아질수록 복도가 좁다는 느낌은 덜 느끼게 되고, 보다 넓어진 복도에는 커피와 다과를 놓을 수 있는 테이블들을 설치할 수 있다.

본당. 건축 전문가들은 말하기를 얼굴 표정은 85피이트 이내의 거리에서만 식별 가능하다고 말한다. 그러므로 계획 중인 본당에는 모든 좌석을 그 공간 내에 설치하도록 하고 있다. 또한 음향과 시각을 방해하는 기둥을 없애려 한다. 우리 교회의 거의 모든 성도들은 장의자(pew)를 원하고 있기 때문에 일인용 의자 대신 장의자를 설치할 예정이다.

음향. 때때로 강단에서 멀리 떨어진 곳에서 예배드리는 사람들은 짜증을 느끼면서도 그 이유를 모를 때가 있다. 어떤 경우, 그 이유는 열악한 음향 시설 때문인데, 특히 한 쪽에 있는 스피커를 보면서도 소리는 다른 쪽의 스피커를 통해서 듣게 될 때 더욱 그렇다. 예를 들어, 대개의 TV의 경우, 소리는 화면 근처에서 흘러나온다. 이따금 나는 TV가 스테레오

시스템에 연결되어 있는 집을 방문하곤 하는데, 이 경우 소리는 화면과 떨어진 곳에서 흘러 나온다. 대부분의 사람들은 이런 상황을 오래 견디지 못한다. 때문에 현재 많은 교회는 여러 개의 스피커를 본당 가운데의 정면에 설치해 놓고 있다.

교회의 음향 시설에서 핵심이 되는 것은 음악과 설교를 동시에 소화해 낼 수 있는 환경을 조성하는 일이다. 음악은 긴 반향 시간을 요구하지만 입에서 나오는 소리는 짧은 시간을 요구한다. 성 마리아 대성당(the Basilica of St. Mary)에서는 음의 반향 시간이 7초다. 즉, 어떤 사람이 말을 하고 7초 후까지 들을 수 있다. 이러한 조건은 성가대 찬양에는 매우 훌륭한 조건이라고 할 수 있다. 그러나 사람이 말을 했을 경우는 거의 알아들을 수 없다. 새로 건축할 우드데일 교회의 본당에서는 반향 시간을 3초 약간 밑돌도록 결정했다. 이 시간은 말을 할 경우에는 좀 긴 시간이지만, 음악을 하는 사람들에게는 충분히 만족스러운 시간이다.

안전도. 사람들로 하여금 편안함을 느끼도록 만들기 위해서는, 그들의 안전을 보장해 주는 것이 중요한 요소가 된다. 우리는 지역 소방서와 파출서에 요청하여 우리 건물에 대한 점검과 안전도를 높이기 위한 장치를 추천해 달라는 부탁을 하였다. 우리는 현재 연 2회 소방 훈련을 실시하고 있다. 강단에는 비상시의 안전 수칙을 기재한 전단이 보관되어 있다. 만일 비상 사이렌이 울릴 경우, 앞에 있던 사람들은 그 전단을 읽고 건물에서 대피하는 요령을 숙지할 수 있게 된다. 또한 우리는 비상시에 영아부실에서 아기들을 대피시키기 위한 방안도 마련해 두었다.

전문가를 채용하라

효율도가 높은 건물을 설계하는 데 지대한 관심이 모아지고 있는데, 이를 위한 주요한 프로젝트를 위해서는 이에 대한 지식과 경험이 있는 자문역들(consultants)을 활용하는 것이 필수적이다. 그들은 숙련되고도 객관적인 시각으로 조언을 해 줄 수 있다. 그들은 우리가 볼 수 없는 것들을 볼 수 있는 사람들이다.

나는 크리스마스 후의 휴가 기간 중 어느 주일에 뜻하지 않게 자문역 노릇을 해 본적이 있다. 나는 친구 목사의 교회 예배에 참석하게 되었다. 대부분의 외래 방문객들이 그렇듯, 나와 내 가족이 그 교회의 주차장에 들어선 때는 예배 시간이 지난 때였다. 교회를 찾는데도 애를 먹었고 어디다 주차를 해야 할지도 몰랐기 때문이었다. 우리는 얼핏보면 지구의 반대편과 같이 보이는 곳으로 주차하도록 안내를 받았다. 우리는 영하의 날씨 속에서 교회 건물로 되돌아 걸어가면서, '직원용'이라는 딱지가 붙어 있는 주차 공간이 여러 군데 있다는 것을 알게 되었다. 내가 예배 장소에 들어섰을 때, 내 기분은 좋은 편이 아니었다.

후에 내 친구는 전화를 걸어 자기 교회에 왔던 인상이 어떻더냐고 물어 왔다. 나는 내 친구에게, "방문자의 입장에서 보았을 때, 자네는 방문객들보다는 부재중인 직원에게 더 많은 신경을 쓰고 있는 것 같다는 인상을 받았네. 자네는 오지도 않은 직원들을 위해서는 주차 공간을 남겨 두고 자네의 손님들은 영하의 날씨 속에서 먼거리를 걸어 교회에 오도록 만들고 있네"라고 말해 주었다. 그는 이 문제에 대해서는 미처 생각을 하지 못했던 것이다. 왜냐하면 내 친구와 그 교회 직원들은 주일 아침에는 생각해야 할 일들이 너무나 많았기 때문이다. 이러한 이유로 그들은 그들의 주차장이 외래 방문객들에게 어떠한 인상을 주는지를 고려할 여유가 없었던 것이다. 그러한 상황이 외부의 '자문역'으로 하여금 그 사실을 지적하게 만들었고 이후 그들은 곧 그 상황을 개선하였다.

우드데일 교회에서는, 음향 전문가와 조경사를 고용하였고, 심지어는 영아부실의 설계를 위해 교육학 전공자를 고용하기까지 하였다. 장기적으로 보면, 자문가들은 더 나은 시설을 설치하도록 우리를 인도해 주고, 수많은 돈을 들인 사업을 다시 뜯어 고치는 일이 없도록 낭비를 제거해 주는 일을 해 준다. 소규모의 교회들도 아주 적은 수고비를 받거나 아니면 무료로 조언을 해 줄 수 있는 전문 기술을 지닌 평신도들을 발탁하여 활용할 수 있다. 만일 내가 조그만 여러 교회들이 소재하고 있는 미네소타의 시골에 있었다면, 나는 컨소시움(consortium : 자본 연합—역자 주)을 구성하려고 했을 것이다. 이렇게 하면 6개의 교회가 각각 평가단(評價團)의 한사람씩 맡아 경비를 지출할 수 있게 되며 평가단은 3년에 걸쳐 개 교회를 방문하여 평가를 해 줄 수 있는 것이다.

'무료 자문'의 또 한 가지 형태는 다른 교회를 찾아가 보는 일이다. 우리 교회의 건축 위원회는 인근 지역의 교회들을 탐방하느라 많은 저녁 시간을 투자했다. 건축 위원들은 다른 교회의 본당을 둘러보고 음향 시설에서 나오는 소리를 들어 보기도 하였다. 이러한 일들은 그들이 계획을 수립하는 데 많은 지식을 보태 준다.

먼저 투자하라

끝으로, 목회자들은 사람들이 건물에 대해 가지고 있는 핵심적인 두 개의 염려에 대해 지혜롭게 대처해 나갈 필요가 있다.

첫째, 새 건물을 건축하는 데는(구 건물을 개축하는 것도 마찬가지다) 많은 비용이 들어간다. 이런 비용을 생각할 때마다 목회자들은, "이런 돈을 선교나 가난한 사람들을 위해 사용하는 것이 더 낫지 않을까?" 하고 자문하게 된다.

이러한 갈등은 불가피한 것이며, 모든 교회는 교회 시설과 선교에 들어가는 비용의 균형을 어떻게 맞출 것인가를 결정해야 한다. 우리 교회의 경우는, 건물을 위해 돈을 지출하기로 결정했는데 이는 건물을 짓는 것을 선교에 대한 투자라고 보기 때문이다.

몇 년전 우리는 우드데일 교회를 이전하면서, 많은 돈을 썼다. 그러나 우리는 그 지역에서 극적으로 수많은 사람들에게 전도하는 데 성공했다. 우리는 이를 통해 선교를 위한 지원과 선교 사역에 종사할 수 많은 사람들을 얻었다. 비록 우리는 건물에 막대한 비용을 투입했지만, 이는 일종의 고율의 선투자(a high front-end investment)와 같은 것이었다.

일단 그러한 투자가 이루어지고 나면, 건물들은 오랜 동안 남을 것이며, 한편으로 우리는 거대한 선교 기지를 확보하게 되는 셈이다. 초기에 들어가는 비용은 단지 제한된 기간 동안만 불균형을 이루는 것 뿐이다.

주택을 처음으로 구입하는 젊은 부부를 생각해 보자. 그들은 처음에는 그 주택 구입을 위해 수입의 상당 부분을 지출해야만 할 것이다. 그러나 그 후에 인플레가 일어나고 직책의 경력이 붙으면, 지출하는 부분은 점점 감당할 수 있는 수준으로 떨어지게 된다. 그러나 그 집은 내내 그들의 소유가 되어, 아이들을 기르는 일과 같은 더 큰 일을 위해 사용될 수 있게 되는 것이다.

사역이냐 시설 유지냐

건물 때문에 발생하고 또 목회자가 대답해야 하는 두번째 질문은 이것이다 : 그 건물의 사용 기간은 어느 정도가 적정한가? 이 질문은 사역이냐 시설 유지냐 하는 질문에 해당된다.

내가 지난 교회에서 시무하는 동안, 그 교회는 은행에서 성공적으로 봉직하고 방금 정년 퇴직한 한 사람을 관리인으로 채용하였다. 완벽한 성격의 소유자였기 때문에, 그 사람은 교회 건물을 완전한 모습으로 유지하기를 바랐다. 그가 그 직에 임명된지 몇 주 안되어, 건물을 티 하나 없이 완전한 모습으로 바꾸어 놓았을 때, 교회 앞의 잔디밭에서 야구 놀이를 하고 있던 꼬마들이 본당의 창문을 야구공으로 박살내 놓았다. 깨진 유리 조각들이 회중 의자들 위에 여기저기 흩어졌다. 우리 교회의 관리인은 너무도 화가 나서 어린이들이 창문을 수리해 놓기 전에는 야구공을 돌려주려 하지 않았다. 꼬마들은 부모들을 데려오고, 결국 모든 사람들이 교회의 잔디밭 위에 모였으며, 이웃 주민들과 그 관리인이 부딪히게 되었다. 급기야 꼬마의 부모들은 집에 있는 나에게 전화를 걸었고 나는 그들을 화해시켜야만 하였다. 결국, 나는 가까스로 그 공을 꼬마들에게 되돌려 주게 되었지만, 그 관리인은 승복하려고 하지 않았다.

교회의 목표는 그 사람들을 예수 그리스도께로 인도하는 것이다. 그 관리인의 목표는 유리창을 깨끗이 닦고, 새 창문을 다는 것과 꼬마들에게 어떤 교훈을 주려는 것이었다. 그 후로 줄곧, 이 사건은 건물을 책임진 사람들과 교회의 선교에 책임을 진 사람들 사이에 벌어질 수 있는 마찰이 무엇인가를 일깨워 주는 데 한몫을 해 주고 있다.

우리는 이렇게 생긴 마찰을 해결하기 위해 다음의 세 가지 방법을 사용한다. 첫째, 우리는 건물 관리를 맡은 사람들에게 교회 건물은 박물관이 아니라는 점을 설명해 준다. 건물은 단지 사역의 수단일 뿐이라는 것이다. 건물들은 낡아질 것이고 또 여기 저기 떨어져 나갈 것이다. 그들이 해야 할 일은 그러한 건물을 유지하기 위해 최선을 다하는 것이다. 그러나 교회는 그러한 유지보다 더 차원 높은 목적을 가지고 있는 것이다.

둘째는, 우리는 우리의 관리인이 지닌 우려와 관심을 존중해 주는 것이다. 우리는 얼룩 방지 카펫을 깔아 놓았다. 우리는 우리 교회 건물 내로 붉은 색의 음료-펀치, 쿨-애드, 또는 여러 종류의 무알콜 음료들-를 반입하는 것을 허락하지 않고 있다. 왜냐하면 붉은색과 오렌지색은 물들면 얼룩을 남기기 때문이다.

세번째 방법은 보다 큰 사역에 관리인들을 참여시키는 방법이다. 그는 직원들과 함께 나누는 휴식 시간이나 기도 시간에 참여한다. 그렇게 하면 사역의 책임을 담당하는 사람들은 건물에 대해 책임을 보다 더 느끼게 되고, 관리인은 사역에 보다 더 책임을 느끼게 된다.

이러한 동반자 의식이야말로 건물과 토지를 관리함에 있어 우리가 목표로 하는 것이다.

제 3 부

사람들

> 많은 수의 교회 지도자들은 함께 일할 지도자들을 키우고 그들에게
> 책임을 위임하는 기술을 터득하지 못함으로써 너무 과중한 부담을 지고
> 있다.
>
> —던 커즌스

제 9장
지도자들을 통하여 사역하는 법

성장하면 불가피하게 혼란이 뒤따른다. 나는 여기서 빈약한 행정이나
계획의 빈곤으로 인해 초래되는 혼란을 의미하는 것이 아니다. 나는 행
동에 수반되는 혼란, 변화의 결과로 발생하는 분열, 새로운 사역자를 목
회에 참여시킴으로 인해 표면적으로 발생하는 문제들을 의미하는 것이
다. 이러한 혼란이 없는 조직이 있다면 아마 그 조직은 개성을 존중하지
않는 조직일 것이다. 나는 열매가 없는 정적보다는 차라리 언제든지 혼
란을—충격과 더불어—택할 것이다.

혼란이 안락한 상태는 아닐 수도 있겠지만, 이로 인해 초래되는 불편

함정도는 한 사람의 사역으로 인한 변화를 알게 되는 긴장감에 비하면 대가로서는 적은 부분일 뿐이다. 어떤 사역을 해 나가는 중에 많은 일들이 발생하면, 사람들은 앞을 향해 멈춰 서서는, "제가 어떻게 도울 수 있을까요?" 하고 묻곤 한다. 그들은 그러한 행동—심지어는 어느 정도 혼란스러운 행동일지라도—이 낳게 될 열매를 보게 되면, 그 행동의 한 부분이 되기를 원한다.

우리 교회의 소그룹 사역을 담당하고 있는 한 사람은 전에 우리 교회의 직원이 되기 전에는 부동산 회사를 소유하고 있었다. 그가 교회 직원이 되기 일년 전 혹은 그 이전에 그는 내게, "저는 제 열망이 변하고 있다는 것을 말할 수 있습니다. 저는 제 시간을 세상에 쏟아붓기를 원해 왔지요. 이제 저는 하나님에게 쓰임받는 것이 무엇인지를 맛보았습니다. 그리고 저는 진정 가치 있는 일에 제 자신을 보다 더 많이 투자하고 싶습니다"라고 말했다.

자원 봉사자이든 유급 직원이든 간에 평신도들 중에서 이처럼 떠오르는 사람들은 적극적인 사역으로 인해 발생하는 짐을 나누어 지는 데 도움이 되어 줄 수 있다. 그들은 우리가 사역을 성취하는 데 있어 일의 통로가 될 수 있다. 여기서 한 가지 기억해야 할 점이 있다면 그들은 적절하게 관리될 필요가 있다는 점이다.

장애물의 극복

다양한 요구로 인해 과중한 짐을 지고 있는 목회자들은 다른 일꾼을 선발하고 감독해야 한다는 점을 생각하면 먼저 위축되어 버릴 수도 있다. 만일 그가 당면한 업무를 감당하기에도 시간이 부족하다면, 어떻게 사역에 필요한 사람들을 선발할 시간을 낼 수 있겠는가?

불행하게도, 어떤 지도자들은 그들의 일차적인 책임은 사역을 순조롭게 진행시키고 어떠한 대가를 무릅쓰고서라도 혼란을 방지하는 일이라고 생각한다. 그러므로 그들은 눈앞에 닥친 일에 시간의 대부분을 바침으로써 질서를 유지하려고 한다. 그들은 현상 유지는 해 나간다. 그들은 눈앞의 불은 꺼나간다. 그러나 그들은 그들의 사역을 진전시켜 줄 다음 단계로 결코 나아가지 못한다.

그렇게 현상에 안주하려는 사고 방식은 바뀌어야 한다. 단기적 관점은 장기적 시야로 바뀌어야 한다. 우리는, "나는 지금부터 일년 후에 현재의 나보다 더 효율적인 사역자로 변신해 있기 위해서는 어떠한 결단과 행동을 취해야 하는가?"라는 질문을 해 볼 필요가 있다. 이 질문에 대한 대답이 지금 우리가 제일 먼저 무엇을 해야 할 것인가를 결정해 줄 것이다.

다시 한번 강조하지만, 이것은 A 우선순위와 B 우선순위에 대한 질문이다. 여기서 B 우선순위를 선택하면 사역의 현상 유지는 된다. 하지만 숱한 기회들이 자기들을 주목해 달라고 큰소리로 부르짖는다. 한편 A 우선순위는 우리의 사역을 전진시켜 준다. 그러므로 우리는 하루 중 가장 좋은 시간들을 A 우선순위에 투자할 필요가 있다. 설령 그러한 선택이 우리를 향해 손짓하는 산적해 있는 B 우선순위들을 제쳐 두는 것을 의미한다 할지라도 말이다. 15년간 사역을 한 후, 나는 지도자들을 선발하고 훈련시키는 일이 항상 관리자의 A 우선순위의 정점(頂点) 근처에 있어야만 한다는 결론을 내렸다. 우리의 목회가 성장하기를 바란다면, 우리는 우리의 일을 분담하고 또 이를 확장시킬 수 있는 사람들을 양육해야만 한다. 이러한 일을 위해 시간을 투자해야 하는 일이 처음에는 종종 장애물로 보이겠지만, 결국, 우리는 이러한 일을 통해 오히려 시간들을 되돌려 받을 수 있다.

병원 심방을 예로 들어 보자. 정해진 날, 목회자가 빨리 병원을 심방하고 오는 것이 자원자들을 선발한 후 그들을 데리고 가서 심방하는 법을 가르치는 일보다는 더 쉬워 보일 것이다. 만일 목회자가 혼자 가면, 그는 시간을 절약할 수 있다―그 날만. 그러나 이듬해에도 그는 같은 처지에 있게 된다. 즉, 그가 직접 모든 병원을 돌아야 하는 것이다. 그리고 그 심방하는 일들 때문에 그는 다른 필요한 일을 할 수 없게 되는 것이다.

그러나 한 해가 시작될 무렵, 만일 그 목회자가 병원 심방에 은사가 있고 그 사역으로 하나님의 부르심을 받은 사람들—이들은 그 목회자보다 훨씬 효과적으로 그 일을 감당할 수 있는 잠재력을 지니고 있는 사람들이다—을 선발하고 훈련시키는 일을 A 우선순위로 잡아 시간을 투자한다고 생각해 보자. 그 해가 저물 무렵이면, 그들은 병원 심방 사역을 감당할 수 있게 될 것이고, 따라서 목회자는 A 우선순위에 속한 다른 일을 할 수 있는 여유를 얻게 될 것이다. 처음에 그가 투자했던 시간들은 곧 매주마다 그의 시간을 절약해 줄 것이고 뿐만 아니라, 다른 사람들도 그들의 은사를 의미 있는 사역에 사용할 수 있도록 해 주게 될 것이다.

많은 수의 교회 지도자들이 함께 일할 지도자들을 키우고 그들에게 책임을 위임하는 기술을 터득하지 못함으로써 너무 과중한 부담을 지고 있다. 그러므로 그들은 한 주일에 60~70시간 아니 그 이상을 일하면서도, 잠재력을 지닌 사람들을 발굴하여 적당한 시간만 일하는 한 사람의 지도자보다도 더 적은 열매밖에 거두지 못하는 것이다.

윌로우 크릭 교회에서는 우리 직원들이 비교적 긴 시간 동안 여기 저기 다녀올 것을 권하고 있다. 우리는 또한 직원들뿐만 아니라 그들의 가족들도 함께 삶을 즐기기를 바란다. 우리는 아빠나 엄마들이 교회 문제로 가정을 떠나는 일로 해서 배우자나 자녀들이 교회에 대해 화를 내는 것을 원치 않는다. 그러므로 우리는 직원들이 사역 책임량을 일주일에 평균 50시간 정도로 할 것을 권장하고 있는데, 이 시간은 그들이 교회 예배와 소그룹 활동에 참여하는 시간이 포함되어 있는 시간이다.

우리는 또한 정작 직원들 자신이 생기를 되찾은 삶에서 우러나오는 기쁨을 외부에 드러내지 못하면서, 다른 사람들을 하나님의 나라나 그들의 지도력 안으로 인도해 올 수 없으리라는 것도 알고 있다. 만일 사역의 책임이라는 외투가 커다란 고통으로 보여진다면, 누가 그 외투를 걸치려 하겠는가?

사역이 감당할 수 없는 무거운 짐이 되지 않도록 지켜 주는 것은 무엇일까? 지도자의 역할을 건전하게 공유하는 일이다. 나는 어떤 기업의 고위직에 있다가 우리 교회에 와서, 현재는 독신자 사역의 책임을 맡고 있는 한 사람에게, "당신은 그 직장을 그리워해 본 일이 있습니까? 거기에 계셨으면 훨씬 자유롭고 스트레스도 지금보다 더 적었을 것이고 또 돈도 확실히 많이 벌었을 텐데요"라고 물어 본 적이 있다.

"결코 없습니다!"라고 그는 대답했다. "저는 단 일 분도 그곳으로 돌아가지 않을 겁니다. 확실히 목회자는 많은 요구를 감당해야 하는 자리에 있지만, 나에게는 그 요구들을 채워 줄 많은 일꾼들이 있습니다. 저와 제 팀이 거두고 있는 열매와 더불어 또 우리가 하고 있는 일이 하나님을 기쁘시게 하고 있다는 생각을 하면, 제가 돌아가야 할 이유는 없습니다."

만일 그가 다른 사람들과 사역을 나누고 있지 않다면, 이와 같은 생각을 할 수 있었을까? 천만에! 절대 그렇지 않다. 사역해야 할 그 많은 시간들이 그를 짓눌렀을 것이고 그는 돌아가려고 했을 것이다. 다행스럽게도, 그는 사역의 초기부터 사람들을 훈련하는 데 시간을 투자했고, 현재 그는 자신의 관리하에 있는 사역의 열매를 거두고 있는 중이다. 그가 터득한 것처럼, 겉으로 보기에 시간이 없어서 사람들을 훈련시키기 어렵다고 하는 그 장애물은 사실은 실제상의 장애물이기보다는 관념상의 장애물이다.

물론, 모든 장애물이 관념상의 장애물은 아니다. 예를 들어, 나는 지도자가 될 만한 사람들을 선택하는 데 있어 실수를 범한다. 나는 지도자의 자질이 없거나 내가 기대하는 수준에 절대 이를 수 없는 사람에게 나 자신을 투자하는 것이다. 그것은 나에게는 좌절이었지만 엄연한 현실이었다.

어떠한 지도자도 기꺼이 실수할 각오는 되어 있어야 한다. 왜냐하면 우리 모두는 실수하기 때문이다. 언젠가 나는 내 가까운 친구로 있는 세 명의 부교역자를 파견해야만 했던 일이 있었다. 그 세 사람 모두는 주님을 사랑하는 사람들이었고 부교역자로서도 훌륭했다. 그러나 그들이 해야 할 사역은 그들의 수준을 넘고 있었다. 그들은 150명까지는 효과적으로 사역할 수 있었지만, 200~250명을 감당할 수는 없었다. 때문에 그들의 사역은 고통이었고 그들은 엄청난 압박을 받고 있었다.

위와 같은 결정은 내리기도 어렵고 실제로 진행시키기는 더더욱 어려운 일이다. 그러나 우리가 하나님의 명령을 찾고 순종하고 있다면, 우리는 그분께서 조만간 해결책을 주시리라는 것을 믿을 수 있다. 한동안 앞서 말한 그 부교역자들과 나와의 관계는 삐걱거렸다. 왜냐하면 내가 내린 그 결정이 그들의 삶에 복잡한 영향을 미쳤기 때문이다. 그렇지만 지금 그들 모두는 그러한 목회 경력과 경험을 쌓게 된 것에 대해 기쁘게 생각하고 있다. 그리고 우리 모두는 하나님의 지혜로우신 인도에 감사하고 있다.

대부분의 지도자들은 만인 제사장의 정신을 구현하려는 의욕적인 생각으로 다른 사람들을 통해 그들의 사역을 시작한다. 그러나 몇몇 사람들은 조금 타오르다가 그 원리로부터 이탈하기 시작한다. 그들은 사람을 잘못 선택한 것이다. 그리고 그들의 선택이 거꾸로 그들을 괴롭히기 시작한다. 이러한 일이 그들이 목회를 시작한 초년 시절에 세 번, 네 번 일어나면, 그들은 당연히 그런 뜨거운 난로에 결코 다시는 손을 대지 않겠다는 결심을 하게 된다.

그러나 그것은 불행한 일이다. 왜냐하면 때때로 일어나는 그러한 실패들이 원리상의 오류를 의미하는 것은 아니기 때문이다. 필요한 것은 단지 지혜로운 실천뿐이다. 두려움이 일어난다면, 그때는 한번 되돌아보고 어디에서 잘못되었는가를 가려내야 할 시점이다 : 선발 과정이 졸속으로 이루어진 것은 아닌가? 사람들을 적절하게 훈련시키는 데 문제가 있었던 것은 아닌가?

이를 위해서는 예수님께서 가장 도움이 필요하셨던 순간에 당신의 열두 제자들로부터 버림받으셨다는 사실을 기억하는 것이 도움이 된다. 만약 예수님도 그러한 일을 당하셨다면, 우리가 누구기에 그러한 일을 온전히 피할 수 있다고 생각하는가? 때때로 열매가 빈약하다는 것을 이유로 나는 이렇게 건전한 일을 행하는 것을 멈춰서는 안되는 것이다.

다른 사람들을 통해서 일을 할 때에 또다른 장애물이 되는 것은 지도자의 인격 때문인 경우도 있다. 인격적으로 불안정한 사람은 다음과 같이 생각할 수 있다. "만약 내가 내 일의 일부를 맡기기 위해 다른 사람을 키울 경우, 나만의 독특한 위치와 지위를 잃게 되는 것은 아닐까? 그리고 만약 그들이 새로운 능력을 사용함으로써 내 체면이 손상된다면 또 어떻게 하나?" 다스려야 할 이러한 병적인 생각 때문에 다른 사람들을 자신의 책임을 분담할 사람으로 이끌어오는 것을 주저하게 만드는 것이다.

반면에, 위대한 지도자들은 커다란 그림에 시선을 집중하면서, "하나님 나라를 건설하고 그 사람의(혹은 그녀의) 숨겨진 능력—설령 그들의 능력이 나의 능력보다 더 크다고 할지라도—을 개발하는 것이 나의 영역을 지키는 것보다 훨씬 중요하다"라고 말한다.

사실, 다른 사람들을 통해 사역을 성취하는 것이 대개는 그 지도자를 이전보다 더 훌륭하게 보이도록 만들어 준다. 더 많은 일이 성취되고 더 많은 사업을 벌일 수 있기 때문이다. 그리고 그 지도자는 선발자, 조련사, 그리고 위임자로서 존경을 받게 되는 것이다.

나는 일군(一群)의 사람들을 활용하고 있는데 이들은 한 사람이 성취할 수 있는 일들을 각각 대표할 만한 사람들로서, 능력과 은사와 정력과 사용할 수 있는 제자원을 소유한 사람들이다. 분명히, 어떠한 사람이건 그가 감당할 수 있는 영역은 한정되어 있다. 다른 사람의 자원을 더 보태지 않으면 그 영역은 확장될 수가 없다. 이처럼, 그 사역 속에서 오직 한 사람만이 일을 해 나갈 때, 사역의 범위는 제한된 채로 남아 있을 수밖에 없게 된다.

우리는 부교역자들에게 다음의 두 가지 중 한 가지를 감당할 수 있는 능력을 가진 사람들에게 자신들의 삶을 투자하라고 가르치고 있다. 여기서 두 가지 일이란 그의 사역의 영역을 확장해 주거나 아니면 그 일에 있어서 그를 대체해 주는 것이 그것이다. 이 삼 년의 훈련이 끝나면, 피훈련자는 그 교역자가 사역의 영역을 확장하거나 그 일을 맡기고 새로운 사업에 착수할 수 있는 충분한 여유를 얻는 데 도움이 되어 줄 수 있어야 한다.

이것이 윌로우 크릭 교회에서의 나의 체험이었다. 나는 고등부 사역을 출발시켰고 독신자 사역의 기초를 놓았으며 그 후에는 우리의 소그룹 사역을 발전시켰다. 매 전환점마다 나는 하나의 책임 영역에서 다른 책임으로 건너 뛰었는데 이것이 가능할 수 있었던 가장 큰 이유는 누군가 기꺼이 나의 위치를 대신해 주었기 때문이다. 나의 책임을 떠맡을 사람을 훈련시킴으로써, 나는 우리 교회의 사역의 영역을 확장할 수 있는 여유를 얻을 수 있었던 것이다. 만일 내가 그렇게 하지 않았다면, 내가 교회에 기여할 수 있는 수준은 처음 고등부를 담당했을 때의 그 영역을 결코 뛰어넘지 못했을 것이다.

지도자란, 어느 의미에 있어서는 다른 사람을 효율적인 사역에로 이끌어오는 사람이다. 이런 일을 하는 데 있어서 열쇠가 되는 것은 신중하게 잠재력을 지닌 사람들을 선발해 내는 일이다.

지도자 후보를 물색할 때 눈여겨 보아야 할 것들

지도자감을 고를 때, 조심해야 할 점은 어떤 개인이 엄청난 은사와 능력을 지니고 있느냐를 제일 먼저 보는 것이다. 그러나 윌로우 크릭 교회에서의 경험에 비추어 볼 때, 우리는 그것이 출발점이 아니라는 것을 배웠다.

●**인격.** 최고의 지도자를 위한 기준은 인격적인 힘이다. 여기에는 타협의 여지가 없다. 영적인 능력이나 다른 능력이 보다 더 중요하게 보일 수도 있겠지만, 우리는 쓰라린 경험을 통해서 그렇지 않다는 것을 배웠다.

이십대 중반 쯤에, 한 사람의 인격은 거의 고정된다. 만일 그가 이십대 시절에 근면하고 정직하며 양심적이고 충성스러웠다면, 그는 아마 사십대에도 육십대에도 여전히 그러한 삶을 살게 될 것이다. 사실이 이렇기 때문에 만일 중대한 인격적 결함이 있다면, 그 결함은 제자 훈련보다는 새 부모에 의한 양육에 가까운 집중적인 노력이 없고서는 아마 바뀌지 않을 것이다.

진실을 말할 줄 모르는 25세의 청년이 있다면, 아마 그는 어린 시절부터 줄곧 거짓말하는 기술로 지금까지 살아왔을 것이다. 그가 부정직(dis-honesy)에 관한 한번의 대화로 바뀔지는 의심스러운 일이다. 인격이 형성되어 있지 못하거나 인격적 훈련이 부족한 사람도 이와 같은 것이다. 이러한 사람을 변화시키려면 그 사람의 인격이라는 천을 다시 짜는 것과 같은 노력이 요구되는 것이다.

우리는 인격에 대해서는 타협할 수 없다는 것을 배웠다. 그 사람이 아무리 은사가 많고 훈련되었으며 영적으로 성숙한 사람이라 할지라도, 그러한 능력이 진실하게 사용되느냐 여부는 인격에 의해 결정되는 것이다.

그러면 인격에 대한 평가는 어떻게 할 것인가? 내가 주목하는 두 가지 지표는 사람들이 그들의 삶을 어떻게 관리해 나가고 있느냐 하는 점과 타인과의 인간 관계를 어떻게 해 나가고 있느냐 하는 것이다.

다른 사람을 지도하기 위한 선결 요건은 먼저 자신의 삶을 효율적으로 이끌어 나가는 능력에 있다. 이것이 바로 사도 바울이 고린도전서 9장 27절에서 한 말씀이다 : "내가 내 몸을 쳐 복종하게 함은 내가 남에게 전파한 후에 자기가 도리어 버림이 될까 두려워 함이로라." 한 지도자의 첫째되는 책임은 자신의 삶을 질서 있게 하는 것이다. 자신의 삶을 향하여 권위를 행사할 수 없는 사람은 타인의 삶을 향하여 건전한 권위를 행사할 수 없을 것이다.

인격의 연약함은 자기 관리(self-management)의 부족 — 절제심의 부족, 약속 시간에 늦는 일, 불완전한 일처리, 외부 상황에 좌우되는 일,

심지어는 윤리적 일탈 행동—속에서 드러난다.

몇년 전 우리는 은사와 영적인 능력에 있어 의심할 나위없어 보이는 교역자를 채용하였다. 그러나 그를 채용한 후에, 우리는 그가 진실을 왜곡하는 습성이 있다는 것을 알았다. 몇 번이나 직원들은 그가 이간질하는 이야기를 하는 것을 보았다. 마침내 그는 한 직원을 다른 사람과 이간하기 위해 함정을 파기 시작했다. 그리고는 인간 관계들이 무너지기 시작했다.

그는 또한 과장을 한다. 우리가, "지난 밤 집회에 몇 명이나 모였습니까?" 하고 물으면,

"오우! 몇백 명쯤" 하고 그는 말한다.

우리가 다르게 알고 있을 때는, 그와 부딪히게 된다. "정말 몇백 명이 모였습니까?"

"글쎄, 아마 150명쯤은 되겠죠." 이와 같은 이야기가 여러 번 오고 간 후조차도 그는 여전히 과장을 한다. 그리고 우리는 그의 반복되는 과장은 거짓말의 또 다른 형태라는 것을 알았다. 우리 모두는 실수를 한 것이다. 그러나 이와 같은 패턴의 일이 반복된다는 것은 그의 인격에 결함이 있다는 것을 말해 주는 것이다. 그는 자신의 결함을 모르고 있었을 뿐만 아니라 그 결함을 위해 어떤 행동도 취하지 않았다. 그래서 우리는 그를 내보내야만 했다.

대개, 인격의 연약함은 쉽게 밖으로 드러나지 않는다. 미래의 지도자가 될 만한 사람을 시간을 두고 관찰해 보는 것이 중요한 이유는 이때문이다.

인격 평가의 두번째 지표는 인간 관계를 형성하는 방법이다. 어떤 사람은 어떤 위계 질서(hierachy)—권위의 상하 체계—속에서만 관계를 형성할 수 있다. 그는 사람들을 위해서 또는 사람들 위에서 일할 수 있을지 모르지만, 사람들과 함께 일하지는 못한다. 지도력의 요체는 사역을 위하여 사람들을 훈련시키기 위해 그들에게 충분히 가깝게 다가가는 일

이다. 그렇다면 성공의 열쇠는 사람들과 함께 일할 줄 아는 능력이다.

사람들과의 선한 관계를 형성하려면 겸손, 예의, 인내, 절제 등이 필요하다. 이러한 특질들을 보이는 사람이라면 아마도 그는 건전한 인격의 소유자일 것이고 지도자의 책임을 맡기에 적임자일 것이다. 역으로, 만일 어떤 사람이 다른 사람과 따뜻한 관계를 맺을 수 없다면, 나는 그 (혹은 그녀)가 지도자가 될 준비가 되어 있는지 의심해 보게 된다. 나는 내가 현재 지도자로 훈련시키고 있는 사람들에게 인간 관계를 위한 기본적인 기술까지 가르쳐 줄 시간이 없다.

인격에 직접적으로 중요한 요소는 아니지만 자존심(self esteem)은 여기서 중요한 역할을 한다. 어느 정도, 우리 모두는 일말의 자존심을 가지고 있다. 죄로 인해 우리 모두는 어느 정도 불안정한 상태로 존재한다. 누구에게나 있는 이러한 불안정한 상태가 사역에 반드시 장애가 되지는 않지만, 보다 더 결정적으로 심하게 들어나는 불안한 모습은 사역에 파괴적인 영향을 미친다. 내가 앞에서 언급한 바와 같이, 불안정한 사람은 강한 사람들을 모을 수가 없는데, 이는 그가 두려워하는 한 사람이 보다 강력해져서 그에게 위협이 될 수도 있기 때문이다.

미래에 우리의 직원이 되거나 평신도 지도자 요원이 될 만한 사람들을 면접할 때, 우리는 그가 자신을 어떻게 받아들이고 있는지 알아내기 위해 노력한다. 과연 그들은, "그렇습니다. 저는 죄인입니다. 하나님의 은혜를 떠나서는 저는 아무것도 아니라는 것을 확실히 알고 있습니다. 그러나 하나님께서 은혜와 은사를 제게 베푸시면, 제게도 나누어 줄 수 있는 것이 있지 않겠습니까?"라고 말할 수 있는가? 건전한 자존심은 우리가 사역의 기초를 놓기에 더 적합한 기초가 될 수 있다. 우리가 발견한 것은 만일 우리가 이 부분에서 타협을 하고 들어간다면, 나중에는 그 대가를 치루게 되리라는 것이다.

● **영적인 순수성.** 미래의 지도자를 위한 두번째 기준은 영적인 순수성이다. 그들은 그리스도께 성숙하면서도 지속적인 헌신을 하고 있는가?

하나님의 말씀이 그들의 매일의 삶에 영향을 미치고 있는가? 그들은 기도하는가? 그들은 성령께 순종하는가?

나는 이러한 점을 알아보기 위해 다음과 같은 특별한 질문을 한다 : 이번 주의 QT시간에 당신이 공부한 내용은 무엇입니까? 당신이 최근에 받은 기도 응답을 나눌 수 있겠습니까? 당신이 싸우고 있는 가장 어려운 유혹은 무엇입니까? 당신은 어떻게 그리스도를 알게 되었습니까? 제자 훈련을 받아 보신 적이 있습니까? 누군가에 대해 제자 훈련을 시켜 보신 일이 있습니까? 이러한 질문들은 그 사람이 하나님과 동행하고 있는지를 알아 보는 데 있어서 "당신의 영적인 생활은 어떻습니까?"와 같은 일반적인 질문보다는 훨씬 더 정곡을 찌르는 질문들이다.

우리는 왜 이와 같은 영적으로 기본적인 문제들을 다루어야만 하는가? 이유는 지도자라는 짐을 지게 될 사람들에게는 이런 기본적인 것들에 대한 실천이 요구되기 때문이다. "나는 일주일 내내 훈련할 필요가 없습니다. 나는 단지 일요일에 나가서도 시합을 할 수 있습니다"라고 말하는 축구 선수가 있다면, 그는 지금 문제를 향해 직행하고 있는 것이다. 결국 준비가 부족하면 드러나기 마련인 것이다. 교회 지도자들도 마찬가지다. 만일 그들이 매일의 삶 속에서 영적인 훈련을 하지 않는다면, 영적인 열매를 더 풍성히 맺게 하지는 못 할 것이다.

● **사역에의 적합성.** 사람들은 대개 사역에의 적합성을 말할 때면 이를 곧장 은사와 능력이라는 관점에서 이야기한다. 그러나 이러한 측면들은 갖추어야 할 자질의 일부일 뿐이다. 이것들과 동등하게 중요한 것은 열정(passion)이다. 어떤 사람들은 특별한 사역에 필요한 은사를 완벽하게 갖출 수 있다. 그러나 만일 그들이 그에 상응하는 열정을 소유하지 못하면, 그들은 동기를 잃고 결국 그만두게 될 것이다.

우리들은 다음과 같이 말할 수 있는 미래의 지도자를 찾고 있다. "하나님께서는 저에게 고등학생들과 함께 사역하라는 짐을 맡겨 주셨습니다. 그리고 저는 그 일을 하기 위한 방법을 방금 발견했습니다." 때때로 처음에는 그러한 열정이 분명하게 드러나지 않아서 우리가 그 열정을 이 끌어내야만 하는 경우도 있다. 그러나 그럴 때조차도 우리는 자연적으로 타오르는 섬광에 대해 주시할 필요가 있다.

열정이란 하나님을 위해 무엇인가를 하기를 원하는, 억제할 수 없는 욕구를 말한다. 열정은 강렬한 감정의 모습을 가지고 자신을 드러내지 않을 수도 있지만, 항상 행동으로 자신을 드러낸다. 그러한 열정은 윌리 암 부스(William Booth)처럼 가난한 사람들을 향한 열정과 같이 극적 인 모습으로 나타날 수도 있고 아니면 재정 담당자가 교회 재정을 성실 하게 보호하겠다는 겸손한 모습으로 나타날 수도 있다. 어떤 경우든지, 하나님께서는 그 혹은 그녀의 마음 속에 동기를 불어넣고 이를 움직여, "저는 이 일에 대한 강렬한 열망을 느낍니다. 그리고 이 일을 위해 필요 한 것들을 가지고 있습니다. 제게 이 일을 맡겨 주십시오!"라고 말하도 록 하신다.

윌로우 크릭 교회의 경우, 건물 관리는 자신들의 책임이라고 감정적으 로 느끼는 사람들이 있다. 그들에게는 주일 아침에 교회에 오지 않는 사 람들에게 깨끗한 교회 건물을 보여 줌으로써 그들로 하여금 교회에 오고 싶도록 만들려는 욕구가 있다. 그 사람들은 또한 우리 교회의 건물 상태 는 뛰어나시고 완전하신 하나님에 대한 우리의 헌신을 반영하는 것이라 고 믿고 있다. 그러므로 그들은 자신들이 하고 있는 일에 대해 열심을 가 지고 있다. 이것이 바로 사역에의 적합성이다.

● **원만한 인간 관계.** 훌륭하게 제 기능을 다하는 조직을 가지기를 원 하는 지도자는 인간 관계에 있어 원만한 사람들을 또한 선택해야 한다. 교회 지도자들은 가끔 이 점에 대해서는 건너뛰려고 하는데 이는 편애한 다(favoritism)는 느낌을 주기 때문이다. 우리는 다른 사람들로부터 모 든 사람을 사랑하고 있는 사람으로 인식되고 있지 않은가? 우리는 관대 해야 한다는 요구를 받고 있지 않은가? 그런데 어떻게 누구 누구는 인간 관계가 원만하지 못할 것이라고 말할 수 있는가? 하나님 나라의 확장을

위해 지도자들은 특정인에 대한 개인의 선호 감정을 기꺼이 포기해야 하지 않는가?

이에 대한 대답은 "예스"와 "노"(Yes and No)이다. 지도자는 융통성이 있을 필요가 있는가? 그렇다. 지도자는 그(혹은 그녀)가 함께 있고 싶지 않은 동료라도 선택해야 하는가? 나는 그렇지 않다고 생각한다. 팀의 관계가 불편할 때, 일은 대개 고통이 된다.

분명히 우리는 모든 사람을 사랑해야 한다. 그러나 그것이 우리가 모든 사람과 밀접한 관계에서 일해야 한다는 것을 의미하지는 않는다. 나는 왜 다른 아가씨들을 제쳐 두고 내 아내와 결혼했는가? 한 가지 이유는 우리 둘 사이에 일어났던 상호간의 반응이 좋았기 때문이다. 데이트를 하면서, 나는 내가 다른 어느 여자보다도 그녀를 더 좋아하고 있다는 것을 깨닫게 되었다. 우리는 점점 더 가까워지게 되고 우리의 삶은 하나가 되었다.

나는 왜 어떤 직원과 일할 때는 더 일을 잘하게 되는가? 이유는 우리는 서로 '의기 투합'하기 때문이다. 설령 우리가 함께 일하고 있지 않을 때라도, 우리는 곧잘 함께 즐거운 시간을 보내곤 한다. 나와 호흡이 맞는 사람들과 함께 일함으로써 더 뜨거운 마음으로 일할 수 있고 생산성이 올라간다면, 이를 금지할 이유가 무엇인가?

모든 작업 집단에는 독특한 개성이 있다. 예를 들어, 윌로우 크릭 교회 팀의 특징 가운데 하나는 사역을 위하여 모두 기꺼이 서로 양보하고, 아이디어를 나누고, 또 서로를 통해서 배우려 한다는 것이다. 그러므로 만일 어느 수퍼 스타가 나타나서, "나는 내가 하고 있는 일을 잘 아니까 이 일을 처리할 수 있다―그런데 내 방식대로!"라고 말한다면, 그(혹은 그녀)는 그곳에 있는 다른 직원들과 부딪히게 될 것이다. 그러나 그가 배우기를 좋아하는 사람이라면,―그가 아직 설익은 실력밖에 없는 신참이든 노련한 베테랑이든―그는 자연스럽게 원만한 관계를 이루어 나갈 수 있을 것이다.

재고해 보아야 할 특질들

어떤 성격적 특질들은 그 지도자 후보감이 분명한 선두주자라는 것을 드러내 주지만, 어떤 특질들은 우리를 어리둥절하게 만든다. 특별히, 우리는 공격적인 특질과 솔선 수범하는 면(initiative)에 대해 주의깊게 관찰해 보아야 할 필요가 있다.

어떤 사람들은 리더십을 공격적인 성격과 동일한 것으로 본다. 그러나 사실, 지도자들은 스타일과 기질 면에서 다양한 모습을 띠고 있다. 어떤 사람들은 조용한 가운데 주로 행동을 통해서 지도력을 발휘한다. 예를 들어, 시카고 베어스 팀(Chicago Bears)의 라인베커(linebacker : lineman의 바로 뒤에서 수비하는 미식 축구 선수―역자주)이자 주장인 마이크 싱글테리(Mike Singletary)는 많은 말을 하지 않는다. 그러나 그의 인품과 훈련은 그를 경기장 안에서나 밖에서 모두 그를 존경받는 지도자로 만들어 주고 있다.

다른 능력 있는 지도자들은 천성적으로 수줍어하고 어떤 일이 있어도 다른 사람들 앞에 나서서 주목받는 것을 피하려 한다. 우리 교회의 음향과 조명을 지도하는 사람들은 다른 사람 앞에 나서는 것을 좋아하지 않으며 특별히 여러 사람들 속에 있는 것을 즐겨하지 않는다. 그러나 그런 점이 그들의 사역에 방해가 되지 않는다. 그들은 무대 뒤에 있기를 좋아하는 다른 작업자들과 어울려 훌륭하게 일해 나간다. 정확히 말하여, 그들이 지닌 남보다 유별난 내향적 성격들이 그들을 높은 성과를 내는 지도자들로 만들어 주고 있는 것이다.

지도자들이 효율을 올릴 수 있는 또 다른 열쇠는 그들의 성실성이다. 그들은 공격적이지 않다. 그들은 무모하게 밀어 붙이지 않는다. 그러나 그들의 감성적 깊이와 열정은 그들이 지도하는 사람들을 사로잡는 것이다.

한 사람을 지도자로 만들기에 적합한 수준을 넘어 단지 공격적이라는 것, 이것은 사실 경고를 알리는 신호다. 종종, 극단적인 공격성은 인격에 문제가 있음을 말해 주는 것이다. 공격성은 억압된 분노나 성공하고자 하는 과도한 욕구에서 분출될 수도 있다. 이러한 공격성은 사역에의 연료가 되는 것이 아니라 오히려 꺼버리는 역할을 한다.

사역의 추진력이 되어 주는 것은 솔선하는 성격이다. 솔선하는 사람(initiator)은 행동을 취한다. 그러나 그는 단지 공격적인 사람과는 달리, 자신을 위해서가 아니라 다른 사람들을 위해서 행동을 취하는 것이다.

공격성과 솔선 수범을 구별하기 위해, 나는 그 사람의 노력의 열매를 주의해서 본다. 만일 그 열매가 그 사람을 높이는 것으로 나타난다면, 이는 아마 야심에 찬 공격성이 작용한 것이다. 그러나 사람들이 그에 의해 순수하게 도움을 받고 그가 맡은 사역이 성장한다면, 그의 솔선하는 성격이 동기가 되었을 가능성이 더 높다.

우리 교회에서, 나는 용의주도함과 공격성 그리고 타인보다 열심히 일함으로써 성공한 많은 사업가들을 만난다. 표면적으로 보면, 그들은 훌륭한 지도자감으로 보인다. 그러나 꾀가 많은 사람들이 성령에 자신을 맡기고 다른 지도자들에 대해 책임지는 것을 배우지 않는 한, 그들은 갑판 위에 놓인, 안전장치가 빠진 대포와 같다.

그러한 사람들을 우리는 그들을 누그러뜨릴 수 있는 강력한 지도자들 밑에 배치시킨다. 우리가 발견한 것은, 시간이 지나면서 성령께서 그들을 사로잡아 그들이 지닌 자기 중심적인 의지를 사용하신다는 것이다. 변화는 대개 먼저 그들이 가족을 대하는 모습과 직장에서 종업원들을 대하는 태도에서 나타난다. 일단 성령께서 그들의 방향을 지도해 나가시면, 그들은 대개 효율적이면서도 경건한 지도자로 변화된 모습을 보인다. 부분적이지만, 동역자로 누구를 선택하는가를 통해 그 지도자를 판단해 볼 수 있다. 올바른 사람을 선택하면 그 사역은 성장한다. 잘못된 사람을 선택하는 것은 사역을 질식시키고 신뢰도에 금이 가도록 만드는 문제들을 향해 문을 열어 놓은 것이다.

현명한 선택을 하기 위한 키 포인트는 무엇인가? 시간, 기도, 그리고 분별력이다. 예수께서는 해변을 따라 걸으시면서, "너 그리고 너 또 네가 필요하다. 너희들의 그물을 버리고 나를 따르라"고 말씀하시는 방식으로 열두 제자를 세우지 않으셨다. 사역 일 년째 되던 때에, 예수께서는 수많은 제자들과 더불어 일하셨다. 미래의 지도자들을 세워야 할 시점에 이르렀을 때, 그분께서는 멀리 떠나 밤새워 기도하셨고 돌아오신 후, 그제야 열두 제자를 선택하셨다(누가복음 6장과 마가복음 3장).

만약 예수님에게도 일 년을 기다리고 밤이 맞는 기도가 필요하셨다면, 우리 역시 미래의 지도자들의 삶을 살피기 위해 기다려야만 하지 않겠는가? 분별하는 지혜를 위해 열심히 기도해야 하지 않겠는가? 만일 우리가 예수께서 밟으신 것과 동일한 그러한 세심한 과정을 철저히 따르지 않고도 지혜로운 선택을 할 수 있다고 생각한다면, 우리는 스스로를 기만하는 것이다.

다른 사람을 통해 사역하는 법

적임자들을 적합한 자리에 앉히고 나면, 우리는 어떤 과업을 내가 직접하고 또 어떤 일은 그들을 통해 성취할 것인가 하는 매우 중요한 결정을 내려야 한다. 당연히 우리가 위임해서는 안될 일들이 있다. 피터 드러커(Peter Drucker)는 이런 일들을 가리켜 지도자만의 '독특한 기여'(unique contribution)이라고 불렀는데, 이는 지도자만이 그 조직에 대해 할 수 있는 일들을 말한다. 지도자들은 업무를 위해 그에게만 주어진 위치와 권한은 절대 위임해서는 안된다.

예를 들어, 어떤 고참 목사는 전형적인 교사로서의 은사와 훈련을 받은 사람이다. 종종 그가 가장 기여할 수 있는 부분은 주일 아침에 가르치는 일이다. 그러므로 그에게 과중한 업무로 인한 부담이 있을 때, 그가 초점을 두어야 하는 부분은 메시지를 준비하는 일이며 기타의 일은 다른 사람에게 위임해야 하는 것이다.

윌로우 크릭 교회에서 나만이 독특하게 기여할 수 있는 분야는 부교역자들을 바로 세워 주는 일이다. 어느 누구도 나만큼 우리 부교역자들이 자신들이 담당하고 있는 분야를 스스로 개발하는 데 있어 그들을 도와 줄 사명을 띠고 있는 사람은 없다. 내 편지를 타이핑하거나 독신자 집회를 인도하거나 교회 회보에 관한 행정을 감독하는 일 등은 어느 누구도 할 수 있지만, 어느 누구도 각 분야의 지도자들인 그들을 감독하도록 부름받은 사람은 없다.

그러면 우리는 어떻게 우리만이 할 수 있는 그 독특한 기여라는 것을 결정할 수 있을까? 우리의 은사와 열정, 재주, 배경과 성격, 그리고 기질에 대해 신중히 생각해 봄으로써 가능하다. 통찰력이 있다면, 우리는 우리에게 주어진 특별한 지위에 요구되는 일들을 어떻게 하면 가장 훌륭하게 성취해 낼 수 있을 것인가를 결정할 수 있다.

나는 나 자신에 대해서만큼은 배우는 학생이 되고자 노력한다 : 하나님께서는 내가 어떤 사람이 되도록 만드셨는가? 내게 무슨 일을 하라고 부르셨는가? 나는 내 하루 중 가장 좋은 시간을 이 독특한 기여를 이루는데 바쳐야 한다.

내 영역이라는 원(圓)의 일부분을 결정하여 잘라내고 나면, 나는 나머지 업무들을 자세히 살펴보면서, "원의 나머지 부분을 완성하는 데 있어 나를 도와 줄 사람을 누구에게서 찾을 수 있을까?" 하고 질문해 볼 필요가 있다. 이를 위한 열쇠는 내가 잘라낸 부분을 내 일이라고 느끼는 것처럼 나머지 부분을 자기 몫이라고 느끼는 사람을 발견하는 일이다.

예를 들어, 수년 동안 나는 급여 위원회(compensation committee)의 사람들과 함께 일해 왔다. 그러나 조직이 커지면서, 급료 지불 일자가 점점 복잡해지게 되었다. 이 분야에 대한 훈련이 되어 있지 않았으므로, 나는 이 일에 적임자가 아니라는 것을 뼈저리게 느꼈다. 하지만 업무상으로 말하면, 그 일에 대한 책임은 내 영역 속에 있었다.

그 당시, 소그룹에 참여하고 있던 한 사람이 있었는데 그는 대기업의 인력관리본부 부본부장이었다. 그의 박사학위와 풍부한 기업에서의 경험을 통해 임금 협상 업무가 그에게는 자연스러운 일이었고, 게다가 그는 그러한 일을 즐기고 있었다.

현재 그는 우리 교회의 급여 위원회를 이끌고 있다. 그의 전문 지식으로 인해, 우리의 급여 체계는 대단히 세부적인 면까지 운용되고 있으며, 우리 모두는 그 혜택을 입고 있다. 직원들은 더 나은 서비스를 받게 되고 그 사람은 자신의 능력을 교회를 위해 사용할 수 있게 되었으며, 나 또한 최고의 능력을 발휘할 수 있는 일에 손을 댈 수 있는 여유를 얻게 되었다. 이런 일은 내가 사역의 발전에 대한 강한 책임감을 느끼는 것과 같이 급여 일정에 대한 같은 강한 책임감을 느끼고 있는 지도자를 발견했기 때문에 가능했던 것이다.

내가 직접해야 할 일과 다른 사람에게 위임해야 할 일을 결정하고 나면, 우리는 어느 정도의 책임을 언제 위임해 줄 것인가를 결정해야 한다. 윌로우 크릭 교회에서는 다음과 같은 원칙을 지키고 있다 : 작은 일에 충성한 자가 큰 일에도 충성한다(Faithful with little, faithful with much). 우리는 처음에는 사람들에게 작은 일과 작은 책임을 맡긴다. 그리고 그들이 그 일에 충실하다는 판단을 내리게 되면, 우리는 그들에게 더 큰 일을 맡긴다.

가끔, 신학교 학생들이 전화를 걸어, "저는 훈련 기간이 필요한데요, 윌로우 크릭 교회에서 가르칠 수 있을까요?"라고 물어 온다. 우리는 항상 그러한 제의는 거절한다. 우리는 그 신학교 학생들에게 소그룹을 그들의 가정에서 인도할 수 있는 기회는 제공할 수 있을 것이다. 그리고 그 일이 잘 진행될 때, 지도자로서의 그들의 역할을 키워나갈 수는 있다. 그러나 우리는 우리와 함께 일하는 가운데 그들이 성실하고도 효과적으로 일한다는 기록이 없는 한, 중요한 책임을 맡기지 않는다. "여러분은 먼저 5명에게 설교하는 것으로 시작하라, 그런 후에 당신이 50명에게 설교

하는 모습을 지켜 보겠다. ”이것이 우리가 그들에게 해주는 말이다.

우리는 미래에 지도자가 될 사람들이 그들의 강한 인품과 건전한 영적 생활에 대한 증거와 신뢰할 만한 인간관계를 형성해 나가는 모습을 우리들에게 보여 주기를 기대한다. 그리고나서 그들의 가르치는 은사가 확인되면, 우리는 그들을 활용할 자리를 물색한다. 이러한 기대는 다른 지도자 후보들에게 행정이나 예배에 관한 일을 처음 맡길 것을 결정하는 데도 도움이 된다.

우리는 우리를 대신하여 일할 사람들에게 너무 커다란 책임을 너무 빨리 위임해 주어서도 안되겠지만, 한편으로는 그들에게 도전을 주는 것도 중요한 일이다. 사실, 우리가 선택한 사람들에게 너무 적은 것을 기대하는 것은 너무 많은 것을 기대하는 것보다 더 위험한 일인지도 모른다.

대개, 사람들이 리더십에 매력을 느끼는 것은 다른 사람들이 그들의 능력을 여러 모로 알아주기 때문이다. 보통 그들은 정력적이고 바쁜 사람들로서, 어느 한 가지 일을 훌륭하게 해낼 수 있다는 것을 증명해 보이는 사람들이다. 이러한 타입의 사람들이 사역에 한번 빠져들면, 또 열매가 맺히는 기쁨을 맛보게 되면, 그들은 앞으로 나아가기를 원한다.

그러한 사람들에게 도전을 주는 것이 그토록 중요한 것은 바로 이때문이다. 그들에게 빈약한 일을 맡기고, 거의 기대도 하지 않고, 적기에 더 큰 책임을 맡기지도 않는다는 것은 그들에게는 하나의 충격이다. 능력 있는 사람들은 더 큰 책임을 맡는 위치로 성장하기를 바라는 것이다.

당연한 얘기지만 나는 어린이 사역을 한번도 해본 적이 없는 사람이 주일 학교의 지도 교사를 맡을 수 있다고는 기대하지 않는다. 나는 이러한 사람들에게는 감당할 만한 도전, 예컨대 소그룹의 인도자와 같은 일을 주는 것으로 시작한다. 그러나 한 일년 정도 지난 후에, 그 사람이 능력이 있다고 인정되면, 나는 그(혹은 그녀)를 25~50명의 학급의 지도 교사로 임명할 것이다.

물론 당사자들과의 대화도 필요하고 그들의 진보를 관찰하는 것도 당연히 필요하다. 나는 그들에게 어떤 도전을 쏟아 부은 후 뒤로 사라질 수는 없다. 만일 내가 그들로 하여금 책임에 빠져 허우적거리게 만든다면, 나는 그들에게 도전을 주는 것이 아니라 그들을 잃는 것이다.

관리자들은 섬세한 선을 따라 걸을 필요가 있다. 그들은 사람들로 하여금 적정한 선을 따라 움직이게 함으로써 그들이 중압감을 느끼지 않도록 해야 할 필요가 있다. 그러나 관리자들이 또 기억할 필요가 있는 것은 능력 있는 사람들은 대개 극도의 긴장감을 느낄 때, 또 그들에게 주어진 책임감이 그들을 안락한 수준 너머로 한 단계 높이 끌어당길 때, 최고의 능률을 느낀다는 사실이다. 높은 잠재 능력을 지닌 지도자들은 안락함 속에 빠져있을 때보다는 오히려 도전을 받을 때 더 고무되곤 하는 것이다.

나로 하여금 무릎을 꿇고 기도하게 만든 것은 바로 이 깨달음이었다. 일꾼들에게 과중한 부담을 주지 않고 도전을 주기 위해서는 하나님의 지혜가 필요했던 것이다.

나에게는 사람들 속에서 최선을 바라보고 또 그 최선을 기대하는 낙천가적인 경향이 있다. 나는 지도자들에게, "당신은 할 수 있습니다. 저는 당신이 할 수 있다는 것을 알고 있습니다"라고 말해 주고 싶다. 그러나 나는 그 말을 꼭 어느 한 사람에게만 해줄 수가 없다. 그래서 나는 밭에서 자란 것은 무엇이든지 주워 모으는 식으로 지도자를 뽑지 않는다. 나는 기도하는 마음으로, 인격과 영적인 성숙과 능력이 보이는 사람을 선택한다. 거의 대부분, 이렇게 선택된 사람들은 사역으로부터 제기되는 도전들을 훌륭히 감당할 만큼 성장한다.

그 결과

최근에 나는 어떤 상황으로 인해 마치 우리 교회의 부교역자 중 한 사람에 대한 임시 관리자처럼 행동해야 했던 때가 있었다. 나에게는 이미 감당해야만 할 책임들이 꽉 차 있었고, 그 부교역자에게는 변화가 절실히 필요했기 때문에, 나는 빠른 시일 내에 변화를 보장해 줄 전략을 찾아 내야만 했다. 그래서 나는 스스로에게 물었다 : 최단시일 내에 이 사역을 극적으로 변화시키려면 어떤 조치를 취해야 하는가? 대답은 분명했다 : 중심이 될 만한 지도자들을 세우는 것이다. 그래서 나는 나의 시간과 정력을 그러한 미래의 지도자들을 찾는 데 쏟았다.

이러한 A 우선순위에 초점을 맞춘다는 것이 여타의 문제들, 예컨대 이제는 별로 쓸모없게된 시설들이나 낡은 커리큘럼과 같은 문제들을 도외시하는 것을 의미하지 않는다. 그러나 나는 내게 있어 가장 중요한 과업, 곧 중심이 될 만한 지도자들을 찾는 일을 희생해가면서까지 그러한 문제들과 씨름할 여유는 없었다.

한동안 그 사역은 나의 목을 육중한 무게로 죄어오는 것과 같았다. 어떤 날들은 새벽 4시에 사무실에 나오기도 했는데, 이유는 잠이 들 수가 없었기 때문이다. 나는 완전히 지쳐버렸고, 내 가족들의 필요도 채워 줄 수 없었으며, 그 사역에 있어서의 변화도 여전히 절실한 가운데 있었다. 기껏해야 나는 겨우 버텨 나가는 형편이었다.

그러나 우리가 그 부교역자가 담당하고 있던 가장 중요한 업무를 지도해줄 적임자를 발견하자 마지막으로 변화의 종지부를 찍는 날이 왔다. 우리가 초빙했던 그 여성은 그 프로그램에 일대 혁신을 일으켰다. 그녀가 데리고 온 자원자들은 지금 아주 열심이고 새로운 사람들이 계속 그 사역에 마음이 끌려 모여들고 있다. 그 프로그램은 이전보다 훨씬 더 순조롭게 진행되고 있고, 따라서 시설들이라던가 커리큘럼과 같은 세부적인 문제들에 신경을 쓸 수 있는 여유가 생기게 되었다.

그 적임자 덕분에, 중요한 비중을 차지하고 있던 그 사역이 극적인 변화를 볼 수 있게 되었고, 나는 이전보더 더 건실한 목회자, 그리고 가정적인 사람이 될 수 있었다. 이제 나는 일주일에 단지 하루, 오후 시간을 내어 현장에서 뛰는 새로 들어온 세 명의 지도자를 지원하는 정도의 일만 하면 된다. 나는 이제 그 정도의 사치는 부릴 수 있게 되었다. 그 이유는 내가 A 우선순위에 초점을 맞춰 나를 대신하여 일해 줄 지도자들을 부지런히 찾았기 때문이다. 나는 올해의 가장 중요한 성취를 들라면 그 일을 들고 싶다.

만약 내가 그 사역을 지금까지 붙들고 있었다면, 그 사역뿐만 아니라 나 역시 여전히 절뚝거리고 있었을 것이다. 그러나 내가 지도자들을 세우는 일을 최우선순위로 삼은 결과, 우리는 현재 건강한 사역을 유지하고 있는 것이다.

우리가 이러한 방식으로 사역해 나갈 때, 모든 사람이 승리하는 것이다.

자원봉사자들에게 끊임없는 동기 부여를 하기 위해 가장 중요한 일
은, 언제나 그들이 사역을 위해 쏟는 노력보다 더 많은 성과를 거두고
있다는 느낌을 갖게 하는 일이다.

— 라이스 앤더슨

제 10장
자원 봉사자들의 모집과 동기부여

지교회에 있어서 거의 대부분의 일은 자원 봉사자들에 의해 이루어진
다. 만약 봉사자들이 효율적으로 일을 해주면, 그 교회는 효율적으로 사
역해 나간다. 만일 그렇지 못하면, 교회 역시 효율적으로 사역해 나갈 수
없다. 그러므로 목회자의 책임에 있어서 봉사자들로 하여금 효과적으로
일할 수 있도록 도와주는 일보다 더 중요한 책임을 생각해 본다는 것은
어려운 일이다.

교회 안에서 봉사자들과 함께 사역해 나갈 때, 목회자에게 부과되는
기본적인 세 가지 책임은 다음과 같다 : 사람들에게 동기를 부여하는 일,

그들이 올바른 사역을 할 수 있도록 지도하는 일, 그리고 그들의 사역을 지원하고 감독하는 일, 이 세 가지다.

사역을 향한 동기 부여

동기를 부여하는 일은 비전(秘傳)의 학문이 아니다. 그 일은 사람을 이해하고 또 그들이 무엇을 필요로 하고 있는가를 이해하는 것으로부터 시작된다. 나는 그 일에 대해 줄곧 생각해 오면서, 나는 교회 안에서 동기를 부여하기 위한 몇 가지의 지침을 개발해 냈다.

정죄하기보다는 감사하라. 아마도 정죄하거나 힐책하는 일이 교회 안에서는 가장 강력한 동기 유인이 될지도 모른다. 그것은 즉효가 있을 뿐만 아니라 효과도 높다. 사람들은 어떤 일이 성사되기를 몹시 바랄 때, 쉽게 힐책이라는 수단을 사용한다.

그러나 그 방법에는 또한 원망(resentment)이라는 높은 가격표가 따라붙는다. 질책에 의해 움직이는 사람들의 잠재의식 속에는 지도자와 그 기관에 대한 적개심이 쌓이게 된다. 그러므로 감사하는 방법, 즉 그가 한 모든 일에 대해 하나님께 감사함으로써 동기를 유발하는 방법이 훨씬 좋은 방법이다.

언젠가 나는 내가 졸업한 신학교를 위한 기금모금 만찬에 참석해 본 적이 있다. 식장에 들어가기 전에, 나는 기부할 금액을 수표에 적어 넣었다. 그 당시로서 그 금액은 나에게 상당히 큰 금액이었다.

만찬 주최자는 모금을 위한 연설을 시작하면서, 현재 7~8명의 교수가 뉴욕 시의 쓰레기 청소부보다도 적은 봉급을 받고 있다는 등의 연설을 했다(나는 그때 이런 생각을 했던 기억이 난다. 그래서 어쨌다는 거냐? 이 방에 있는 사람들의 대부분이 뉴욕 시의 청소부보다 더 적은 봉급을 받고 있지 않은가?). 그가 강조하는 내용은 이것이었다. "학교를 지원하고 있는 여러분들이 교수들에게 충분한 지불을 하고 있지 않다는 거요." 그는 우리에게 질책을 퍼붓고 있는 중이었다.

나는 기분이 언짢았다. 나는 혼쾌히 내고 싶었다. 그가 연설을 끝냈을 즈음, 나는 수표를 다시 접어 주머니에 넣었다. 나는 상석에 앉아 있었지만, 아이스크림을 담은 통이 지나갈 때, 나는 거기에 내 수표를 넣지 않았다.

그 주최자는 감사하다는 말로 동기를 유발할 수도 있었다 : "이 교수진들은 여러분들의 삶에 커다란 영향을 주고 있습니다. 여러분들은 매일 그들로부터 많은 유익을 얻고 있습니다. 그들의 저서를 통해, 그들의 강의를 통해, 또 그들이 우리에게 보여준 모범들을 통해 말입니다. 하나님께서는 그 분들을 통해 여러분들을 축복하고 계십니다. 여러분들이 지금까지 받은 놀라운 선물에 답례하는 의미에서, 이제 감사의 표시를 할 수 있는 기회를 드리겠습니다."

만일 그가 그렇게 말했더라면, 나는 아마 수표 한 장을 더 찢어 더 많은 금액을 써넣어 냈을 것이다.

이와 똑같은 원리가 봉사자들의 동기를 유발시키는 데도 적용된다. 얼마전, 결코 일어나지 말았어야 할 긴급한 상황으로 인해, 우리는 가을 프로그램을 담당할 적정수의 주일학교 교사를 확보하지 못한 적이 있었다. 누군가 나에게 와서 이런 상황에서는 내가 이렇게 말해야 한다고 일러 주는 것이었다. "누군가 3학년을 맡지 않으면, 우리는 3학년 학급을 열 수 없습니다." 그 말은 솔깃한 말이었다. 그렇게 말하면 효과가 있을 것이고, 누군가 봉사자로 나서 줄 것이기 때문이다. 그러나 그렇게 함으로써 그 일에 자원하려는 봉사자는 이미 다른 일들로 과중한 짐을 지고 있는 사람들일 것이고 3학년을 가르칠 은사도 없는 사람일 수도 있다. 그 방법은 주님의 일을 위해서는 좋지 않은 방법이었다.

그러한 상황에서조차, 나는 이렇게 말하고 싶다. "하나님께서는 우리들에게 놀라운 일들을 가르쳐 주셨습니다. 하나님께서는 우리들에게 넘치는 축복을 해주셨습니다. 지금 하나님께서는 우리들에게 감사하다는 말씀을 드릴 수 있는 놀라운 기회를 주시고 계시며, 또 그 분의 축복을 다른 사람들에게 베풀 수 있는 기회를 주시고 계십니다.” 이러한 호소는 직접적인 효과는 없을지 모르나 장기적으로 보면, 훨씬 더 큰 효과가 있는 것이다.

사람들이 현재 가지고 있는 불만을 자극하라. 욕구가 충족된 사람은 결코 다른 사람의 동기를 유발시키지 못한다. 당신의 요구가 완전히 충족되어 있을 때, 당신은 아침에 일어나려 하지 않을 것이다. 당신이 무엇인가를 하도록 동기가 유발되려면, 먼저 당신은 불만족 상태에 있어야 한다. 이에 대해 교회에서 놀라운 것은, 적당한 불만족 상태가 교회 안에는 항상 존재한다는 사실이다.

어떤 사람이 사회가 자신을 점점 더 숫자로 취급함에 따라 정체성(identity)의 상실로 인해 불만을 가지고 있다고 하자. 그러면 교회는, “당신이 이 사역에서 중요한 인물이 될 수 있는 기회가 여기 있습니다”라고 말할 수 있다. 또 다른 사람은 교회 시설에 불만을 가지고 있다. 그러면 그것은 교회의 새로운 시설 계획에 그녀를 참여시킬 수 있는 동기가 된다.

우리 교회에는 많은 수의 지도자들이 있다. 그래서 어떤 사람들은 더 많은 기회를 갖지 못해서 불만이다. 우리는 그들에게, “더 많은 일을 원하십니까? 당신이 그러한 재주가 있다면, 좋습니다! 당신의 리더십을 발휘할 수 있도록 우리는 새로운 교회를 개척해 보도록 해 보겠습니다”라고 말할 수 있는 것이다. 우리는 사람들의 불만족을 사역에 활용할 수 있는 길들을 찾아보아야 할 필요가 있는 것이다.

봉사자들이 투입하는 것보다 더 많은 것들을 주도록 하라. 이 말은 철저하게 오해될 수도 있는데 요점은 봉사자들의 동기를 항상 유발하기 위해서는 그들의 사역에 있어 그들이 현재 투입하고 있는 것보다 항상 더 많은 성과를 얻고 있다는 느낌을 주라는 것이다. 그들은, 현재 그들이 얻고 있는 성과보다 더 많은 노력을 쏟고 있는 지점에 이르렀다는 느낌을 갖게 되면, 일을 중지하려 할 것이다.

교사들은, "저는 아이들에게 공과를 가르침으로써 제가 앉아서 듣는 것보다 더 많은 것을 얻고 있어요"라고 자주 말하곤 한다. 사람들이 자원해서 일하려는 것은 개인의 성장을 경험하고, 하나님을 섬김으로써 만족을 얻으며, 중요한 조직의 일원이 된다는 것, 혹은 다른 사역자들과 동료애를 나눌 수 있기 때문이다. 예를 들어, 주일학교 교사들은 분과별 모임을 갖게 되는데 그들은 이 모임이 다음 학기의 기본적인 계획을 수립하기 위해 열린다고 생각한다. 그러나 그 모임의 가장 중요한 목적은 교사들에게, "여러분이 여섯 명의 어린이들을 혼자 가르치고 있을 때에도, 여러분은 진정 혼자가 아닙니다. 여러분은 우리 팀의 한 부분입니다. 만일 여러분이 아프거나 휴가를 간다면, 누군가 그 일을 대신해야 할 것입니다"라고 말해 주기 위한 것이다. 이러한 모임을 통해 교사들이 느끼게 되는 동료애는 그들로 하여금 사역을 계속할 수 있는 동기를 제공해 주는 것이다.

설령 그 일로 인해 고통과 좌절을 느끼게 된다 할지라도, 그 일로부터 중요한 것을 얻고 있다는 느낌을 사람들이 갖게 되면, 그들은 봉사하는 일을 계속하려 할 것이다. 이것이 곧 당신이 그들에게 많은 것을 '지불'하는 한, 당신도 또한 그들로부터 많은 것을 기대할 수 있다는 말의 의미이다.

몇년 전, 우리 교회는 라일 쉘러(Lyle Schaller)를 강사로 상담집회를 가진 적이 있었다. 그 순서의 일부로, 우리는 금요일 오후의 한 시간을 당회원과의 만남의 시간으로 계획한 적이 있었다. 비록 모든 당회원들에게는 그 금요일 오후 시간에 각각 할 일이 있었지만, 전원이 참석했다. 모임이 끝난 후, 쉘러는 말하기를 모든 사람이 참석한다는 것이 소문은 아니었다고 말했다. 나는 누군가 불참자가 있으리라는 것을 전혀 생각해 보지 않았다. 나는 당회원들이 그 모임에 참석하기 위해서는 무슨 일이라도—필요하다면 휴가를 내서라도—할 것이라고 예상했었다.

그들은 그렇게 했다. 왜냐하면 그들에게 돌아올 대가가 높기 때문이다. 당회원들은 당회 모임을 그 달 중의 최고의 시간으로 생각하고 있다. 이에 덧붙여, 우리는 연중 장로들과 그 가족들을 위해 우리집에서 밤에 즐거운 시간을 갖도록 하고 있다. 그러므로 만약 한 장로가 안건을 제출하면, 곧장 통과된다. 나는 다른 사람의 결혼식을 위해서는 내 계획을 변경하지 않지만, 장로들 자제의 결혼식에는 반드시 참석한다. 나는 내 생활 계획표를 그들을 중심으로 세운다. 그리고 그들에게는 특별 대접을 하며 그들은 그 사실을 알고 있다.

봉사자들에 대한 보답이 높을 때, 그들의 사역의 성과도 높은 법이다.

모집을 위한 준수 사항

교회는 오랫동안 교회라는 기관의 필요를 충족하기 위해 사람들을 활용해 왔다. 이러한 방법은 바람직스럽지도 못할 뿐 아니라, 동기를 유발하는 데도 상처를 준다. 이제는 많은 교회들이 그 역의 과정을 배우고 있는데, 즉 기관의 필요에서 시작하는 것이 아니라 개인의 은사에서 시작하는 것이다. "우리는 이 달 다섯번째 주일에 영아부실에서 일할 사람이 필요합니다"라고 말하는 대신, 사람들은 "당신이 예수 그리스도를 섬기면서 머물러야 할 곳은 어디입니까?"라고 말하는 법을 배우고 있는 것이다. 이렇게 접근함으로써, 사람들은 좀더 자기의 책임에 맞는 일을 할 수가 있는 것이다.

이렇게 하는 데는 자연히 시간이 필요하다. 우드데일 교회에서는 하나의 규칙을 정하고 있는데 이는 어떤 사람의 이름이 교역자들을 통해 분명히 알려지기 전에는 그에게 봉사해 달라는 부탁을 할 수 없다는 것이다. 이는 우리 교역자 모임의 대부분이 사역 어느 부분에 그 사람을 배치하는 것이 가능하냐하는 것을 토의하는데 보내고 있다는 것을 의미한다. 만일 교역자들 가운데 한 사람도 그 사람에 대해 아는 것이 없다면, 한 교역자가 그를 만나 그(혹은 그녀)의 영적인 발달과 관심 분야에 대해 의견을 나눌 것이다.

비록 이렇게 하는 데는 시간이 걸리겠지만, 이 방법은 사람들을 보호해 준다. 예를 들어, 우리의 음악 프로그램에 한 명의 봉사자가 급히 필요하다고 하자. 그러면 한 교역자가 그 가정을 방문한 후, 교역자 회의에서 이렇게 보고한다. "그 부부는 지금 결혼 생활에 문제가 있습니다. 그들을 지금 연습에 참여시키면 그들에게 좋지 않을 것같습니다. 그들에게는 지금 집에서 쉴 시간이 필요합니다." 우리는 그 의견을 존중하여 누군가 다른 사람을 찾아 보거나 그 프로그램에서 그 순서를 취소하기로 결정한다.

사실 솔직히 말해서, 사람들도 교역자들의 방문이 직원들의 신중한 검토 후에 이루어진 것을 알면 더 반가워 한다. 예를 들어, 음악과 십대들을 가르치는 일 양쪽에 은사가 있는 한 사람을 생각해 보자. 그런데 그는 지금 막 새로운 사업을 시작했기 때문에 양쪽 모두를 감당할 시간이 없다. 만일 우리가 청년부 사역에 사람이 더 필요하다는 결론을 내렸다면, 청년부 담당 목회자는 그를 찾아가 그에게 다른 사역을 맡길 것도 검토해 보았지만 지금은 한 가지 책임만 맡아달라는 설명과 함께 부탁을 하게 될 것이다. 그러면 봉사자들은 그 일이 자기들에게도 흥미가 있다는 것을 알게 된다.

또 우리는 '인력 개발 프로그램'을 만들어 세미나, 시험, 인사관리에 능력을 가지고 있는 사람과의 면담과 같은 순서들을 제공한다. 그 프로그램은 사람들로 하여금 자신들의 관심 분야와 은사가 무엇인지를 파악하고 사람들이 교회 안에서 그 은사들을 사용할 수 있는 방법을 찾도록 하는 데 도움을 준다.

(어떤 이유에선지, 사람들은 거의 대부분 자기들에게 전도를 제외한 그밖의 다른 은사가 있다는 사실에 대해서는 이를 기꺼이 받아들인다. 누가 전도에 대한 은사가 있는지를 결정하기 위해, 우리는 비교적 서로를 잘 알고 있는 50~90명으로 구성된 장년 주일 학급으로 들어간다. 우리는 그들에게 이 학급 내에서 전도의 은사가 있는 사람들의 이름을 적

어 보라고 한다. 이렇게 하면 대개 약 10명 정도의 이름이 반복되어 나온다. 그러면 한 목회자가 그 10명의 사람들에게 다가가, "당신들과 같이 기도하고 공부하던 사람들, 당신들을 가장 잘 알고 있는 사람들이 말하기를 당신들에게는 전도의 은사가 있다고 말합니다. 그 은사를 좀더 개발하여 사용하고 싶지 않으십니까?"라고 물어 본다.)

마지막으로, 한 사람을 어떤 직책에 임명하기 전에, 자격 요건, 인간 관계, 그리고 사역 기간을 포함한 책임 등의 개요에 관한 직무 분석이 이루어진다. 이러한 작업은 그 사람들로 하여금 그 직책이 자신들에게 적합한지 여부를 결정하는 데 도움이 되어 준다.

사역에의 초청이 모집을 전담하는 교회의 전임 사역자로부터가 아니라 바로 그 사역에 참여하고 있는 사람으로부터 왔을 때, 사람들을 모집하는 일은 더 쉬워진다. 그럴 때의 초청은, "이 일을 해주시겠습니까?"라는 형식이 아니라 오히려 "이 일을 하는 데 저와 함께 참여해 주시겠습니까?" 하는 형식이 된다.

이에 덧붙여, 우리는 계획된 사업이 시작되기 훨씬 전에 사람들을 모으는 일에 주력한다. 가을 학기를 위해 주일 학교 교사를 모집하는 일이 8월에 이루어져서는 안된다. 그 일은 봄에 이루어져야 하는 것이다. 이것은 봉사자들에 대한 존중을 표시하는 일일 뿐 아니라 그들에게 생각할 시간과 헌신을 위해 기도할 수 있는 시간을 주기 위한 것이다. 신중하게 생각해 보고 결정하는 헌신은 급작스럽게 이루어진 헌신보다는 훨씬 강력한 힘을 발휘하는 것이다.

정상적인 경우라면, 교회에서 어떤 사람에게 처음 맡겨지는 일은 작은 일이다. 예를 들어, 우리는 어떤 사람이 대리자의 자격으로라도 가르치는 것을 한 번 보지 않는 한, 누군가에게 장년부 교사를 부탁하지 않는다. 우리가 이러한 규칙을 무시하고 한 사람의 능력을 잘못 평가한다면, 우리는 교회에서 그 사람을 잃어버리는 것이다. 우리가 그 사람을 그 자리에서 물러나게 하면 그 사람은 체면을 잃게 되고 다른 교회로 옮기고 싶은 마음이 들게 되는 것이다.

물론, 우리가 아무리 이러한 규칙을 철저하게 준수한다고 할지라도, 어찌할 수 없는 경우가 있다. 때때로 사람들은, "저는 육 개월이나 애써 봤지만 아무래도 그 일에는 은사가 없는 것 같아요"라고 말하는 수가 있다. 이럴 경우 우리는, "좋습니다. 그러면 어떤 일을 맡으셔야 할지 생각해 볼까요?"라고 말해야 한다.

결정적인 사역과 결정적인 역할

어떤 프로그램을 보조해 줄 봉사자가 충분치 않을 때, 지도자들은 이렇게 물어볼 필요가 있다. "이 일은 반드시 우리가 하지 않으면 안 되는 일일까?" 신학적인 견지에서 볼 때, 하나님께서는 당신께서 필요한 자원을 보내주시지 않으면서 우리가 어떤 일을 하리라고 기대하시는 분이 아니다라고 생각해 볼 수 있다. 만일 자원이 없다면 우리는, "이 일은 중지되어야만 하는 것이 아닐까?" 하고 질문해 볼 필요가 있는 것이다.

부분적으로 그 질문에 대한 대답 속에는 과연 그 사역이 그렇게도 중요한가 하는 질문이 내포되어 있다. 예를 들어 우드데일 교회에서는, 아침 예배, 주일 학교, 그리고 어린이 프로그램은 필수적인 프로그램으로 생각되고 있다. 사람들은 이러한 프로그램들은 현대 미국 교회에 있어 가장 기본적인 프로그램이라고 생각한다. 그렇기 때문에 우리는 이러한 프로그램이 봉사자 없이 진행되는 것을 허용하지 않는다.

그러나 남성 성가대에 성가대원이 부족할 경우, 우리는 그 성가대를 중지시킨다. 우리 교회에서는 우리 마을에 우리를 소개하고 홍보하기 위해 10km 경주대회를 개최해 본 적이 있었다. 그럼에도 불구하고 우리가 더이상의 봉사자들을 확보할 수 없을 때, 우리는 그 프로그램을 취소한다. 우리에게는 그 프로그램이 없어도 상관없다. 그러나 주일 학교는 그렇지 못하다.

한 가지 더 첨언할 것은, 어떤 봉사자의 역할은 교회가 생명을 유지하는 데 결정적인 역할을 한다는 사실이다. 그 중 하나로서 내가 '소개자'(introducer)라고 부르는 역할이 있다. 이 사람은 새로 온 방문객을 누구에게 연결시켜 주어야 하는가를 본능적으로 알고 있다. 그런 후에 그(혹은 그녀)는 다음 방문객을 찾아 계속 움직이는 것이다. 이 사람은 계속 복도를 왔다 갔다 하며, 우리는 그(혹은 그녀)가 예배에 참석하지 않는 데 대해 양해를 해주고 있다. 이러한 사람들이 주일 학교의 교사를 맡지 않도록 배려하는 것은 중요한 일이다. 교회의 성장은 교회가 한 사람 아니, 보다 많은 이러한 소개자들로 하여금 얼마나 자유롭게 그들의 일을 하도록 풀어 주느냐 하는 데 달려 있는 것이다.

내가 찾고 있는 또 다른 사람들은 '견장을 찬 장교들'(the epaulet men)이라고 불리는 사람들이다. 1778년 사라토가 전투(the Battle of Saratoga)가 벌어지기 전날 밤, 다니엘 모건(Daniel Morgan)은 쟈니 버거얀(Johnny Burgoyne)이 이끄는 영국 군대에 맞서 그의 소총부대를 지휘하고 있었다. 모건은 그의 부대와 탄약을 영국군의 전력과 비교하여 보았다. 그리고 그가 이끄는 소총부대가 패할 수밖에 없다는 결론이 분명해졌다. 그러자 전투 전날 밤, 모건은 부하들을 소집하여, "제군들은 하루에 6펜스를 벌기 위해 싸우고 있는 졸병들 때문에 탄약을 낭비하지 말라. 목표물은 견장을 찬사람들―곧 장교들이다. 그들은 어깨에 그 표시를 달고 있다. 그들을 겨냥하라"고 명령했다.

그 다음날, 모건의 소총 부대는 전투장으로 나갔다. 그들의 시야에 병사들이 들어왔을 때, 그들은 방아쇠를 당기지 않았다. 그들은 견장을 찬 사람들이 나타나기를 기다렸던 것이다. 이 전략을 따른 결과, 모건의 부대는 사라토가 전투에서 승리를 거두었다. 그리고 어떤 사가(史家)들은 말하기를 그 전투야말로 독립전쟁의 승패를 가름하는 결정적인 전투였다고 말하고 있다.

교회 안에서도, 우리는 누구에게 견장을 채워줄 것인가를 결정하는 데 따라 승리하기도 패하기도 한다. 만일 우리가 지도자들을 알아보고 그들을 양육하면, 모든 사병들은 그들 뒤에 줄을 서게 되는 것이다.

협동 정신

대부분의 교회에서, 목회자가 모든 봉사자들의 위치를 파악하기는 아마 불가능할 것이다. 그렇다면 어떻게 해야 한 사람의 목회자가 모든 사람들이 일을 잘하고 있는지 또 양심적으로 수행하고 있는지를 확실하게 알 수 있을까?

이를 위해 목회자가 해야 할 첫번째의 그리고 가장 중요한 일은 협동 정신(the corporate ethos)을 불러 일으키는 것이다. 목회자들이 모든 사람들을 관리할 수는 없다. 그러나 협동적인 분위기를 관리하는 것은 가능한데, 이 분위기가 사람들을 관리해 주는 것이다. 지도자들은 성경에 기초한, 그리고 기도에 뿌리를 둔 상승 분위기를 창출할 수는 있다. 그 지도자들은 당신이 무슨 일을 하기 전에 먼저 제안을 하고, 설명을 하고 일방적으로 일이 이루어지지 않는 분위기를 세워 나갈 수 있는 것이다. 이러한 원리들이 조직을 통해 이해되어지는 것이다.

어떻게 하면 이러한 분위기를 창출할 수 있을까? 그 목회자가 그(혹은 그녀)가 직접 관장하는 사람들과의 관계를 통해서 이루어질 수 있다. 사람들은, 연속적으로, 그들이 관리받은 방식대로 역시 다른 사람들을 관리하게 되는 것이다. 그리고 그러한 방식은 조직을 통해 확산되어 나가게 되는 것이다.

나는 내가 감독하는 사람들에게, 내가 그 곳에 존재하는 이유는 그들을 섬기기 위함이라는 것을 보여주도록 노력하고 있다. 예를 들어, 자정이나 새벽 한 시까지 끌기도 하는 당회를 마친 후에, 나는 한 두 사람과 그 곳에 남아 당회실을 청소한다. 나는 당회원들을 섬기기를 원한다. 그래서 그들이 좀더 일찍 귀가할 수 있도록 하기 위해 나는 그 방을 청소하는 것이다. 그리고 나는 교회 관리인 역시 섬기기를 원한다. 한 번은 관리인이 내게 와서, "당회원들이 방을 어지럽혀 놓았습니다"라고 말한

적이 있었다. 나는 다음날 아침 관리인에게 그 쓰레기들을 넘겨주지 않기 위해 그 방을 청소한다. 내 소망은 사람들로 하여금 이렇게 말하도록 하는데 있다. "목사님이 나를 위해 이러한 일을 해 주신다면, 나도 다른 사람들을 위해 이러한 일을 하겠다."

이러한 패턴은 결국 조직에 있는 사람들을 통해 반복되는 것이다. 예를 들어, 우리 교회의 중등부와 고등부를 담임하고 있는 목사는 자기 부서의 봉사자들을 매우 잘 섬기는데, 이렇게 함으로써 그 봉사자들 역시 그들이 섬길 사람들의 목록을 가지게 되는 것이다.

나는 결코 우드데일 교회에서 어떤 사람이 봉사자로 뽑혀 일하다가 방치되는 것을 원치 않는다. 만일 누군가가 어떤 교사에게, "내년에도 교사 할 거지요?"라고 묻고는 일년 내내 그 교사와 한 마디도 하지 않는다면, 그 교사는 그 일을 하지 않으리라는 것을 나는 잘 안다. 이러한 사태를 피할 수 있는 유일한 길은, "계속적인 지원이 절대 필요합니다"라고 말할 수 있는 협동 정신을 창출하는 것이다. 그리고 이러한 협동 정신을 창출하는 길은 내가 직접 감독하는 사람들을 내가 먼저 꾸준히 도와줌으로써만 가능한 것이다.

> 내가 매일의 삶에 기초하여 나 자신에게 상기시키는 것은 나는 다른 사람의 성공을 돕기 위해 여기에 존재한다는 사실이다. 나의 성취는 그들이 성공할 때 이루어진다.
>
> —던 커즌스

제11장
부교역자들에 대한 관리

교회를 관리하는 책임을 지고 있는 사람이 감당해야 할 가장 중요한 책임 중의 하나는 사역자들로 하여금 훌륭하게 업무를 수행하는 조직이 되도록 지도하는 일이다. 교회가 보다 위대한 기회를 향해 나아가느냐 아니면 참담한 실패로 나아가느냐 하는 것은 교회 생활의 극히 적은 영역 속에서 나뉘어지는 것이다. 통일되고 동기가 부여되어 있으며 훈련이 잘된 교회의 일꾼들은 사역의 어떠한 목표도 성취할 수 있다. 반면 그 조직이 파당으로 분열되어 있고, 과업을 위한 적절한 훈련에 태만하다면, 그 교회는 시들어 갈 수밖에 없다.

사역이 열매를 맺기 위한 열쇠는 일꾼 한 사람 한 사람의 삶 속에 있는 것이다. 그러므로 유능한 지도자는 조직의 목표에도 충실해야겠지만, 또한 아니 특히, 사람들로 하여금 하나의 실존적 존재가 되도록 하는데 힘을 쏟아야 한다.

다른 사람들에 대한 헌신

예수께서는, "누구든지 크고자 하는 자는 섬기는 자가 될지니라"고 말씀하셨다. 그리고 당신께서는 종의 모습을 띤 지도자의 모습을 보여 주셨다. 이러한 리더십은 어떤 리더십인가? 간단히 표현하면, 종의 모습을 한 지도자란 자신보다는 부교역자의 열매와 성취―성공―에 더 헌신하는 사람이다.

그분께서는 아신 것이다. 만일 당신의 제자들이 열매를 맺고, 그들이 보다 더 큰 영향을 미칠 수 있게 되면, 그들은 더욱더 열심 있는 제자들이 되리라는 것을. 그리고 만일 자신들의 사역을 하나님께서 인정해 주신다는 것을 그들이 느끼게 된다면, 그들은 다른 사람들에게도 더욱 충성스럽게 하나님을 섬기도록 고무하려는 마음을 품게 된다는 사실도. 그러므로 현명한 지도자는 그들의 열매와 성취가 일파만파(一波萬波)의 효과를 지닌다는 사실을 알기에, 그의 직원들이 개인적인 성과를 거두도록 하는 일에 최우선의 목표를 두는 것이다.

「일 분 관리자」(The One Minute Manager)의 저자, 켄 블란카(Ken Blanchard)는 직원들에 대한 이러한 헌신을 가리켜 역(逆)피라미드라고 설명했다. 대부분의 조직 구조는 피라미드와 유사한 모습을 띠고 있는데, 여기에는 최상층에 경영자가 있고, 피라미드가 넓어지면서 다양한 계층의 중간 관리자들이 있으며, 가장 넓은 밑면에는 작업자와 일반 구성원들이 분포하는 구조로 되어 있는 것이다. 그러나 블란카는 꼭지점을 뒤집어 지도자를 최하단에 놓는다. 지도자는 그의 바로 위에 있는 사람들을 섬기고, 이들은 차례로 그들 바로 위에 있는 사람들을 섬기게 되는데 이러한 순서는 최종적으로 일반 구성원들이 섬김을 받을 때까지 계속된다. 이런 방식을 따르면, 모든 사람들이 조직의 혜택을 입는다.

부교역자 중심의 리더십이 주는 보상은 분명하다. 그러나 그러한 보상들은 노력 없이는 찾아오지 않는다. 우리를 위해 일하는 사람들의 열매와 성취도를 향상시키기 위해서는, 다음과 같은 특수한 3단계를 밟아야 한다. 즉, 분명한 기대를 알려 주고, 개인 개인을 위해 지도력을 쏟아야 하며, 정확하고 정직한 평가를 내려 주어야 한다.

분명한 기대를 알려 주라

피터 드러커는 오늘날 기업 내부에서 발생하고 있는 중대한 문제 가운데 하나는 '종종 종업원들이 그들의 최우선의 과업을 바라볼 때, 그들의 고용주와는 다르게 바라보고 있다'는 점에 있음을 간파했다. 만일 작업자가 자기는 이런 일을 해 달라는 주문을 받고 있다고 생각하는데 반해, 감독자는 그가 다른 일을 해야 한다고 생각하고 있다면, 오해와 갈등은 필연적일 수밖에 없는 것이다. 그러므로 처음부터 지도자들은 자기의 기대가 무엇인지를 분명하게 이야기해 줄 필요가 있는 것이다. 나는 두가지 방법으로 이를 성취하고 있다.

• **직무 분석.** 여기서 직무 분석이란 작업에 대한 세부적인 지침을 말하는 것이 아니라 한 작업자가 해야 할 일들을 열거해 놓은 일반적인 지침을 의미하는 것이다. '청년부 사역에 대한 감독'과 같이 너무 광범한 직무 분석은 작업 지시서로서보다는 오히려 직위에 관한 안내서와 같은 기능을 하게 된다. 반면 '여름 캠프에서의 게임 지도'나 '주일 학교 소요품 구매'와 같이 특수한 세목을 잡다하게 나열해 놓은 목록은 직무 분석으로서는 너무 거추장스러운 것이다.

바람직한 직무분석표는 대개 4~6개의 주요한 책임 업무를 제시하고 있다. 소그룹 감독자를 위한 것이라면, 이런 내용이 포함될 것이다 : 새로운 지도자 확보와 이들에 대한 훈련, 그리고 이들과 소그룹을 연결해 주고 계속적인 지원을 해 주는 일 등이다. 이 표는 그 직책에 맞는 대략적인 업무의 범위를 제시해 주고 있다. 이 표는 특수한 과업으로부터 제기되는 모든 질문에 답을 제공해 주고 있지는 않지만 감독자에게 커리큘럼을 편성해야 한다거나 그 그룹의 명부를 작성해야 할 책임은 없다는 것은 말해 주고 있다.

개인별로 부과되는 업무는 변할 수 있다. 청년부 지도자는 대통령 취임식이 있는 주말 경에 야외 예배를 계획할 수도 있다. 그러나 그 일이 직무 분석에 포함되어서는 안된다. 나라면 차라리 그 직무분석표에 '청년부 조장들의 헌신을 위한 특별 행사의 계획과 집행'과 같은 항목을 넣을 것이다. 그렇게 하면 집행에 따른 특수 사항들은 감독자의 계획 업무 속에 포함되게 되는 것이다.

• **월별 우선 순위 목록.** 첫장에서, 나는 A 우선순위(사역에 있어서 최우선 순위를 갖는 과업들)와 B 우선순위(보다 높은 우선 순위의 과업들을 위한 부수 업무들)에 대한 결정에 대해 말한 바 있다. 나의 기대를 보다 분명하게 전달하기 위해, 매월 나는 직원들과 함께 모여 다음 30일을 위해 그들의 A 우선순위와 B 우선순위를 결정하는 모임을 갖는다.

이 일을 하기 위해 내가 해야 할 일의 양은 함께 일하는 사람들의 경험과 능력에 따라 달라진다. 새로 일하게 되는 사람들은 그들의 우선순위가 어떻게 되어야 하는지를 모르는 수가 있는데 그럴 때는 내가 그 일을 도와주어야 한다. 경험이 많은 직원들은 단지 내게 그들의 목록을 보여주기만 하면 된다. 어쨌거나, 매월 그들과 나는 함께 모여 그 달의 필수적인 과업을 결정하기 위해 서류상의 검토를 한다. 이러한 작업을 통해 우리는 서로를 조율하며 일을 진행시켜 나갈 수가 있다.

내가 이렇게 분명하게 나의 기대를 전달하기 시작한 이유는 내가 그들과 함께 일하는 가운데 여러 번 서로간의 혼동이 있었음을 발견했기 때문이다. 나는 능력 있는 어떤 사람을 불러 그 여자의 일을 도와줄 것을 부탁하면서 그녀에게 이렇게 묻곤 했던 것이다. "왜 당신은 자기 일로 씨름하고 있는 그 모든 소그룹 인도자들을 일일이 상담해 주느라 그렇게 피곤해 하십니까?"

그녀는 대답하기를, "글쎄요, 내가 담당하고 있는 인도자들을 내가 직접 돌봐 주는 것, 그것이 당신이 내게 기대하고 있는 일 중의 하나가 아니던가요? 그 일이 정말 내가 해야 할 일이 아닌가요?"라고 말하곤 했다.

나는, "아니요, 그렇지 않습니다. 나는 그 우선순위에 대해서는, 당신이 모두 그 일을 해야한다는 것이 아니라 그들이 필요할 때는 상담을 받을 수도 있다는 의미로 이해하고 있었습니다. 사실 말이지, 당신은 당신이 감독하고 있는 그렇게 많은 수의 인도자들을 모두 상대할 시간이 없지 않습니까?"라고 솔직하게 대답해 주어야만 했다.

나는 나를 도와주고 있는 그들이 내 마음을 읽어 주기를 기대하는 것이 공평한 처사가 아니라는 결론을 내렸다. 그리고 우리가 서로에 대한 기대를 상호 알려 줄 수 있다면, 우리는 많은 문제를 피해 갈 수 있을 것이라고 생각했다.

물론, 이러한 의사 전달은 푸근하고 마음 편한 분위기에서 이루어져야 한다. 지도자는 그(혹은 그녀)의 태도나 예절바른 언행을 통해 이러한 분위기를 만들어야 한다. 나는 직원들에게, "여기 우선순위를 적은 목록이 있소, 나는 여러분이 이 일을 해 주기를 바라오. 왜냐하면 이러한 일들을 매듭 짓는 것이 내겐 필요하니까. 여러분들이 게으름을 피우지 않았는지 확인하기 위해 다음 달에 체크해 보겠소"라는 투로 말할 수는 없다. 그런 태도는 심리적으로 살벌한 분위기를 조성하게 된다.

대신에, 나는 이렇게 말해야 한다. "자, 우리 이 달에도 여러분의 우선순위에 따라 함께 일해 봅시다. 저는 여러분이 그 일들을 성취할 수 있도록 여러분을 돕는 데 최선을 다하겠습니다. 저는 여러분이 위대한 그 일들을 해 낼 수 있다고 믿습니다." 그러한 말 속에는 내가 그들의 편이라는 의미가 담겨 있으며 또 직원들이 나를 신뢰하도록 함으로써 그들로 하여금 기꺼이, "제게 맡겨 주십시오"라고 말할 수 있는 여유를 갖도록 만들어 주는 것이다.

가끔, 어떤 직원은 월말에 와서, "목표를 달성하지 못했는데요"라고 말하는 수가 있다. 그럴 경우, 만일 그 직원이 내가 최대로 관심을 갖는 것은 그가 최선을 다했는가라는 점에 있다는 것을 분명히 알게 된다면 — 즉, 나는 그가 직접 자신의 어떤 과오를 고백해 주기를 단지 기다리고 있는 것이 아니라는 것을 안다면 — 긴장의 분위기는 상당히 부드러워질 것이다. 그럴 때 나는, "좋습니다. 그런데 왜 그렇지요?"라고 위협적인 자세가 아니라 부드러운 태도로 말할 수 있는 것이다.

몇 개월만 이렇게 회의를 하고 나면, 우리는 일관되지 못한 작업 습관이나 과다한 업무 할당, 혹은 인원 배치에 잘못이 있었다는 점 등을 알 수 있게 된다. 이러한 일들을 통해 나와 직원들은 서로간에 동의했던 기대들을 좀더 가다듬거나 수정하는 데 도움을 얻게 된다. 이러한 작업들은 작업자 개인의 성취도와 직무 만족도를 향상시켜 줄 뿐 아니라 교회의 사역이 보다 많은 열매를 거둘 수 있도록 도와 준다. 우선순위에 그들의 시간과 능력이 반영되어 있으면 작업자들은 대부분 그들의 사역 목표를 달성한다. 일 년만 이러한 과정을 밟게 되면 — 즉, 우리가 적절한 A 우선순위를 세우고 작업자들이 제 위치에 잘 적응하기만 하면 — 그들은 엄청난 열매와 성취를 즐기게 될 것이 분명하다.

개인에게 구체적인 리더십을 쏟으라

어떤 부모들은 당신이 모든 어린이들을 똑 같이 다룰 수는 없다는 것을 이해한다. 말을 안듣는 어린이에게는 호된 꾸지람이나 심지어는 엉덩이를 때려주는 일조차 필요한 것이다. 그런데 어떤 어린이는 자기 어머니가 약간의 실망스럽다는 표정만 지어도 마음에 상처를 받는다. 이 두 어린이를 똑같이 취급하면, 한 어린이는 자지러지는 반면 또 한 어린이는 꿈쩍도 않을 것이다. 부모들에게, 이러한 도전은 각각의 어린이에게 어떤 리더십이 필요한지를 알게 해 준다.

이처럼, 각각의 작업자에게는 서로 다른 리더십이 필요하다. 어떤 사람에게는 꼭 죄는 일이 필요한 반면, 다른 사람에게는 여유를 주는 것이 필요하다. 어떤 사람들에게는 그들이 큰 실수를 저질렀을 때 이를 분명히 아니, 거의 가혹하다 싶을 정도로 밝혀줄 필요가 있다. 왜냐하면 실수를 했을 때 그들이 보이는 반응의 특징은, "응, 그래?" 정도로 무관심한 것이기 때문이다. 그러나 어떤 사람에게는 부드럽게 알려만 줘도 된다. 왜냐하면 그 사람들은 똑같은 수천 번의 실수로 이미 혼이 나 있기 때문이다. 각각의 개인에게 이렇게 서로 다른 지도력을 보이는 일은 목회 관리 가운데 가장 중요한 일중의 하나이다.

이렇게 개인화된 지도력에 대해 내가 본 것중 가장 훌륭한 예는 켄 블랑카(Ken Blanchard)의 「리더십과 일 분 관리자」(Leadership and the One Minute Manager)라는 책에서 본 것이다. 나는 그것을 개인화된 리더십 (personalized leadership)이라고 부르고 싶은데, 이유는 현재 나는 단지 상황만을 움직이고 있는 것이 아니라 사람들을 이끌고 있다는 사실을 그 표현은 나에게 상기시켜 주기 때문이다. 블랑카는 네 개의 서로 다른 유형의 리더십—감독, 코치, 지원, 그리고 위임을 보여주고 있는데, 지도자는 작업자의 능력과 그에 대한 신뢰도에 따라 이들 네 가지의 리더십을 알맞게 적용해야 하는 것이다.

먼저 감독에 대해 생각해 보자. 만일 우리가 신학교를 갖나온 젊은 목회자를 채용했다고 하자. 그러면 나는 그에게 사역을 위임하기는 거의 불가능할 것이다. 그는 아직 사역을 어떻게 감당해 나가야 할지를 모르고 있기 때문이다. 그는 전에 그 일을 해 본 경험이 없으므로 자신감이 부족하다. 그는 백지 상태로 교역자 회의에 나와, "제가 뭘 해야 되나요? 제일 먼저 가야 할 곳이 어디입니까?" 하고 묻는다. 아마 그는 훌륭한 성품에 강력한 영성을 지녔고 그 일을 감당할 만한 기본적인 재능을 갖추었을 수도 있다. 그러나 경험을 쌓기까지 그에게는 하나 하나 감독이 필요한 것이다. 내가 그에게 해 줄 일이란 일일이 지시사항을 일러 주고 기본적으로 그를 통해 사역을 인도해 나가는 일인데, 아마 일년간은 그렇게 해 나가야 할 것이다.

코치. 이는 바로 그 다음 단계이다. 자신감과 능력이 불어나기 시작하는 작업자에게 우리가 할 수 있는 것은 코치이다. 그는 훌륭한 아이디어를 가지고 우리에게 나온다. 그리고 우리는 거기에 우리의 생각을 보태 주게 되고 그렇게 되면 그 사역은 일종의 합작투자가 된다. 코치를 하려면 각 단계마다 어떤 일이 벌어질지를 정확히 알아야 한다. 코치를 하는데 있어 핵심적인 일은 승인과 방향수정을 해 주는 일이다. 코치를 맡은 사람들은 칭찬과 더불어 필요하다면 기꺼이 방향 수정도 해 줄 수 있는 관대한 성품을 지녀야 한다.

대개는 일 년 정도 코치를 하고나면, 작업자는 세번째 단계의 리더십, 곧 지원이라는 형태의 리더십을 받아들일 준비가 되어 있다. 이 시점에 이르면, 작업자는 스스로의 안건을 정하고 회의에 A 우선순위가 적힌 목록을 들고 나와, "현재 제가 진행하고 있는 일은 이것입니다"라고 말하게 된다. 이때 지도자가 해야 할 역할은 정서적 지원, 격려, 승인 그리고 필요하다면 어떤 조언이나 수정이든지 해 주는 것이다. 지원을 받고 있는 작업자는 자기가 무엇을 해야 하는지를 알고 있다. 그에게 가장 필요한 것은 그의 등 뒤에서 누가 자기를 돕고 있는가를 아는 일이다. 간단히 말해서, 다음 일년간 지도자가 해야 할 역할은 응원단장의 역을 해내는 일이다.

마지막 단계의 형태는 위임인데 이는 지도자는 이제 그 사역의 대부분을 그 사람에게 넘겨주어야 한다는 것을 의미한다. 보고는 계속되지만 횟수는 점점 줄어든다. 즉, 끈이 점점 길어지는 것이다.

그러나 위임이 유기(abdication)를 의미하는 것은 아니다. 사역을 위임한 지도자가 책임까지 넘겨 주고 곁을 떠나 더이상의 지도력을 제공하지 않는 것은 아니다. 그는, "이것이 너의 일이다. 이제 네가 이 일을 해 나가는 것이다. 그러나 나는 연락을 계속하기 위해 머물기를 원한다. 나는 너를 돕기 위해 여기에 남는 것이다"라고 말하는 것이다.

분명히 감독, 코치 그리고 지원을 해 주는 일이 위임보다는 더 많은 시간을 필요로 한다. 그렇기 때문에 많은 사람들이 단지 몇 개월 정도 감독, 코치를 해 주고는 "됐어, 가봐"라고 말하는 것이다. 그러나 거의 대부분 그 작업자들은 위임 단계를 받아들일 준비가 되어 있지 못한 상태에 있다. 그리고 더 나쁜 것은 종종 위임이 유기로 전락하는 것이다. 이제 지도자는 어떠한 피드백(feed back)도 의견도 제공하지 않는다. 이렇게 되면, 불화와 혼란의 씨가 자라게 되는 것이다.

9년 전, 나는 윌로우 크릭 교회의 고등부 사역을 단 웹스터(Dan Webster)에게 위임하였다. 현재 나는 격주에 한 시간 정도 그를 만나지만 그 때에도 나는 최소한의 안건만 들고 나간다. 그리고 우리는 주로 그의 안건에 초점을 맞춘다. 그는, "제 생각은(혹은 제가 관심을 가지고 있는 부분은) 이것인데요, 목사님 의견은 어떻십니까?" 하고 묻는다. 그러면 우리는 그가 일을 진행시켜 나가는데 있어 새로운 방향이나, 그가 이끌고 있는 사람들과의 어려운 점이나 그 밖에 의견을 나눌 만한 주제에 관해 이야기를 주고 받는다.

그의 사역에 관해 나의 의견을 묻는 것 외에, 그는 자기의 개인 생활에 관한 문제들에 대해서도 나의 의견을 물어 온다. "가정에서 제 아내나 아이들에게 제가 어떻게 했으면 좋겠습니까?" 혹은 "재정 문제에 관해 어떻게 결정해야 할지. 또는 이번 주에 이러한 유혹을 받았는데 어떻게 극복해야 할까요?" 이쯤되면, 그의 사역은 훌륭하게 감독되고 있는 것이다. 그는 자신의 개인 생활을 잘 관리해 나가는 데도 나의 도움을 필요로 하고 있는 것이다.

내 관리하에서 각 사람을 적절하게 지도해 나가려면, 나는 스스로에게, "능력과 신뢰도를 기초로 해서 생각해 볼 때, 이 사람이 필요로 하는 것은 감독, 코치, 지원, 위임 중 어느 것일까?" 하고 질문해 보아야 한다. 나는 또한 각 단계에 대해 한 가지를 더 추가하는데 그것은 각 사람과 내가 제공할 리더십의 종류에 대해 서로 '계약'(contract)을 맺는 것이다. 그렇게 함으로써 우리는 서로의 기대가 무엇인가를 알게 된다. 이 계약은 절대적으로 필요하다. 왜냐하면 그렇게 함으로써 서로에게 오해와 불만이 생기는 것을 방지할 수 있기 때문이다.

우리 교회의 직원들은 이 블란차의 방법에 익숙해 있다. 때문에 우리는 일 년에 2회 함께 모여 앉아 그들이 필요로 하는 리더십의 유형에 대해 의견을 교환한다. 새로 온 목회자는, "저는 감독이 필요합니다"라고 말한다.

그럴 때 나는, "좋습니다. 우리가 만날 때, 제가 말을 많이 하지요. 그리고 저도 당신으로부터 많은 질문을 기대하겠습니다"라고 말한다.

어떤 직원이, "저는 코치 단계로 넘어갈 준비가 되었습니다"라고 말해 오면, 나는 그에게 이제 우리는 회의에서 대화를 분담하게 될 것이라고 말해 준다. 나는 이제 검토하고 승인하고 그가 정도(正道)에서 벗어나지 않도록 해주는 일을 위해 회의장으로 갈 것이다. 이와 비슷한 방법으로, 나는 지원과 위임 단계에 있는 사람들에게 나의 기대를 말해 준다.

이러한 계약 절차는 작업자들로 하여금 그들이 필요로 하는 리더십을 나로부터 얻을 수 있도록 해 준다. 감독자들은 종종 사람들에게 잘못된 지도력을 제공함으로써 그들의 신경을 건드린다. 만일 사람들이 지원을 기대하고 있는데 내가 감독이라는 리더십을 제공하고 있다면, 그들은 이렇게 묻기 시작한다. "왜 그 사람은 내 사역을 직접 관장하면서 나에게 이런 저런 일들을 하라고 지시하려 하는 것일까?" 반대로 사람들이 감독을 원하고 있는데 내가 하는 일이란 3주에 한번 들러서는, "어이, 멋진 일이군. 계속하라구"라고 말해 주는 것뿐이라면, 그들은 내가 그들을 지도하고 있지 않다고 생각할 것이다.

나의 목표는 내가 관리하고 있는 각 사람들이 모두 위임단계에 도달할 수 있을 만큼 독립하게 되는 것이다. 대개, 그 지점에 도달하는 데는 약 3년—각각의 단계에 도달하는 데 1년씩 걸린다—이 소요된다. 만일 어떤 사람이 장애에 부딪혀 위임의 단계까지 성장해 나가지 못한다면, 그것은 내가 그 사람을 잘못 배치했거나 충분한 감독을 하지 못했기 때문이다. 그럴 때 나의 책임은 세심한 평가를 한 후 상황의 변화를 위해 조치를 취하는 것이다.

보통 흔히 저지르는 실수는 너무 빨리 그 과정을 끝내고 사람들을 밀어내는 것이다. 일반적으로 보면, 부교역자들은 스스로에 대해 자신들이 밟아야 할 과정보다 앞서나가고 있다고 평가하는 경향이 있다. 그래서 예를 들면, 감독이 필요한 사람은 대개 자신에게는 코치가 필요하다고 생각하는 것이다. 그리고 감독자들은 너무나도 자주, 최단시일 내에 결과를 얻고자 원하는 나머지, 그 과정을 속성으로 마치고자 하는 작업자들의 요구를 따르는 것이다.

그러나 우리가 그렇게 할 때 반드시 그 대가를 치르게 된다. 거의 언제나 코치 단계로 성급하게 뛰어넘는 작업자는 감독 단계로 되돌아오게 되며 이럴 때 짜증이 발생하는 것이다. 목장 안을 제멋대로 뛰어 다니는 말은 입에 한 줌의 풀을 물고 마굿간으로 되돌아왔을 때에는 반드시 어딘가 벗겨져 상처가 나 있기 마련이다. 그 말이 자유롭게 달려도 되겠다는 확신이 들 때까지는 마굿간에 가둬 두는 것이 더 상책인 것이다.

한 사람의 감독자가 개인화된 지도력을 제공할 수 있는 인원수—통솔범위—는 다음의 두 가지 요소에 의해 좌우된다 : 첫째는 앞서 말한 네 단계로 사람들을 어떻게 나누느냐 하는 것이고, 둘째는 감독자의 인간관계 능력이다. 다시 말하면, 나는 감독이나 코치를 필요로 하는 열 명의 작업자에게 적절한 지도력을 제공할 수는 없지만, 그들이 지원이나 위임으로 나가는 사람이라면 가능하다는 것이다.

이와 비슷한 경우로서, 나는 내가 돌보아야 할 지도자들과 하루에 6~8회의 회의를 할 수는 없다. 그렇게 하면 나는 감정적으로 메말라 버릴 것이다. 나는 약간 내성적인 사람이기 때문에, 내가 감정적인 정상 상태를 유지하려면 하루에 3~4회로 회의를 제한해야만 한다.

나는 이 교훈을 몇년 전에 있었던 쓰라린 경험을 통해 배웠다. 그 때, 매일 나는 지치도록 일을 했다. 그래서 나는 내 아내와 대화할 힘도 없었고 내 사역에 어떤 즐거움도 느끼지 못했다.

나는 마침내 내가 너무 많은 사람들을 감독하고 있다는 것을 깨달았다. 비록 내가 완전한 은둔자는 아니었지만, 또한 미친듯이 떠드는 외향적인 사람도 아니었다. 나는 완전히 소진(燒盡)하지 않고는 나의 에너지를 그 정도로 얇게 분산시킬 능력은 없었다.

모든 지도자들은 개인화된 지도력을 쏟아 놓기에는 시간과 인간관계 능력에 제한이 있는 것이다. 현명한 감독자는 그 한계에 맞추어 자신의 통솔 범위를 판단하는 것이다.

정확하고 솔직한 평가를 내려 주라

훌륭한 부모는 그들의 자녀들을 공개적으로 칭찬해 준다 : "우리는 너의 그 착한 행동에 감사하고 있단다" 아니면 "너는 학교에서 대단한 일을 하고 있는 거야." 그들은 또한 언제 나무라야 하는지도 알고 있다 : "만일 한 번만 더 침대에 뛰어올라가면, 벌을 받게 될거야." 이렇게 하면 어린이들은 자기들이 서야 할 위치와 무엇을 해야 하는지를 알게 된다.

직원들에게도 이와 유사한 피드백이 필요하다. 그들로 하여금 다음과 같은 의아심을 갖도록 방치해서는 안된다 : "내 상사는 내가 한 일을 어떻게 생각하고 있을까? 나는 지금 여기서 쓸모 있는 존재일까? 내가 어떤 기여를 하고 있는가?" 종업원이 자신의 위치가 안전하다고 느끼면 느낄수록, 그의 운신(運身)의 폭은 넓어지는 것이다. 이것이 지도자가 자신이 통솔하고 있는 사람들에게 정확하고 솔직한 평가를 내려 주어야만 하는 이유이다.

내가 정확하고 솔직하다는 것을 강조하는 데는 그럴 만한 이유가 있다. 만일 평가가 부정확하다면―모두가 겉치레뿐이거나 사실로 보아 명백한데도―사람들은 그 평가를 존중하지 않게 된다. 다시 말해서, 만일 내가 형편없이 일을 했는데도 칭찬하려고 노력한다면, 작업자들은 내 의견을 존중하지 않게 될 것이다. 이와 비슷한 예로, 만일 피드백이 솔직하지 못하면―내가 사실을 왜곡하거나 다른 사람의 업적을 잘못 전한다면―그 사람은 당연히 나에 대한 신뢰감을 잃어버릴 것이다.

나라면 차라리 직원들로 하여금 내가 어떻게 생각할까 하고 의아심을 갖게 하기보다는, 그들이 현재 어디에 서 있는지를―설령 그들이 거품 위에 서 있다 할지라도―알게 해 줄 것이다. 내가 그들의 위치를 정확히 그리고 솔직하게 말해 줄 만큼 배려해 주고 있다면 그들은 굳이 눈치보기와 같은 게임을 하려고 하지 않을 것이다. 만일 그들이 잘해 나가고 있다면, 그들은 그 가운데서 즐거워 할 수 있고 자신감을 가지고 일할 수 있을 것이다. 만일 그들의 작업이 만족스럽지 못하다면, 그들은 왜 그런지를 결정하여 필요한 조치를 취할 수 있다.

지도자들은 성과가 떨어지는 일에 대해 곧장 평가를 내림으로써 가슴에 상처를 주는 일은 피해야 한다. 만일 그들이 맨처음 내린 평가에도 불구하고 만족할 만한 변화가 없으면, 좀 더 구체적인 평가를 내려 줄 필요가 있다. 결국 그들은, "나의 계속되는 관심의 표명에도 불구하고, 당신은 같은 실수를 계속하고 있지 않습니까? 만일 이러한 상태가 계속된다면, 당신은 그 직책을 잃게 될지도 모릅니다"라고 말해야 할지 모른다. 그렇다, 그렇게 되면 불안감이 조성된다. 그러나 솔직함은 모든 사람에게 최선의 득(得)이 된다.

몇년 전, 우리 교회에는 재능이 뛰어난 직원이 한 사람 있었는데 그의 실적은 탁월했다. 그러나 그 실적은 그와 함께 일하던 사람들을 희생시키면서 이루어진 것이었다. 나는 그와 대화를 거듭하면서 그의 노고에 감사의 표시를 했다. 그러나 또한 "보시오, 당신은 당신의 일을 성취하기 위해 사람들을 계속 다치게 할 수는 없는 기요. 때문에 이 일은 중지되어야 합니다"라는 설명을 해주려고 애썼다. 그러나 아무 변화도 보이지 않았다. 그 일에 재능을 갖춘 필요한 사람들이 그곳에 있으려 하지 않았다.

많은 생각과 기도를 거듭한 후에, 나는 하나의 과업 중심의 직책을 생각해 내었는데 그 자리는 다른 사람들과 함께 일할 필요가 없는 자리였다. 나는 이전의 책임으로부터 그를 풀어서 그의 재능에 보다 어울리는 새 직책에 그를 임명했다. 9년이 지난 지금, 그는 존경받는 일꾼으로서, 그리고 그의 공로로 인해 감사와 사랑을 받으며 다른 직원들과 함께 일을 계속해 오고 있다.

공정하려는 나의 노력에도 불구하고, 불가피하게 결과가 참담해지는 경우가 가끔 있다. 그럴 때에는, 공정(fairness)이 우리가 보일 수 있는 최선의 모범이 될 것이다.

조직에 대한 지도

지도에 순응하며 열매와 성취 가운데서 즐거워하는 작업자들은 함께 모여 강력하고 제 기능을 순조롭게 수행하는 조직을 이룰 수가 있다. 그러나 한 개인과 꼭 마찬가지로, 그러한 조직도 지도를 필요로 한다. 조직 역시 격려와 동기 부여가 필요하며 학습과 훈련이 필요하다. 그리고 조직의 새로운 비전을 필요로 한다. 이러한 일들이 이루어질 수 있는 통로가 직원 회의이다.

직원 회의는 중요한 시합을 앞두고 코치가 소집하는 운동 선수들의 회의와 유사하다. 코치는 그의 선수들이 상대 선수의 수비에 부딪힐 것을 알기 때문에, 안건을 세심하게 준비한다. 그는 자기 팀이 가장 필요로 하는 것이 무엇인지를 결정하고 회의를 위해 최우선의 목표들을 열거해 본다.

교회의 직원들은 그 어떠한 운동 경기보다도 훨씬 더 중요한 도전에 직면하고 있기 때문에, 목회자가 직원 회의를 전장에 나갈 부대를 격려

하고 무장시킬 수 있는 기회로 보는 것은 바람직한 일이다. 몇 마디 말을 하고 간단한 안건을 통해 일을 하고 그럼으로써 작업자들이 이러한 주간 모임에 불참한 데 대해 왜 그렇게도 많은 변명거리를 들고 나오는지 의아해 한다는 것은 잘못된 것이다.

만일 직원회의가 주로 지도자의 자기 안건을 전달하기 위한 장소로 열리게 되면, 직원들의 사기는 떨어지게 될 것이다. 그러나 그 지도자가, 나의 직원들이 필요로 하는 것은 무엇인가? 어떻게 하면 이 모임이 그들의 능률을 향상시키는 데 도움이 될 수 있을까? 라고 생각한다면, 그는 직원들이 그 모임을 애타게 기다리고 있는 모습을 볼 수 있게 될 것이다. 그리고 그들 직원들이 지도자에 의해 섬김을 받고 있다고 느낄 때, 그들은 그 조직 속에서 생기는 공급받게 될 것이다.

직원 회의가 갖는 다양한 기능을 이해하는 지도자는 직원들의 필요를 좀더 잘 채워 줄 수 있을 것이다. 제일 중요한 것은 사업 회의(the business meeting)로서 이를 통해 조직의 과업에 대한 심사숙고가 이루어지고 여러 가지 의견 교환이 이루어진다. 의견 발표가 이루어지고 서로의 일정이 비교되는 것도 이 시간이다. 두번째는 연수(研修)를 위한 모임(the training meeting)이다. 여기서는 직원들의 능률 향상을 위한 교육이 실시된다. 세번째는 인간관계를 위한 모임(the relational meeting)인데 이를 통해 일체감이 형성된다.

많은 조직이 그들 직원들의 대부분의 시간을 이 사업 회의를 위해 보내고 있다. 그러나 그들의 일꾼들을 키우는 데 주력해 온 지도자들은, 사업이란 그들에게 있어서는 가장 덜 중요한 목표라는 것을 알고 있다. 만일 그들이 의견 발표를 해야 한다면, 그들은 사역의 비전과 목표라는 맥락 속에서 의견 발표를 한다. 예를 들어, 나는 "자 여러분, 우리는 소그룹 지도를 위해 15명의 지도자를 채워야만 하겠는데 누구를 세울 수 있을까요?"라고 말할 수 있다. 그것은 일방적인 의견 발표다. 그러나 만일 내가 "친구들, 우리 성도들은 하나님께 쓰임받는다는 것이 무엇인지를 맛볼 필요가 있습니다. 그들이 그것을 맛볼 수 있도록 우리가 도울 수 있는 길은 그들에게 소그룹을 인도할 수 있는 기회를 제공하는 것입니다" 라고 말한다면, 나는 우리 공동의 비전을 세우는 것이다.

최근, 우리 교회의 수석 목사인 빌 하이벨스(Bill Hybels)는 다가오는 새해의 예산 가운데 좀 어려운 조정을 해야만 한다는 사실을 직원들에게 알려야만 했었다. 빌은 각 부서의 예산이 전체 계획에 맞게 어떻게 조정되었는가, 또 조정이 없었을 경우 어떤 일이 발생할지를 조심스럽게 설명하고, 그리고는 이러한 조정이 궁극적으로는 우리의 노력에 어떤 보탬이 되는가를 납득시켰다. 그는 단순히 회계 장부를 건내주는 대신에, 전체 사역의 목적을 위해 그러한 조정들을 받아들여 달라고 말하면서 비전과 동료애를 불러 일으켰던 것이다.

이렇게 비전을 세우는 작업을 해 나가면서도, 직원 회의 시간 중 사업에 관한 토의에 바쳐지는 시간은 약 25%를 초과해서는 안된다. 그리고 시간의 대부분은—이상적으로 말한다면 50%는—훈련을 위해 쓰여져야 한다. 우리는 직원 회의야말로 작업자들이 사역의 열매와 성취도를 향상시키기 위한 기술 개발에 있어 최적의 장소라는 것을 발견했다. 우리는 가정에서 밟을 수 있는 공적 설교, 평신도 상담, 그리고 제자 훈련 과정을 설치하여 우리 교회의 사역 감독자들로 하여금 이를 이수케 하고 있다.

예를 들어, 우리는 방금 리더십에 관한 책자 공부를 마쳤다. 우리는 그 책을 개인별로 읽는다. 그리고 정례 직원 회의 시간에, 우리는 소그룹으로 나뉘어 내가 준비한 질문에 대한 토론과 적용 시간을 갖는다. 나는 직원들의 목회 기술 습득을 위해 다양한 방법을 사용하려 노력하고 있다. 어떤 주제는 간담회 형식에 최적이고, 또 어떤 주제는 그룹 토론에 대단히 적합하다. 우리는 또한 외부의 전문가를 모시고 있는데, 이를 테면 공중 연설(public speaking)의 전문 강사와 같은 사람들인데 그들은 강의를 통해 우리에게 도움을 준다. 때때로 나는 어떤 특수 분야에 탁월한 재주를 가지고 있는 우리 직원으로 하여금 그의 통찰력을 나누도록 요청하기도 한다. 최근에는 우리 교회의 상담 센터 소장이 상담 기법에 대해 3주간의 연속 강의를 해준 바 있다.

이러한 훈련을 통해, 우리는 직원들에게 지도자를 확보하고 조직을 구성하며 책임을 위임하는 법을 가르친다. 우리는 갈등과 마찰의 해결법과 같은 문제에 관해서도 토론을 하기도 한다.

우리는 직원 회의 시간의 25% 가량을 인간관계 형성 훈련을 위해 투자하도록 노력하고 있다. 인간 관계를 위한 모임 가운데는 배구 시합으로부터 시작하여 나눔과 기도를 통해 마음을 쏟아 놓는 집회에 이르기까지 모든 것이 포함되어 있다. 대부분의 우리 교회의 직원 회의 시간 속에는 나눔과 기도를 위한 정규 시간이 들어 있다. 심지어 어떤 부서에서는 기도 요청과 기도 응답, 다른 직원에 대한 격려 메시지가 실린 가정 회보를 발간하기도 하며, 직원들은 그 회보를 중심으로 매월 함께 모여 기도 시간을 갖기도 한다.

특별 행사 역시 인간 관계 형성에 중요한 보탬이 되기도 한다. 우리는 함께 모여 테라스에서 오찬을 갖거나 프로 야구 경기를 보러 가기도 한다. 우리 교역자 가운데 한 사람은 실제로 그가 데리고 있는 평신도 지도자 요원들을 장애물 코스와 비슷한 신병 훈련소(boot camp)에 입소시켰는데, 여기서는 그곳을 통과하기 위해서 함께 힘을 합쳐 노력하지 않으면 안 되는 곳이다. 이러한 활동들은 팀의 협동정신을 북돋우는 데 커다란 몫을 한다.

직원들의 자질과 인관 관계를 증진시키기 위해 시간을 투자하는 일은 단지 그들의 목회상 실적만을 위해서가 아니라, 그 자체로도 귀중한 가치가 있는 것이다. 그들의 필요를 채워 주기 위해 직원 회의를 여는 것은 우리가 그들을 섬길 수 있는 중요한 수단 중의 하나가 된다.

그 결과

직원들을 감독한다는 것은 고된 작업이다. 그들에게 분명한 기대를 전달하고 개인화된 지도력을 제공하며, 또 정확하고 솔직한 평가를 내려주기 위해서는 시간과 정력을 쏟아야만 한다. 더구나 개개인의 작업자들을 훌륭한 조직으로 연단해 내기 위해서는 너 많은 시간과 노력이 소요된다.

특별히, 리더십이 어려운 결정을 해야만 하는 일과 관계가 될 때는 정말 피가 마르는 작업이다. 그러나 그 보상은 이를 위한 노력을 상쇄하고도 남음이 있다. 얼마 전 나는 한 직원으로부터 한 통의 편지를 받았는데 한 부분만 옮겨 보면 다음과 같다(인명은 가명으로 바꾸었음).

저는 어제 목사님께서 교역자 회의 시간에 주신 말씀에 대해 감사드리고 싶습니다. 목사님께서는 이렇게 말씀하셨습니다. "잘못된 길을 가고 있는 사람을 지금 바로잡아 주기 위해 고통을 감수하는 것이, 그를 방치함으로써 장래에 더 큰 고통을 만들고 그 과정을 바로잡기 위해 더 긴 시간을 낭비하게 하는 것보다 훨씬 더 낫다."

그 말씀이 진리인 이유는 잘못 임명된 사람 밑에서 일하는 사람들도 같이 고통을 당하기 때문입니다. 지난 2년간 저는 테드 밑에서 일해 왔는데, 그것은 고통의 시간이었습니다. 비록 그는 잘해보려 애썼지만, 그의 일하는 방식은 저에게 상처를 안겨 주었습니다(지금까지도). 그동안 저를 짓눌러 왔던 것 중의 하나는 목사님께서는 저를 대단치 않게 생각하시기 때문에 저를 그런 사람 밑에 방치해 두는 것이 틀림없다는 생각이었습니다.

목사님께서 테드를 사임시키고 제프를 임명해 주신 일은 목사님에 대한 저의 신뢰가 회복되는 계기가 되었습니다. 이제 저는 목사님께서 저를 사랑하고 계신다는 것을 압니다. 왜냐하면 저에게 그 직무를 훌륭히 수행할 수 있는 지도자를 보내주셨으니까요.

만일 제가 옛날의 그 상태로 있었다면, 얼마나 더 오래 일을 해 나갈 수 있었을지는 지금도 모르겠습니다. 그러나 지금 저는 여기에 이렇게 있지 않습니까? 옛날보다 더 능률적으로 일하면서 말입니다(옛날보다 더 많은 열매를 맺고 있다고 말한다면 교만한 말이 될까요?). 그리고 이렇게 될 수 있었던 것은 목사님께서 관리자로서 어려운 결정에 직면하셔서 고통이 되시더라도 올바른 결정을 해 주셨기 때문입니다.

저를 위해 그 문제에 대해 인내해 주신 데 대해 감사드립니다.

이와 같은 편지는 나로 하여금 내가 내린 결정이 내가 직접 감독하는 사람들을 넘어 훨씬 더 큰 파장을 일으킨다는 사실을 상기시켜 준다. 그와 같은 결정은 또 다른 파급 효과를 일으키는 것이다. 내가 그들을 얼마나 효율적으로 지도하느냐 하는 것은 그들이 다른 사람을 얼마나 효과적으로 지도해 나가느냐 하는 문제를 결정하는 것이다. 그리고 궁극적으로는 그러한 결정이 회중 전체에 영향을 미치게 되는 것이다.

나의 지도 방식이 그렇게도 중요한 이유는 바로 이 때문이다. 나의 감독하에 있는 사람들에게는 양육과 격려가 필요하다. 그렇게 함으로써 그들은 최고의 성취와 열매 가운데서 즐거워할 수 있으며, 다른 사람들을 통해서도 그러한 열매와 성취를 이룰 수 있다. 만일 내가 그러한 지도력을 제공하지 않는다면, 나는 나에게 주신 소명을 수행하고 있지 않는 것이다.

가장 현명한 교회들조차 무능한 직원을 채용하는 수가 있는데, 이들은 감독과 교정이 필요한 사람이며 어쩌면 마침내는 관계를 청산하는 것으로 종결되는 수도 있다. 그렇다면 교회 관리법을 완전히 터득한다는 것은 직원을 채용하는 법과 아울러 해고하는 법까지 배우는 것을 의미한다.

—아더 드크라이터

제 12장

채용과 해고

목회자는 사람들을 관리하게 된다—그 중에 어떤 사람들은 봉사자들이고 어떤 사람들은 직원으로 채용된 사람들이다. 소규모의 교회들조차 그들의 예산에는 시간제로 일하는 교역자나 관리인에 대한 예산이 반영되어 있다. 이 사람들은 목회자가 감독해야 하는 직원들이다. 그리고 이들이 잘못 관리되면—심지어 시간제 교역자들까지도—교회의 사역이 손상을 입을 수 있다는 것을 알게 되기까지는 그리 오랜 시간이 걸리지 않는다. 그러나 효과적으로 관리되기만 한다면, 그들은 교회 사역에 헤아릴 수 없는 힘이 되어 줄 수 있는 것이다.

효율적인 직원 관리는 그들의 채용 과정에서 시작된다. 이 첫 과정이 훌륭하게 이루어지는 만큼 교회도 따라서 안전할 것이다. 그러나 가장 현명한 교회들조차 무능한 직원을 채용하는 수가 있는데, 이들은 감독과 교정이 필요한 사람들이며 어쩌면 마침내는 관계를 청산하는 것으로 종결되는 수도 있다. 그렇다면 교회 관리법을 완전히 터득한다는 것은 직원을 채용하는 법과 아울러 해고하는 법까지 배우는 것을 의미한다.

채용 전에 질문해 보아야 할 사항들

그러나 구체적인 문제를 생각해 보기 전에, 우리는 다음과 같은 몇 가지의 예비 질문에 답할 수 있어야 한다.

•**봉사자를 유급 직원으로 교체해야 할 시점은 언제인가?** 어떤 사람들은 이상적인 교회는 봉사자들만으로 관리되어야 한다고 생각한다. 그렇게 되면 평신도 지도력도 계발되고 게다가 예산에도 많은 도움이 되리라는 것이다. 이상적이건 아니건 간에, 거의 모든 교회는 평신도 지도력은 채용된 직원들에 의해 보완될 필요가 있다는 사실을 알게 된다. 그러나 그 보완의 시기가 언제인지를 어떻게 알 수 있는가? 봉사자들이 맡았던 자리를 직원에게 넘겨주어야 할 시점은 언제인가? 우리 교회에서는 다음의 세 가지 상황 중 하나가 발생하면 직원을 채용한다.

먼저, 봉사자들에게 과중한 부담이 주어질 때 우리는 직원을 채용한다. 일찍이 내가 담당했던 교회 가운데 한 교회에서 경험한 것인데, 나는 계수와 회계에 능숙했던 한 재정부원이 교회 장부를 처리하느라 일주일에 20시간은 소모해야 한다는 사실을 알게 되었다. 그것은 그와 그의 가족들에게 공평한 처사가 못되었다. 그래서 우리는 시간제 경리 직원을 데려오게 되었다.

둘째, 우리는 성도들 가운데서 어떤 직무에 필요한 재능을 지닌 봉사자를 찾을 수 없을 때 직원을 채용한다. 직무에 적합한 기술이 없으면, 여타의 우수한 자질과 능력은 희생되고 만다. 이는 장기적으로 보면 남당자들에게 영적인 고통을 의미하는 것이다. 성도들을 위해, '전문적인 능력을 갖춘' 봉사자를 찾을 수 없을 때, 우리는 그러한 전문가를 채용한다.

현재 우리 교회에는 6년간이나 우리 교회의 선교 위원장을 지내고 있는, 은퇴한 한 사업가가 있다. 그는 은퇴했기 때문에, 아무 부담 없이 한 주일에 20시간 이상을 낼 수가 있다. 심지어 그는 자신의 선교지 방문 경비는 스스로 부담한다. 그가 선교 위원장으로 있는 동안 우리 교회의 선교에 큰 성장이 있었기 때문에 그가 그 위원장에서 '물러나면', 우리는 아마 그 자리를 위해 누군가를 채용하게 될 것이다. 그의 사역과 능력이 우리 교회에는 매우 중요했고 따라서 우리는 그 사역이 방향을 잃고 허둥대는 것을 원치 않기 때문이다.

때때로 우리는 상황에 따라 봉사자들과 직원들을 교대로 활용한다. 예를 들어, 청소년들을 가르치는 데에는 특별한 재능이 요구된다. 때로는 교회의 성도들 중에 그러한 재능을 지닌 사람이 있을 수 있다. 그러면 그 사람은 고등부 학급에서 가르칠 수 있다. 그러나 누구도 그 일을 감당할 수 없을 때, 우리는 교사를 채용하게 되는데, 대개는 교회 밖의 선교 단체에서 구한다. 그러다가 나중에 청소년들을 가르칠 수 있는 사람을 찾게 되면, 우리는 다시 봉사자 체제(volunteer system)로 돌아간다.

결국 요점은, 어떤 일이 전문가를 필요로 하는 일이라면, 우리는 교회 안에서 '전문가'를 찾아 본다. 그리고 그러한 사람을 찾을 수 없을 경우, 우리는 외부에서 적임자를 채용한다.

셋째, 우리는 우리의 봉사자 중심 체제가 무너졌을 때 직원을 채용한다. 교회는 여타의 다른 자원 봉사자로 조직된 기관과 마찬가지로, 끊임없이 이 문제로 고민한다. 최근에 우리는, 청년부 여행에 동행하며 그들을 보호해 주기로 했던 세 명의 봉사자들로부터 여행 사흘 전에, "죄송합니다. 우린 갈 수가 없게 되었어요. 일이 생겼거든요"라는 전화를 받았다. 여러분이 이런 식으로 교회를 운영해 나갈 수는 없다. 우리는 어떤 프로그램이 꾸준한 봉사를 필요로 한다는 결론을 내리면 직원을 채용한다. 왜냐하면 그렇게 채용된 사람은 우리에게 생산적으로 일해 줄 것을 약속했기 때문에, 우리는 그에게 한 차원 높은 책임을 요구할 수가 있는 것이다. 자원 봉사자들에게 우리가 그러한 요구를 한다는 것은 불가능하다.

• 언제 우리는 평신도에서 정규 직원으로 체제를 바꾸어야 하는가?
이 질문의 초점은 평신도 직원과 목회자 직원의 차이에 있다. 그 자리를 평신도 직원이 감당할 수 있는 때는 언제이며 또 교역자가 그 자리에 앉아야 하는 때는 언제인가?

당연히 이 문제는 소명(ordination)에 대한 관점 여하에 달려 있다. 나는 소명을 받았다는 것은 어떤 사람이 사역을 위해 교회를 통해 주님의 부르심을 받았다는 것, 또 교회를 통해 사역하도록 부르심을 받았다는 것으로 이해하고 있다. 신학적으로 본다면, 아마 그 정도로 충분할 것이다. 그러나 행정적인 차원에서 본다면, 좀더 구체적인 기준이 필요하다. 우리는 그 직책의 기능에 대해 생각해 볼 필요가 있다. 어떤 직책들은 성직으로 부름을 받은 사람에 의해 수행되어질 것이 요구되는데, 예컨대 결혼식이나 장례식의 집전(執典)과 같은 일로서, 이러한 일들은 교회를 대표하는 행위이며, 또 범교단적인 차원에서 일할 수 있는 능력이 요구되는 곳도 그러한 직책이다. 이 모든 일들이 반드시 성직을 요구하는 것은 아니지만, 사람들의 기대를 고려할 때, 아마 최선의 길은 성직자를 임명하는 것이 될 것이다.

물론 많은 경우에는, 성직자냐 아니냐 하는 것은 중요한 문제가 못된다. 예를 들어, 우리 교회의 청장년 사역을 생각해 보자. 우리는 두 번이나 대학부와 젊은 독신층을 상대로 한 사역에 젊은 평신도를 임명한 적이 있다. 두번 다, 시간이 흐름에 따라 이들은 좀더 훈련이 필요하다는 것을 느끼고 우리 교회에서 사역하면서 신학교에 입학하였다. 신학교를 마친 후, 그들은 안수를 받고, 목회자로 우리 교회에서 일하고 있다.

●우리 교회 내에서 채용할 것인가 아니면 외부에서 채용할 것인가?

이때 우리 교회의 제일 원칙은 이것이다 : 우리 가족들에게는 급여를 지불하지 않는다. 우리는 그 교회의 성도라면 그의 교회에서는 무임(無賃)으로 봉사할 것을 기대한다. 그리고 앞서 말한 이유들로 인해 당회의 결정이 있을 때, 그때는 우리가 외부에서 사역자를 채용해야 할 시점이다.

물론 방금 이야기한 원칙이 무조건 적용되는 것은 아니다. 예컨대, 성가대 지휘자나 그를 보조하는 사람들(예를 들어 반주자들)은 우리 교회의 성도들이면서도 사례비를 받고 있다. 하지만 그들은 그 직책으로 인해 교회의 사역에 적극적으로 참여해 줄 것을 요구받고 있는 것이다. 교회의 일에 제한적으로만 참여하는 직무들(기능직 : 수위나 비서직)은 교회 외부의 사람들에게 맡겨야 할 일들이다. 물론, 그에 적합한 능력이 있는 사람들이 교회 내에 있다면, 우리는 그들에게 그 직무를 위해 그들의 시간을 내 줄 것을 기대할 수도 있을 것이다. 물론, 때때로 이 양자간의 경계선은 유동적일 때가 많다.

우리 교회의 두번째 원칙은 우리가 해고할 수 없는 사람은 절대로 채용하지 않는다는 것이다. 이 말은, 우리는 우리가 채용한 사람들의 작업 성과에 대한 판단을 자유롭게 내리고 싶다는 것과 성도들에 대한 행정책정 책임은 우리가 지고 싶다는 것을 좀 거칠게 표현한 것이다. 이 원칙이 있음으로 해서 우리는 채용해야 할 사람이 필요할 때, 먼저 교회 밖에서 사람을 찾을 수 있는 여유를 갖게 된다.

우리 교회의 세번째 원리는 효과적인 사역에 방해가 될 것 같으면 교회내에서는 사람을 채용하지 않는다는 것이다. 이 원칙은 특별히 교회 비서직에 해당된다. 그렇게 함으로써 성도들, 특히 상담을 위해 목회자를 찾아오는 성도들은 그들이 그 비서를 공적으로 알고 있지 못할 때는 목회자를 찾아오는 데 그리 방해를 받지 않을 것이기 때문이다. 그들은 그들이 예배시에 또는 주말의 소풍길에서 보게 될 사람이 목회자실의 정문에 앉아 있을 때, 자기들이 눈물을 흘리며 목회자실을 걸어나오는 모습을 보이고 싶어하지 않는 것이다. 당연한 이야기지만, 여러분이 처음 교회를 시작하고 또 자원 봉사자를 비서로 두어야 하는 경우에 발생하는 이런 일은 긴장의 요인이 된다. 그렇게 되면 여러분은 긴장 속에서 살아야만 한다.

• 채용 업무는 누가 담당해야 하는가? 우리 교회의 헌법상, 공적인 채용은 인사 위원회나 이러한 업무를 위임받은 개인이나 집단에 의해 이루어진다. 그러나 이러한 제도만큼이나 중요한 것은, 그 새 직책을 감독할 교역자들에게도 그 직책의 업무를 결정하고 후보자들을 사전에 심사할 수 있는 권한을 허락하는 것도 대단히 중요한 것이다. 그래서 처음에 심사를 맡은 부교역자는 차례대로 상급자에게 보고하게 되는데, 대개는 나에게 최종 보고가 이루어진다. 채용된 사람과 일차적인 관계를 가지게 될 사람은 그 부교역자이기 때문에, 채용된 사람에게 그가 맨처음 해 주는 말은 중요한 의미를 지니게 된다.

그러므로 교육 목사가 어린이 사역을 위해 보조자가 필요하다면, 그는 그(혹은 그녀)를 나에게 데려오기 전에 먼저 개인적으로 그 사람을 심사하게 될 것이다. 그는 자신의 업무에 적합한 사람을 발견할 수 있는 기회를 가지게 되는 것이다. 더구나 교육 전문가로서, 그는 누구보다도 그 사람의 능력을 정확히 판단할 안목이 있는 것이다. 그럼에도 불구하고 나는 전 채용 과정에 관여한다. 나는 직무 분석표를 주의깊게 살펴, 이를 수정하고 여기 저기에 주의사항을 기재한다. 그리고 나서 부교역자가 그 사람을 내게로 데리고 오면, 인사 위원회가 내게 부탁한 대로 나는 그와의 면담을 실시한다. 직원들과 성도들 사이에서 일해야 하는 이들 목회 보조원들에게 있어, 위원회의 면접은 사후 심사의 성격이 더 많다. 왜냐하면 결정적인 면접은 이미 나와 부교역자들에 의해 이루어졌기 때문이다. 그러나 내가 발견한 것은 이렇게 우리들에 의해 심사가 이루어진 후보자들일지라도 그들에 대한 위원회의 요구사항이 무엇인지 알기 위해서는 위원회와의 면접이 필요하다는 사실이다. 이 과정은 좋은 길잡이가 되어 주고 자신들의 책임에 대해 다시 한번 생각할 수 있는 기회를 주기 때문이다.

● **누구를 제일 먼저 채용할 것인가?** 이때 나에게 가장 기본적인 원칙이 되는 것은, 조직은 그 조직의 목적에 직접적인 영향을 미칠 수 있는 부분에 두사해야 한다는 것이다.

우리 교회에서는, 기본적으로 예배를 통해 교회 성장을 도모하고 있다. 따라서 제일 먼저 우리가 채용하는 사람들은 시간제로 일하는 반주자와 지휘자이다. 나의 신념은 주일 예배가 탁월한 수준으로 드려질 때, 이 도시에서 우리 교회가 성장한다는 것이다. 예배는 오크 브룩(Oak Brook)의 사람들을 우리 교회로 인도하는 우리의 전시품(showpiece)이다. 그러므로 우리는 가능한 빨리, 우리 교회의 예배를 탁월한 수준으로 끌어올리는데 도움이 될 만한 사람들을 채용했던 것이다.

어떤 사람들은 교회가 목회자에게 자유로운 시간을 주기 위해 목사의 비서를 제일 먼저 채용해야 한다고 생각한다. 그러나 내 경험에 의하면, 성도들 가운데 비서 업무를 위해 약간의 시간들을 내어 그 일을 훌륭히 수행해 줄 만한 사람들은 언제나 있다는 것이다. 그러나 음악을 탁월하게 인도해 줄 사람을 발견한다는 것은 전혀 다른 일인 것이다. 만일 내게 재정적 여유가 있다면, 교회에 영향을 줄 수 있는 사람들을 확보하는 데 그 돈을 지출할 것이다.

● **우리는 평신도 전임 사역자들을 어떻게 대우해야 하는가?** 대개의 교역자들에게는 다양한 혜택이 제공되고 또 많은 교단에서 그것을 요구하고 있기 때문에, 나는 자칫 간과되기 쉬운 직원들에게 관심의 초점을 맞추려 한다.

나는 오늘날에는 전임 사역자에게 건강에 대한 적절한 배려를 해 주는 것은 절대적인 요청이라고 생각한다. 그들이 병들었을 때 교회가 그들에게 적절한 배려를 해 주지 않으면서 그들의 헌신을 기대할 수는 없다. 그러므로 직원들에게 교회가 가장 먼저 제공해야 할 혜택은 그들과 그들 가족의 건강에 대한 배려이다. 우리는 이를 그들에 대한 도덕적 의무라고 생각하고 있다.

우리는 언젠가 호지킨 병(Hodgkin's Disease : 경부 임파절의 종양으로 시작되어 전신 임파계를 침범하는 병－역자주)에 걸린 해외 선교사를 지원한 적이 있었다. 우리는 그가 시무하고 있던 선교 기관이 그와 그의 가족들의 건강에 대한 배려를 하고 있지 않다는 것을 알게 되었다. 다행스럽게도, 의사였던 우리 교회의 성도 한 분이 그를 자기 집으로 모셔왔기에 우리는 그를 돌보아 주었다. 그렇지만 한편으로 우리는 그 선교기관에게 그들의 정책이 적절하지 못하다는 것을 알려 주었다.

둘째로, 우리는 한 가정의 가장으로 하여금 은퇴자를 위한 프로그램에 참여토록 해야 한다는 것을 주장해 왔다. 우리는 우리 직원이 은퇴 연령에 도달하여 갑자기 자기가 아무것도 저축해 놓은 것이 없다는 것을 깨닫게 되는 것을 원치 않는다. 그들이 만일 은퇴에 대한 대비책에 대해 아무것도 모르고 있다면, 우리는 그들에게 이를 위한 상담과 프로그램을 제공할 것이다. 만일 그 직원이, "저는 금년에 돈이 필요하니까 그 돈을 연금에 포함시키지 말아 주십시오"라고 요청해 온다면, 우리는 이를 정중하게 거절한다.

이상의 것들이 교회가 전임 사역자들에게 제공해야 할 최소의 혜택이라고 우리는 생각하고 있다. 우리는 선교사들에게조차도 그들이 일하고 있는 선교 기관이 이상의 조치도 취하지 않고 있다면, 그 선교사들에게 지원을 하지 않을 작정이다.

● **채용과 해고에 대한 법적 세부 규정은 무엇인가?** 오늘날에는 우리가 전에 생각해 보지 않았던 법적인 문제들이 많이 제기되고 있다. 예를 들어 우리 교회의 당회에서는 최근에 법정 퇴직 연령을 65세로 규정하는 것이 가능한지에 대한 토론이 있었다. 그러나 우리는 그러한 방침이 비합법적이라는 것을 알았다. 만일 우리가 그러한 규정을 두고 싶다면, 교회는 애초 그 사람을 채용할 때 그 사람과 그러한 사항에 대한 동의 절차

를 거쳐야 한다. 그러한 협의사항 중 가장 중요한 것으로는, 의무와 엄격한 급여 규정 같은 것을 들 수 있는데, 이밖에도 내가 여기서 다룰 수 없는 수많은 사항들이 있다.

우리 교회에는 당회에 이러한 문제에 대해 자문을 얻을 수 있는 변호사를 두고 있다는 것을 말하는 것으로 충분할 것이다. 나는 아무리 작은 교회일지라도 때때로 변호사에게 자문을 구할 수 있는 통로를 열어 두는 것이 현명하다고 생각한다.

채용 : 먼저 생각해 보아야 할 점들

직원을 채용할 때, 교역자이던 일반 직원이던, 우리는 다음의 세 가지를 반드시 점검한다 : 그리스도인으로서의 헌신, 직무에의 적합성, 그리고 능력과 헌신과 비전의 조화이다.

● **그리스도인으로서의 헌신.** 전임 교역자들은 물론 철저한 헌신의 자세가 갖추어져 있다. 그러나 이들을 위한 지원 부서에서 일해야 할 사람들 —비서들이나 사찰들은 어느 정도의 헌신이 되어 있어야 하는가?

나는 이 문제는 신학적으로뿐 아니라 실제적인 이유에서도 대단히 중요한 문제라고 생각한다. 헌신은 사람들로 하여금 더 유능한 일꾼으로 만들어 준다. 헌신되어 있는 사람들은 자기들의 일을 일종의 사명 내지는 소명으로 생각한다. 교회들은 대개 일반 사회 기관이 제공할 수 있는 수준의 급여나 혜택을 제공해 주지 못한다—특히 은사가 있는, 우리가 필요로 하는 사람들에게 말이다. 그러므로 교회에서 찾고 있는 재능을 갖춘 사람들은 먼저 상당한 수준의 헌신에 도달해 있어야 한다. 결국, 그들은 하나님을 섬기고 그분의 영광을 위해 일하기 위해서 재정적인 희생을 기꺼이 감수해야 하는 것이다.

● **직무에의 적합성.** 채용 과정에서 내가 눈여겨 보는 또 한 가지 특성은 직무에의 적합성인데 여기에는 교리적이고 인격적인 적합성 두 가지가 있다. 물론, 보다 사역지향적인(ministry oriented) 직책이라면, 더

큰 적합성을 우리는 기대한다. 교리적인 적합성은 사역을 위한 직원에게 있어서는 특히 더 중요하다. 그러나 인격적인 적합성 역시 이에 못지않게 우리에게 중요하다. 예를 들어, 우리는 교육 부서에서 일할 사람으로, 여기서는 음악 프로그램에 대해 공공연히 자기의 불만을 표현하는 그런 멋대로의 그리고 고집 센 사람은 채용할 수가 없다. 우리는 조직과 함께 일할 사람, 탁월한 업무 수행능력을 지녔으면서도 다른 사람들을 신뢰하며 또 그들과 협력해서 일할 수 있는 사람을 찾고 있다.

물론, 극히 간단한 면접 과정을 통해 그러한 적합성을 판별해 낸다는 것은 어려운 일이다. 그러나 그가 다른 사람들과 조화를 이루면서 일할 수 있는 능력이 있는지를 알 수 있는 표지들은 많이 있다.

예를 들어, 우리는 그 사람이 다른 직장에서 일해 온 기간을 살펴본다. 만일 그 사람이 3~4년마다 자리를 옮겼다면, 우리는 그 이유를 알아본다. 어떤 사람이 그 일에 적합한지를 알아 보는 데는 1~2년이 걸리며 그 다음 1~2년은 그 사람을 재배치하는 데 소요된다. 그러므로 한 직장을 3~4년 내에 그만두었다는 것은 직장 내에서 좋은 인간관계를 맺고 있었다고는 볼 수 없다.

만일 그 사람이 내가 채용하려고 하는 사람이라면, 나는 내 부교역자를 시켜 그 사람을 만나보라고 한다. 나는 그 사람에게 내 측근에 있는 각 사람들과 우리 교회의 조직, 관리 스타일에 대해 한번 검토해 볼 것을 권한다. 나는 그 사람이 함께 일하게 될 사람들과 솔직하게 이야기해보는 것은 중요하다고 생각한다. 그리고 나는 내 직원에게 그 사람의 업무에 대한 적합성에 대해 어떠한 인상을 받았는지를 물어 본다.

이에 덧붙여, 외적인 조건도 나에게 많은 것을 말해 줄 수가 있다. 우리 교회에서 일할 사람은 그(혹은 그녀)가 사역하게 될 곳의 문화를 읽어낼 수 있는 능력이 있어야 한다. 만일 우리 교인 가운데 조직이나 제도를 싫어하는 60년대의 청년이 있다면, 오크 브룩은 그러한 사람에게 호의적인 곳은 아니다. 우리 교회는 관습을 손중하는 사람들로 이루어져 있기 때문이다. 우리는 우리 직원들이 그러한 우리 교회의 성도들을 사랑하기를 바라지 정죄하기를 원치 않는다. 그러므로 우리는 우리 교회에서 일할 사람들은 우리 교회의 문화와 조화될 필요가 있음을 느낀다. 그리고 여기에는 그(혹은 그녀)의 옷입는 방식 같은 것도 포함된다.

또 한 가지 덧붙일 것은, 특별히 교역자를 채용할 때 우리는 능력의 적합성도 따져 본다. 우리는 한 부서에 박사 학위 소지자가 있고 또 다른 부서에는 성경학교 졸업자가 있게 되는 것을 원치 않는다. 우리는 각 부서간의 능력과 성숙도가 조화를 이룰 수 있도록 배려하고 있다.

간단히 말해서, 적합성이란 단지 사이좋게 일할 수 있다는 것 이상의 의미를 지니는 것이다.

●**능력 —헌신 —비전.** 적합성에 대한 검토가 끝나면, 우리는 이 세 가지 자질이 조화를 이룬 사람을 채용할 것을 목표로 한다. 언젠가 우리는 훌륭한 경력을 지닌 사람과 면담을 한 적이 있다. 전 면접 과정을 통한 결과 모든 것이 만족스러웠고, 그래서 우리는 그를 채용했다. 처음 몇 개월 간, 그는 열심히 일했고 또 잘 해냈다.

그러나 6개월째 되었을 때, 우리는 한 가지 현상이 있다는 것을 느끼기 시작했다. 그는 이곳이 조기에 퇴근할 수 있기에는 아주 좋은 곳이라는 결론을 내린 듯했다. 그는 아침 9시에 손에 신문을 들고서 교회에 출근해서는, 그의 사무실로 가서 문을 닫고, 신문을 읽는다. 그리고 10시쯤 되어서 약속을 정하기 시작하고 몇 군데 전화를 건다. 그러나 매일 오후 4시 반이 되면, 그의 사무실을 나서는 것이다. 그리고 가급적 밤에 사무실로 돌아오는 것을 피할 수 있다면, 그는 그렇게 했다. 그는 사람들에게, "죄송하지만 저는 4시 반 이후에는 일하지 않습니다"라고 말하곤 했다. 그가 만일 밤에 회의에 참석해야만 할 때는, 그 날은 정오만 되면 사무실을 떠나는 것이었다.

그는 자기의 직책이 요구하는 시간과 정력을 쏟지 않았다. 다른 직원들이 내게 찾아와, "보세요, 그 사람은 자기에게 맡겨진 일을 제대로 하고 있지 않습니다"라고 말하기 시작했다. 당신은 한 떼의 말들을 묶어 몰고 가면서 그 중 한 마리를 낙오시킬 수는 없다.

우리는 우리 교역자들이 자기 부서에서 비전을 키워주는 지도자들이 되어 주기를 바란다. 그렇게 되면 우리는 그들을 자유롭게 활동하도록 풀어 줄 수가 있다.

나는 적합성과 능력이 놀라운 결합을 한다는 사실에 주목한다. 그렇게 될 때, 직원들은 자기 부서에서 위대한 일들을 해낼 뿐 아니라, 우리가 함께 모였을 때에도 힘과 창조성이 서로를 날카롭게 벼려 주는 것이다. 또한 그러한 결합은 우리 직원들이 함께 오랫동안 일할 수 있는 마음을 북돋아 주는 것이다. 어느 누구도 팀 플레이가 이루어지고 개인의 우수한 능력이 살려지는 곳을 떠나고 싶어 하는 사람은 없는 것이다.

우리는 또한 사역을 지원하는 직원들에게도 높은 수준의 능력을 원한다. 내가 비서를 채용할 때도, 물론 나는 단순한 비서로서의 능력 이상의 것을 요구한다. 나는 비서를 통해 직원이나 성도들에 대한 많은 정보를 얻는다. 교회 사무실은 교회 생활의 중심부인 것이다. 깨어 있는 비서는 많은 것을 뽑아 올릴 수 있다. 그러므로 종종 나는 성도들에게 영향을 줄 만한 많은 일들에 대해 내 비서의 의견을 묻곤 한다. 내 비서는 타이핑도 할 줄 알아야 겠지만, 지혜도 있어야 한다.

주변 사람들로부터 정직한 의견을 얻는 법

헌신과 적합성, 그리고 능력, 이 삼자를 추구하면서도 교회는 종종 직원이 될 사람과 함께 일해 보았던 사람들의 평가에도 귀를 기울여야 한다. 그러나 그러한 평가가 사실과 전혀 다른 거짓일 수도 있다. 우선, 지원자들은 자기를 좋게 평가해 주는 사람들의 소개서만 가져올 것이기 때문이다. 또 자기의 소견을 써 주는 사람들도 대부분 부정적 의견을 쓰려 하지 않는다. 하지만 이러한 난점들이 있음에도 불구하고, 나는 정직한 의견을 들을 수 있는 길이 있다고 생각한다. 그렇게 하는 것은 가능할 뿐만 아니라 또 필수적이다.

이를 위해서는 먼저, 우리는 의견서를 써준 사람의 글만 읽어서는 안 된다. 그와 직접 이야기를 나누어 보아야 한다. 나는 전화를 통해서도 그의 말 속에 무언가 주저함이 있는지 아니면 진정으로 그렇게 말하는지를 간파해 낼 수가 있다. 그리고 나는 지원자 주변의 사람들을 알고 있는 그의 친구나 그와 알고 지내던 사람들을 찾아 본다. 대개는 조금만 노력하면 나는 그러한 사람을 찾을 수 있다. 이렇게 해서 찾은 사람들은 추천서가 말하고 있지 않은 사실들을 내게 제공해 줄 수 있다. 또 지원자가 전에 일했던 두세 곳의 직장 동료들을 찾아가 만나 보면 도움을 얻을 수 있다. 그의 상사는 그 당시에 대해 가장 솔직한 의견을 말해 주는 경향이 있다.

이렇게 하기에는 난점이 많아 보인다. 그러나 내가 처음에 이를 위해 그만한 시간을 들이면, 나중에 우리 교회가 대단한 실망으로 빠져드는 것을 막을 수 있다.

업무가 완수되지 않았을 때

때때로 나는 어떤 직원이 업무를 태만히 하고 있지 않나 하는 의구심이 들 때가 있다. 이러한 의심이 비록 나중에는 그렇게 된다 할지라도, 처음부터 그를 해고할 요건은 되지 못한다. 그러한 극단적인 처방을 내리기 전에 먼저 취해야 할 조치는 무엇인가?

● **은밀하게 내사(內査)해 본다.** 의심나는 점이 발견되면, 나는 가능한 빨리 내 귀를 땅에 대어 본다. 나는 비서들이나 다른 직원들에게 물어 본다. 나는 일상적인 태도로, 그러나 매우 조용하게 그리고 신중하게 질문을 던져 본다 : 이러저러한 일이 어떻게 되어가고 있는 거냐? 그의 모임은 어떻게 하고 있느냐? 새로운 일이라도 생겼느냐? 그 부서에 무슨 일이라도 일어 났느냐? 지난 번, 그의 반에는 몇 명이나 참석했느냐?

● **직원 회의를 연다.** 만일 두세 직원들이 그 사람에게 문제가 있다고

알려 오면, 나는 문제가 되고 있는 그 사람을 제외한 전직원을 소집하여 회의를 연다. 나는 문제가 얼마나 심각한지를 물어 본다. 관심을 둘 만한 가치가 있는 문제인지 아니면 잊어버려도 되는지를 알아보는 것이다. 만일 무엇인가가 반드시 드러나기 위해서는, 이러한 작업이 필요하다.

● 직원들에게 그 사람에게 정직하게 일러 주라고 말한다. 이러한 작업을 거친 후, 나는 나머지 직원들에게 그가 일으키고 있는 문제들—그가 어떤 모임에 참석하지 않거나, 약속을 해 놓고 사람들을 기다리는 데 지치게 만들거나, 함께 부딪혀야 할 문제에 대해 회피하거나—에 관해 지혜롭게 말해 주라고 권한다. 그들은 좋게 넘어가기 위해 문제를 회피해서는 안된다. 장기적으로 보면, 그 사람에게 말해 주는 것이 더 좋다. 그리고 대개 보면, 동료들이 솔직하게 이야기해 주는 것이 문제를 해결하는 데 큰 도움이 된다.

● 조사. 만일 그렇게 해도 효과가 없으면, 나는 직접 그 사람과 면담하여 그 문제에 대해 그(혹은 그녀)는 어떻게 생각하느냐고 물어 본다.

예기치 않던 문제가 드러나지 않는 한, 나는 그에게 6개월 내에 변화가 없으면 그는 해고될 것이라고 말해 준다. 나는 그에게 그동안 나를 곤란하게 만들었던 문제들을 구체적으로 열거해 주고 또 그 문제들을 해결할 수 있는 방법을 이야기해 준다. 그리고 앞으로 그의 실적을 평가하기 위한 정기적인 모임을 갖자고 약속한다.

이전에 있었던 한 교역자는 우리가 그에게 창조적인 지도력을 기대하고 있다는 것을 깨닫지 못하고 있었다. 그는 자기가 해야 할 일은 전임자의 방법을 답습하여 현상이나 유지하는 것이라고 생각하고 있었다. 그의 창조성이나 적극성이 부진한 모습을 보이기 시작했을 때, 나는 그를 불러, "나는 이 일들이 좀더 잘 될 수 있다고 생각합니다"라고 말했다. 그는 주의깊게 듣고 있었다. 그는 다른 방법으로 하자면 어떻게 해야 하는지를 알고 싶어 했다.

내가 이야기를 하자, 그는, "목사님은 저에게 3~4개월의 여유를 주셨는데, 한 번 방향을 바꾸어 해보겠습니다"라고 대답했다. 나는 몇 가지의 목표를 주문했는데, 그것들은 그가 나를 위해 일주일 내에 해야만 하는 일이었다. 나는 그에게, "좋습니다. 당신이 이 목표를 이루고나면, 당신이 하던 일로 복귀할 수 있습니다"라고 말했다.

그후 그는 4개월 후 결과를 안고 내게 돌아왔는데 그 목표들은 모두 성취되어 있었다. 그는 적극적으로 일할 수 있다는 것이 그의 특권이라는 것을 깨닫지 못하고 있었던 것이다. 그에게 가장 필요한 것은 솔직한 피드백(feedback)이었다.

●**인사 위원회에 회부한다.** 이 때쯤 되면 나는 내가 진행하고 있는 일을 인사 위원회에 보고한다. 만일 위원회에서 질문할 사항이 있으면, 직접 그에게 질문한다. 그리고 나는 어떤 행동 방침을 결정하기 전에, 먼저 인사 위원회에 조언을 구한다. 관리와 행정에 은사가 있는 그 사람들은 내가 직무에 태만한 그 사람을 어떻게 처리해야 할지에 대해 종종 지혜로운 조언을 해준다.

언젠가 한번, 나는 자기 시간을 빈둥거리며 보내고 있는 한 직원에게 다음 30일간의 생활 일지를 작성하라고 지시했다. 나는 그가 언제 출근해서, 얼마만큼의 시간을 노동하고 또 집에서는 연구를 하고 있는지, 그가 가는 곳은 어디인지를 알고 싶었다. 나는 그가 잠자리에서 일어나 다시 잠자리에 들기까지 그가 했던 행동 일체를 알기를 원했다. 인사 위원회에서는 나에게 그것을 주문했다. 이 방법은 아주 탁월한 방법이었음이 입증되었다.

물론 나는 인사 위원회에 비밀 보장을 요청했다. 이러한 정보의 어느 것도 밖으로 흘러나가서는 안되며, 심지어는 그들 가족에게까지도 알려져서는 안 되는 것이다.

●**그 직원으로 하여금 당신이 말한 것을 그가 반복해서 말하게 하라.** 나는 어떤 사람과 그의 작업 실적이나 유쾌하지 못한 결정에 대해 이야기를 할 때, 나는 그 사람에게 내가 말한 것을 다시 한 번 반복해 줄 것을

요청한다. 그 이유는 사람들은 그러한 상황 속에서는 감정적으로 균형을 잃고 있기 때문에, 내가 말한 것을 다르게 들을 수도 있기 때문이다.

언젠가, 어느 여교사가 특정 연령층의 학급을 제대로 가르치지 못했기 때문에, 나는 그녀에게 다른 학급을 맡아 달라고 말해야만 했었다. 그녀는 사무실을 나와 곧장 자기 친구에게 전화를 걸어, "생각해 봐, 14년 동안이나 주일학교에서 가르쳐 왔는데 쫓겨났다는 것이 상상이나 되니?"라고 말했다. 그 말이 내게 돌아왔다. "당신은 왜 이러 저러한 사람을 그만두게 했습니까?" 나는 그녀를 그만두게 한 적은 없고 단지 다른 학급을 맡아 달라고만 했을 뿐이었다. 면담중에 내가 했던 말을 사람들로 하여금 다시 요약하게 하는 일은 불필요한 오해를 제거해 준다.

직원에 대한 해고

6개월이 지나도 상황이 개선되지 않으면 어떻게 해야 하는가? 그 다음 조치는 무엇인가?

● **새로운 일자리를 찾을 수 있는 시간을 주라.** 먼저 우리는 그에게 일정 기간이 지나면 이 곳에서 더 이상 일할 수 없다는 것을 말해 주어야 한다. 그러나 우리는 그에게 3~9개월간은 정상적인 급여와 함께 자유롭게 면담할 수 있는 권리를 주고 그가 직원으로 남아 일할 수 있도록 해 주어야 한다. 이 기간동안, 그는 교회안에서 그의 책임을 수행하게 되는 것이다.

그러나 이러한 대우를 받을 수 있는 사람들은 당회와 직원들 앞에서 그가 해고되어야만 한다는 것을 인정하는 사람들뿐이다. 만일 그가 교회 안에서 문제를 일으키거나 그가 해고된다는 것을 알리고 다닌다면, 그는 당장에 그의 책상을 치워 달라는 요청을 받게 된다. 이런 경우, 그는 총급여 중 근무 일수만의 액수만 받게 된다.

교회의 성도들이 해고 사실을 알게 되더라도 문제가 되지는 않는다. 성도들은 누군가 해고되었다면 그럴 만한 충분한 이유가 있었으리라고 생각할 만큼 당회에 대해 신뢰감을 가지고 있다. 해고 사실에 대해 의문을 갖는 몇몇 사람들은 직원들에게 어떻게 된거냐고 물어 올 것이다. 그러나 우리가 그에게 취했던 조치와 제의를 설명하면, 결국 그들은 우리의 결정에 동의하게 된다. 우리는 정당한 절차를 밟았기 때문에, 우리에게는 하자(瑕疵)가 없는 것이다.

● **따뜻한 환송회를 열어 주라.** 그 사람이 새로운 일자리를 찾게 되면, 우리는 성도들에게 그 사람이 새로운 직장의 초청을 받게 되었다는 소식을 광고해 준다. 비록 우리는, 그가 이 곳에서 행한 모든 일에 대해 꼭 칭찬을 하지는 않더라도 공개석상에서 그의 축복을 빌어 준다.

● **공정한 의견을 제공해 주라.** 그 사람이 다른 직장에서 면접을 하게 되면, 그의 고용주는 전화로 내게 의견을 물어 올 것이다. 이럴 때 나는 어떻게 말해야 하는가?

나는 상대편으로 공을 넘겨 준다. 나는, "당신은 그 사람에 대해 정확히 어떤 것을 알고 싶습니까?"라고 물어 본다. 나는 그들로 하여금 구체적인 질문을 하게끔 만든다. 즉, 내가 나서서 정보를 제공하지는 않는 것이다. 그리고 나서 정직하게 답변해 준다.

예를 들어, 어떤 교회에서 인사 담당자가 그 직원이 유능한 청년부 사역자였던가고 묻는다면, 나는 "당신이 당신 교회의 청년부 사역에서 기대하는 것은 무엇입니까?"라고 다시 질문한다. 만일 그가 "글쎄요, 나는 그 사람이 청년들을 심방하고 예배 시간에는 찬양을 인도해 주기를 바라고 있습니다만" 하고 말한다면, 나는 "그 사람이 찬양은 훌륭하게 인도하리라고 생각합니다만, 청년들을 심방하는 데 있어서 그는 노력은 하겠지만 큰 수확은 없을 것 같습니다. 저는 그 사람이 당신 교회에서 성공적으로 일을 할 수 있을지 어떨지는 말할 수 없습니다만, 여기서는 그렇지 못했습니다"라고 대답해 줄 수 있을 것이다.

그러므로 나는 정직한 의견을 제공하는 한편, 그 직원에게도 될 수 있는 한 모든 기회를 주려고 노력한다. 때때로 다른 교회에서는 우리가 요구하는 것과 같은 자질을 요구하지 않는 경우가 있다. 그러면 이곳에서 실패했던 그 직원이 그 곳에서는 성공할 수도 있는 것이다.

유능한 행정가라 할지라도 때로는 실수한다

세심한 절차와 자상한 관리에도 불구하고, 상황이 때로는 잘못되어지는 수가 있다. 설령 내가 적절한 모든 조치를 취했을 경우에도, 나는 때때로 실수하며 또한 교회가 어떤 실패로 어려움을 겪는 수가 있다. 내가 내린 인사 결정 때문에 어떤 직원은 분노에 가득 차서 교회를 떠날 수도 있다. 우리가 어떤 직원을 채용했는데 나중에 가서 그 사람이 무능한 사람으로 판명나는 수도 있다. 가끔은 문제가 행정력이 모자라서라기보다는, 당회의 고집이나 나의 부족한 미래 예측 능력 때문에 발생하는 수도 있다.

그러므로 인사 결정이라는 이 어려운 문제의 와중에서, 나는 모든 면에서 최선의 결정을 내리기 위해 노력한다. 그리고 이는 단지 나를 성공적으로 보이기 위해서가 아니다. 내가 해야 할 일이란 성공을 보장하거나 조직을 완전 무결하게 움직이고 있다는 것을 자랑하는 것이 아니다. 나의 의무는 내가 할 수있는 한, 최선의 결정을 내리는 것뿐이며 최종적으로는 당신의 나라를 세우시기 위해 하나님께서 그들을 사용하신다는 것을 믿는 일인 것이다.

결국, 교회 관리란 섬김, 곧 다른 사람을 통해 사역이 이루어지도록
필요한 모든 일을 기꺼이 하겠다는 섬기려는 의지, 바로 그 곳으로 귀결
된다.

—제임스 D. 버클리

결 어

모든 것이 말해지고 행(行)해졌을 때, 행해진 것보다는 말해진 것이
더 많다. 우리는 모든 내용을 들었고 또 그것들은 종종 사실이다.

그러나 이 책 속에서 수많은 것들을 이야기했던 세 명의 목회자들에게
만큼은 사실이 아니다. 사실, 그들은 많은 것을 이야기했지만 그러나 그
들이 한 것은 그 이상의 것이다. 그들은 이 책에서 기존의 전략들을 개발
했거나 더욱 세련되게 가다듬었다. 그리고 그 전략들이 현실 속에서 효
력을 발휘하도록 만들었다. 이 세 목회자의 사역의 범위와 그 효율성이
그들이 실제 행하고 있는 교회 관리 방법을 웅변으로 말해 주고 있다.

그들이 보여주고 있는 고도의 효율성은 심지어는 우리를 위축되게 만들지도 모른다. 그러므로 이렇듯 교회 관리 기법을 고도로 개발한 사람들에게 있어서조차도 만사가 그렇게 순조롭게 돌아가고 있지는 않다는 것을 알게 되면 어느 정도는 안심이 될 것이다.

예를 들어, 우리 사무실에서 가장 중요한 마지막 전송을 보내고 있는 바로 그 시간에 윌로우 크릭 교회의 팩시밀리 용지가 떨어져 버렸다는 사실을 알게 되면 여러분들은 깜짝 놀랄 것이다. 그렇다, 던 커즌스의 탁월한 행정에도 불구하고 용지가 바닥날 때가 있는 것이다.

라이스 앤더슨이 관리하고 있는 우드데일 교회는 어떤가? 최근, 그의 교회에서는 전교인을 대상으로 한 야외예배를 세심하게 계획하고 이를 널리 홍보했었다. 그러나 야외예배를 떠나기 며칠 전까지 참가 티켓을 구입한 사람들은 단지 소수의 몇 명 뿐이었다.

그리고 아더 드크라이터 역시 그 능률의 대가였지만, 그럼에도 불구하고 마감 시간이 거의 24시간이 지나서야 수정된 두 장(章)의 원고를 들고 돌아왔다(그러나 우리는 그를 너그럽게 보아 주기로 했다. 왜냐하면 그가 몇 개의 잘못된 전치사들을 발견해 냄으로써—그 전치사들은 마지막 문장에 들어가면 안 되는 전치사였다—우리의 편집 작업에 도움을 주었기 때문이다).

내가 말하고자 하는 바는 이렇게 능력이 탁월한 지도자들 역시 여러분과 나 그리고 수백 년 동안 교회를 지도해 왔던 여타의 기독교 지도자들과 크게 다를 바 없다는 것이다. 지도와 관리라고 하는 이 두 과정 속에서 어느 것도 저절로 순조롭게 돌아가는 것은 없는 법이다. 하지만 앞의 세사람들은 끊임없이 생각하고 꿈꾸어 왔다. 그들은 과감한 모험을 하였고 자신들을 바쳤다. 그리고 그들은 성취했다. 그들은 실패의 악몽을 털고 인내했다.

왜 그런가? 그것은 그들이 그들에게 맡겨진 사람들을 섬김으로써 하나님을 섬기고, 그들을 효율적인 사역자로 만듦으로써 그들을 섬기기를 원했기 때문이다. 결국, 「교회 관리란 섬김 곧 다른 사람을 통해 사역이 이루어지도록 필요한 모든 일을 기꺼이 하겠다는 섬기려는 의지, 바로 그곳으로 귀결된다. 그리고 이러한 섬김의 최종적인 상급은 가죽으로 덮힌 의자가 있는 커다란 사무실이 아니다. 그 정도가 아니다, 이보다는 훨씬 놀라운 것이다. 그것은 바로 주님의, "잘했다, 착하고 충성된 종아!" 하시는 그분의 칭찬이다.」

교회 관리, 어떻게 할 것인가?

1994년 10월 10일 초판 발행
2012년 9월 20일 초판 12쇄 발행
지은이 • 던 커즌스 외 공저
발행처 • 도서출판 선교횃불
등록일 • 1999년 9월 21일 제54호
등록주소 • 서울시 송파구 삼전동 103번지
전　화 • (02) 2203-2739
팩　스 • (02) 2203-2738
이메일 • ccm2you@gmail.com
홈페이지 • www.ccm2u.com

ⓒ도서출판 횃불